教行信証

その構造と核心

延塚知道 著

法藏館

はじめに

私が、大谷大学大学院のゼミで『教行信証』を担当するようになって、十年を越えた。その間一緒に研究してきた院生たちに、私はずいぶん育てられた。彼らが発表する際の参考書は、江戸の講録やそれを基にした解説書と清沢満之に始まり曽我量深・金子大栄を中心にする近代教学の著作がほとんどであるが、両者の間には大きな隔たりがある。講録の方は解釈学であるが、近代教学の方は思想研究である、その隔たりに戸惑いを覚えることがしばしばあった。もちろんその両方を駆使しながら『教行信証』を読むべきことは当然である、しかし、講録や解説に力点が置かれた発表に、私は違和感を覚えた。それは、「親鸞の仏道了解は清沢先生以前に帰ってはいけません、我々のような近代人は清沢先生を通さなければ親鸞の仏道などわかるはずがありません」と、松原祐善先生にお育てをいただいたからであろうかと、反省したこともあった。

しかし、ひるがえって『教行信証』に目を移せば、不思議にも親鸞は解釈学的な方法を一切取っていない。『教行信証』は、親鸞の主体的かつ学的な信心の表明ではあっても、解説しているところは皆無に等しい。とすると講録のような解説書は参考にはなっても、『教行信証』を読む我々の方が思想研究を立脚地にしていなければ、親鸞の『教行信証』研究にはならないのではなかろうか。その意味で清沢・曽我の研究姿勢に導かれながら『教行信証』を読み通したい、それが本書に託した私の願いである。

この書は『教行信証』の各論についての研究ではない。まず、親鸞が『教行信証』を書く全体の方法論を確かめたかった。なぜなら、親鸞が採った方法と同じ方法で『教行信証』を学ぶべきである、という先達の強い教えがあるからである。『教行信証』の方法論について、私は長年次のような疑問を温めてきた。師の法然は、善導の『観無量寿経』の了解に従って称名念仏一つを旗印に、浄土門を独立させた。『選択集』は、第十八願を王本願と呼んで、一願建立を骨子としているにも拘わらず、親鸞は、なぜ真仮八願を選んだのか。その因願を各巻に配置していく方法はどこから学んだのか、なぜそんな難しい方法を採ったのか。

さらに『教行信証』を貫く主題に関しては、以下のような疑問を持ってきた。『教行信証』は法然の『選択集』の真実義の開顕といわれるが、親鸞が、法然から継承した思想的な課題は何であったのか。『選択集』をなぜ『教行信証』に書き改めなければならなかったのか。それはおそらく、『摧邪輪』をはじめとする聖道の批判に応えながら、法然の浄土教こそが大乗の真理性を開顕していることを明らかにする責任があったからであろう。換言すれば、『法華経』を中心とする聖道門に対して、『無量寿経』の本願史観に立った仏道を明らかにする使命があったのであろう。親鸞は、その責任と使命に立って『教行信証』を書いたのであろうが、法然から継承した思想的な応答の核心はどこにあるのか。

本書は、このような『教行信証』の全体像についての研究である。なぜなら、親鸞の方法や主題が明確にならなければ、『教行信証』の逐一の文章の講読ができないと考えたからである。この『教行信証』構造論を基にしながら、『教行信証』の解読を生涯の課題としたいと願っていることである。

この書が成るに当たっては、お二人の先生の護持養育によるほかには、何もない。お一人は松原祐善師である。

まだ学部の学生であったころ、劣等感の塊になって苦しんでいた私に、「いいところも悪いところも丸ごとあなた自身ではないですか。自分自身を丸ごと愛せるものにならなければ、どうして周りの人を大切にできますか。それを可能にするのは親鸞の仏道だけです。その問いを大切にして真宗学を命がけで学びなさい」と、優しく諭してくださったのである。私はそれ以降人生から問われていることを、私なりに親鸞に聞き続けてきたのであるが、その方法についても先生は厳格であった。「本願の成就に立って因願を探る、それが親鸞の仏道の方法論です。それ以外に、自己を問うことなどあり得ません」と、仏道を学ぶ方法を決定してくださったのである。

もうお一人の先生は、寺川俊昭師である。松原先生から教えられた方法に立って、それを真宗学としてどう表現するのか。何もわからない初学の私を、懇切丁寧にお導きくださり、多くの論稿によって具体的に示してくださった。ほとんど毎日先生とご一緒させていただいて、凡夫の仏道とはこんなにも大らかで安らかなものかと、血の通った仏道の生活の実際を目の当たりにしたのである。それを先生は真宗学としてあのように表現されるのか、それなら私はどうしたらいいのか。親鸞の仏道の具体性と学の厳しさを、身を以て私に教えてくださったのであった。

このお二人の先生の護持養育によって、私に芽生えたものを『教行信証』に聞いたものが、本書である。両師の鋼鉄のような信念を想うと恥ずかしさで消え入りそうになるが、この書を捧げて、頂いた御恩のほんの一端に報えたらと思うことである。

延塚知道　記す

教行信証——その構造と核心——＊目次

第二章　親鸞の改名について

第三章　『選択集』と『摧邪輪』

凡例

一、本書の表記は、常用漢字で統一した。また、漢文文献の引用にあたっては、原則として書き下し文に改めた。その際、置き字は省き、左記の漢字のみ平仮名で示した。

之→の
乃→の
者→は
而→して
於→より

一、本文中に「　」で文献を引用する場合は、『真宗聖典』（東本願寺出版部）に基づいた。（『真宗聖典』に収載されていないものについては、適宜書き下した）

一、人物への敬称は省略した。

一、出典については、左記のように略記した。

『定本親鸞聖人全集』→『定親全』
『真宗聖教全書』→『真聖全』
『曽我量深選集』→『曽我選集』
『昭和新修法然上人全集』→『昭法全』
『法然上人伝全集』→『法伝全』
『浄土宗全書』→『浄土宗全』
『大正新脩大蔵経』→『大正蔵』

教行信証

——その構造と核心——

第一章　親鸞と法然との出遇い

一　比叡山下山

親鸞の仏教の出発点は、何といっても師法然との出遇いに始まる。まず初めにその師教との出遇いを尋ねてみたい。

親鸞は九歳の春に出家した。覚如の『本願寺聖人伝絵』（以下『御伝鈔』）にはそれが次のように記されている。

興法の因うちに萌し、利生の縁ほかに催しによりて、九歳の春比阿伯従三位範綱卿 于時、従四位上前若狭守後白河上皇近臣聖人養父 前大僧正 慈円　慈鎮和尚是也法性寺殿御息、月輪殿長兄 の貴坊へ相具したてまつりて、鬢髪を剃除したまひき範宴少納言公と号す、自爾以来しば〳〵南岳天台の玄風をとぶらひて、ひろく三観仏乗の理を達し、とこしなへに楞厳横河の余流をたゝへて、ふかく四教円融の義に明なり

（『定親全』四、言行篇一、四〜五頁）

この文によると、九歳の親鸞は養父であった叔父の範綱につれられて、慈円の下で出家した。この出家の事情は先学によっていくつか推測されている。父が出奔し母が八歳の時に亡くなり、範綱に養われていたこと。八歳の時、未曽有の養和の飢饉があったこと。さらにその年に以仁王、頼政の挙兵が失敗に終わり、叔父の宗業が以仁王の学問の師であったために首実検に引き出されたことに見られるように、源平の戦いで日野家は窮地に立たされ、親鸞

の家庭は崩壊したことなどが挙げられている。「興法の因うちに萌し、利生の縁ほかに催しによりて」と覚如は出家の理由を記しているが、おそらく親鸞は事情に押し出されるように出家したのではないかと思われる。

親鸞が何歳ごろに比叡山へ登ったのかは、わからない。師の法然の登山は『源空聖人私日記』によれば「源覚西塔北谷持法房禅下、得業消息見給、奇給小児来、聖人十三歳也」（『真聖全』四、一五七頁）と記されており、『法然上人行状絵図』によれば「童子十五歳近衛院御宇久安三年春二月十三日に、千重の霞をわけて九禁の雲に入る。（中略）同十五日に登上す」（『法伝全』八〜九頁）と記されている。師の法然の登山がそうであるように、当時の慣例は、十三歳から十五歳くらいであるから、おそらく親鸞もそのころ、比叡山に登ったと思われる。「恵信尼書簡」に「殿のひへのやまにだうそうつとめておはしましけるが」（『定親全』三、書簡篇、一八六頁）と、比叡山での身分は常行三昧堂の堂僧であったことが伝えられているので、源信の流れを汲む念仏三昧堂で実践と学問の両方に力を尽したのであろう。

念仏三昧堂の勤行には、善導の『往生礼讃』が使われていたであろうし、「浄土三部経」や源信の『往生要集』は言うまでもなく、『法華経』を中心とする天台の教義にも精通していったであろう。それは先の、「南岳天台の玄風をとぶらいて、ひろく三観仏乗の理を達し、とこしなへに楞厳横河の余流をたたへて、ふかく四教円融の義に明なり」という文からも、容易に推測できよう。第二章で改めて尋ねるが、法然の浄土教の講義は、道綽・善導に従ってもっぱら『観無量寿経』『阿弥陀経』の了解に始終している。しかし、それを聞き取った親鸞は、法然門下の初期のころから『無量寿経』と『浄土論』『浄土論註』に依って思索していたと思われる（『観経・阿弥陀経集註』等の記述に依る）。そのことからわかるように、親鸞の浄土教の思索は法然門下に入って始まったわけではない。比叡山時代にすでに「浄土三部経」には精通していたはずである。

周知のように『観無量寿経』の註釈書も、浄影寺慧遠、嘉祥寺吉蔵、天台智顗の聖道門の諸師の著作に加えて善導の『観経疏』がある。法然一人は「三学非器」の自覚を通して善導によるが、それ以外の大乗の仏者は当然、菩薩の修道体系を踏まえた聖道の諸師によって「浄土三部経」を了解する。まして比叡山は『法華経』の牙城であることから、自力の修道体系を背景に持ちながら、すべての大乗経典を了解していくのが一般的である。叡山時代の親鸞もそれに則って、修学に励んだのであろう。

しかし「楞厳横河の余流」の中で最も基礎的な源信の『往生要集』の冒頭に掲げられているこの文が、親鸞にとって大きな躓《つまず》きの石であったのではなかろうか。

夫れ往生極楽の教行は濁世末代の目足也。道俗貴賤誰か帰せざる者あらん。但し顕密の教法は其の文一に非ず、事理の業因は其の行惟れ多し。利智精進の人は未だ難しと為さず、予が如き頑魯の者豈敢てせんや。

（『真聖全』一、七二九頁）

道俗貴賤を選ばない浄土教と利智精進の顕密の大乗とはどう違うのか、なぜ源信は「予が如き頑魯の者」と表明してはばからないのか。この源信の『往生要集』にしろ「浄土三部経」にしろ、向上的な自力の眼では読み通すことができなかったであろうし、浄土教として大乗の核心となる一乗の課題が、親鸞にはどうしても解けなかったのではなかろうか。

そもそも仏道は学問よりも先に、苦からの解脱という人間の根源的な実践課題から出発している。自分の人生を受け止められずに戸惑い苦しみ、自分の足で歩めなくなるようなことが誰にでもある。その苦の原因を自己の内に教えられて、人間が人間を超えていく覚りの道に立とうとする、その課題を「生死出ずべきみち」と言い、すべての大乗経典はそれに応えて覚りの法を、空と説き、一乗と説き、浄土と説く。苦しむことの多かった親鸞が比叡山の修学に身を挺したということは、自己の苦しみや悩みに釈尊の経典がどう答えてくれるのか、その実践課題と経典の読み込みに、全力を注いだということである。つまり人間の迷悶を直接的に思索するだけではなく、経典に問い経典の学びを深め自己の課題を解こうとする、それが学僧としての面目である。そうであれば叡山時代に、「浄土三部経」は身に染み込むほど読んでいて当然であろう。

大乗の仏道である限り聖道・浄土を通じて、すべての人間が平等に苦を超える一乗の課題を共有していることは当然であるが、果の覚りに向かう聖道門とは違って、逆に因の本願の仏道を説くのが浄土教である。果の覚りに向かう仏道と因の本願に帰る仏道（「選択集執筆時、安楽・真観・証空との問答」『昭法全』七〇四頁参照）、そこに比叡山が無意識に前提にしている修道体系がそもそも浄土教とは異質なのではなかろうか。その異質性を明確にした仏者が、純正浄土教の七祖である。上三祖の難行・易行の判釈、下四祖の聖道・浄土の決判に、生きた仏者（実験の仏道）の面目があるように、若い学僧としての親鸞もまた長い比叡山の修学の中で、大乗仏教の根源的課題に逢着したのではなかろうか。やがて親鸞は、聖道門の自力の修道体系では、すべての人に実現する一乗は不可能であるという見極めをして、下山した。逆に言えば、人間が前提にして問うことができない自力性、すなわち比叡山の聖道門の修道体系では、すべての衆生の根源的な志願を満たすことはできないと見定めるまでに、九十五年以上の歳月が必要であったのである。その歳月の中で親鸞は、果に向かう仏教か因に帰る仏教か、教理か実践かという自力では解けない大乗仏教の課題を背負って下山した。

親鸞は二十九歳で下山するが、聖道門との決別がそのまま彼の救いにはならない。「恵信尼書簡」に依れば、

やまをいでゝ、六かくだうに百日こもらせ給て、ごせをいのらせ給けるに、九十五日のあか月、しやうとくたいしのもんをむすびて、じげんにあづからせ給て候ければ、やがてそのあか月いでさせ給て、ごせのたすから

んずるえんにあいまいらせんとたづねまいらせて、ほうねん上人にあいまいらせて

（『定親全』三、書簡篇、一八七頁）

と、精神の闇を抱えて六角堂に百日参籠したことが伝えられている。私は、この参籠の課題は、法然に会いに行くかどうかの明確な決断をするためだったと推測する。

法然は、鎌倉新仏教の最前線を走った旗手である。親鸞は彼に従い、道元・日蓮は彼に反発して新仏教の諸宗が始まった。法然は、大蔵経を五回読破したと伝えられる天才的な学僧であったが、四十三歳の時、善導の『観経疏』の「一心専念弥陀名号」の文によって「立どころに余行を捨て念仏に帰しぬ」と、浄土教に回心する。

われわれは法然・親鸞以降にいるため、本願の念仏といってもそれほど違和感はない。しかし法然までは、日本仏教に伝えられていた念仏は常行三昧堂の行道に象徴されるように、諸行の一つであり修行の念仏であった。法然が廃し、親鸞が雑行として棄てた、自力の念仏しか伝統されていなかったのである。だから出離生死の要道について、法然は日本仏教の伝統の中で師を見つけることはできなかった。

三学のほかにわが心に相応する法門ありや。わが身にたへたる修行やあると、よろづの智者にもとめ、もろ〳〵の学者にとぶらふしに、おしふる人もなく、しめすともがらもなし。

（『真聖全』四、六八〇頁）

と、法然みずから述懐している。また、『阿弥陀経釈』に、

然に予昔し叡峰に在て、天台の余風を扇ぎ、玉泉の下流を挹、三観六即にをいて疑雲未だ披けず、四教五時にをいて迷闇未だ暁けず。況や又異宗他門に於をや。粤に善導所立の往生浄土の宗に於、経論有と雖讃仰するに之人無し、疏書有と雖習学するに之倫無し。是以相承血脈の法に疎く、面授口訣の義に乏し。

（『昭法全』一四六頁）

と、述懐するように、叡山の伝統のみならず、若い法然が遊学した南都にも、真言密教にも、善導流の弥陀の本願の念仏を説く者は誰一人としていなかった。宗教的にあれほど優れた法然であっても、四十三歳と回心の歳が遅いのは、そのためであろう。

もちろん、比叡山の伝統の中にも、源信の『往生要集』に見られるように、凡夫の自覚を持った念仏者は、散見される。また、法然が『無量寿経釈』や『法然聖人御説法事』（以下『御説法事』）で、東大寺三論宗の智光（七〇九～七八〇ころ）・永観（一〇三三～一一一一）・珍海（一〇九一～一一五二）の浄土教の伝統は、善導の『観経疏』の専修念仏を継承していると褒める。あたかも、ヒマラヤの雪が地下水となって地上に湧出するように、日本仏教の伝統の中にも、称名念仏に立った念仏者はいたのである。しかしこれらの念仏者は、「傍に諸行を述と雖も、正くは念仏往生を用る」（『昭法全』八七頁）と法然が言うように、念仏に対する廃立が徹底せずに、みずからの宗の中で称名念仏を伝えたのであって、法然のように潔癖に専修念仏一つを宗としたのではない。だから法然は、道綽・善導の「唐土の念仏」を継承するのに、時間がかかったのである。要するに今風にいえば、法然は求道心に支えられた徹底した学問によって、外国の実践思想を直接継承したのである。

法然は四十三歳から、東山吉水の地で、称名念仏一つを説き、ひたすら浄土教の布教に身を挺した。親鸞と遇うまでには、すでに二十五年の歳月が流れていた。その間も東西切っての仏者として世間の注目を集め、治承四（一一八〇）年に源平の戦いで焼失した東大寺再興の大勧進職に推挙されるが、固辞して、その栄誉を弟子の重源に譲った。また文治二（一一八六）年に、叡山の大僧都であった顕真の要請で開かれた大原問答では、山門の碩徳三十人余り、南都の高僧二十人余り、門徒も含めて三百人もの中で仏道の要義を議論した（『昭法全』一〇九〇頁）。一日一夜続けられた討論では、あらゆる方向からの質問が法然に集中するが、法然は凡夫の自覚に立って懇切丁寧に答えている。

注目すべきはその座に、のちに「興福寺奏状」を起草した解脱房貞慶がいたことである。彼は聖道の「現世証入」を主張し、「往生以後の得悟」を説く浄土教は劣っている、と非難した。それに対して法然は、「唯是自力他力持無。故現世証入万之一之無」（『昭法全』一〇九六頁）と述べて、その理由を本願の道理に則って丁寧に答えている。法然にまったくその意図がなかったとしても、「現世の証入は万の一も之なし」という言葉は、貞慶には「貴房も例に漏れず、自力で覚っていないではありませぬか」と聞こえたのではなかろうか。しかも、三百人を超える碩学や門信徒の前で、法然が答えた理由が懇切の上に非の打ちどころがなかったために、貞慶は、仏道の道理においても手も足も出なかった。だから彼は法然を怨み、「興福寺奏状」を起草して、世間の権力を利用しながら法然を貶めるほかはなかったのであろう。

もちろん「興福寺奏状」には、彼の個人的な怨みが表に出ているわけではない。「第一　新宗を立つるの失。（中略）第九　国土を乱る失」の九箇条を掲げて、「八宗同心の訴訟」として「公家に奏して以て勅許を待つ」奏状である。その副書きには、「右件の源空、一門に偏執し、八宗を都滅す。天魔の所為、仏神痛むべし」と法然を激しく攻撃するが、これは法然の潔癖な廃立に由来する聖道・浄土の仏道の本質に関わる問題である。要するに、法然が唐土の念仏に立って廃捨した日本の八宗が怒りを挙げたのである。その仏道の核心については、先の大原問答で凡夫の自覚に徹した法然が、諄々と説いて、一堂の者たちが感服したはずである。事実、奏状が提出されても、公家たちは法然を上人と尊敬して、念仏門に同情的であった。念仏停止は却って仏道を妨げるという理由から、元久二（一二〇五）年十月に提出された奏状が、承元元（一二〇七）年二月に法難が断行されるまでの、ほぼ一年半留め置かれたのである。それが後鳥羽院の怒りを買って、突然断行されるが、その間の事情が『法然上人行状絵図』

には次のように記される。

かくて南都北嶺の訴訟次第にとゞまり、専修念仏の興行無為にすぐるところに、翌年建永元年十二月九日、後鳥羽院熊野山の臨幸ありき。そのころ上人の門徒、住蓮・安楽等のともがら、東山鹿谷にして別時念仏をはじめ、六時礼讃をつとむ。さだまれるふし拍子なく、をの〳〵哀歎悲喜の音曲をなすさま、めづらしくたうとかりければ、聴衆おほくあつまりて、発心する人もあまたきこえしなかに、御所の御留守の女房出家の事ありける程に、還幸ののち、あしさまに讒し申人やありけん。

（『法然全集』別二、一〇五頁）

この事件が契機となって「興福寺奏状」が正式に受理され、承元の法難が断行されるが、親鸞は『顕浄土真実教行証文類』（以下『教行信証』）の跋文に、この法難は「忿り」と「怨」によって引き起こされたと明確に指摘している。

斯を以て興福寺の学徒　太上天皇諱尊成　今上諱為仁　聖暦承元丁の卯の歳仲春上旬之候に奏達す　主上臣下法に背き義に違し忿を成し怨を結ふ

（『定親全』一、三八〇頁）

この「忿《いかり》を成し怨《うらみ》を結ふ」とは、承元の法難の引き金になった住蓮・安楽の事件の後鳥羽上皇の「忿《いかり》」と、「興福寺奏状」を起草した解脱房貞慶の「怨《うらみ》」とを指すのではなかろうか。この法難のように、出世間の真実を生きた法然には道理において敵《かな》わないから、それとは異質であっても世間の大勢（忿りと怨）によって追い落とそうとする。しかしそれは明らかに仏道の道理に背いている。それを親鸞は「法に背き義に違し」と言うのである。

　このような出世間と世間との軋轢は、この時に限ったことではなく、出世間の真理が世間に体現された時には、いつの時代も変わらずに繰り返される。法然・親鸞においてそうであったように、近くは、清沢満之・曽我量深・金子大栄が、いわれのない異安心として排斥された。出世間の道理において歯が立たないために、世間的な揚げ足を取って大勢を作り、いわれのない異端の烙印を押して排斥した。しかし「法に背き義に違」する出来事は、その時政治的に勝ったように見えるだけで、それを実行する人間の愚かさは何も変わっておらず、長い歴史から見れば何の意味もない。歴史に残るのは出世間の真実だけである。後学のわれわれはどこにいのちを懸けるべきかを、『教行信証』によく学ぶべきであろう。

さて、大原問答での法然は、人間の愚かさを見抜いた本願の智慧によって、「一文不通の頑魯の者」「下智愚鈍の者」「垢障の凡夫」とみずからを表明する。それに相応する最上の法が、道綽・善導の称名念仏であると不動の信念を開陳して、大原に集まった道俗を歓喜せしめた（『昭法全』四七四頁）。しかしそれまでの仏教の伝統から見れば、愚悪の凡夫は救われるどころか、仏教から除かれる者であることから、法然の浄土教に異端の烙印が押されるのも、当時の状況からして当然であったのかもしれない。

恵信尼が「しやうにんのわたらせ給はんところには、人はいかにも申せ、たとひあくだうにわたらせ給べしと申とも」（『定親全』三、書簡篇、一八八頁）と記すように、法然の浄土教が広まっていく一方で、彼の念仏は邪宗門であるという噂もまた広まっていった。親鸞が三歳のころに法然は浄土教の布教を開始したのだから、比叡山時代の親鸞が、有名な法然を知らないはずがない。それどころか、浄土教の了解について悩み苦しんでいたとすれば、親鸞が十四歳の時の大原問答の内容などから、法然の択法眼が凡夫の自覚にあったことなども承知していたに違いない。なぜなら、愚痴の法然房という不動の立場から、どんな質問にも答えきった法然の噂は、凡夫の立場から誰にも負けなかったと庶民にまで言い伝えられていたからである。

このように考えてみると、親鸞が丸十五年間の叡山の修学で学び取ったことは、同じ一乗を目指す大乗仏教ではあっても、『法華経』を中心とする聖道門と『無量寿経』を中心とする浄土教との異質性ではなかろうか。凡夫の自覚が欠落した比叡山ではどうしても解けない課題に逢着して、親鸞が下山したのは、思想的に見て当然の成り行きであろう。そうであればなおさら、吉水で多くの学僧を初めとして、庶民に至るまで称名念仏を説き続けていた法然が、下山以後の親鸞の脳裏から離れなかったのは、当然ではなかろうか。

これまでの浄土教は聖道門の陰に隠れて、その独自性を主張することはほとんどなかった。しかし聖道門と決別して、道綽・善導の唐土の念仏を継承し体現している仏者がいる。大原問答によって智慧第一の法然房という名声を動かないものにしたにも拘わらず、みずからは愚痴の法然房と名告って、凡夫の目覚めを公言してはばからない。その法然に対して聖道門の一大勢力は、念仏一つで救われるなど世間に媚びた邪教であるという烙印を押す。しかしそれは、聖道と浄土の仏道の異質性が顕在化しているにすぎないのではないか。「生死出ずべきみち」という実践の課題に立って、法然の教えを聞くべきではなかろうか。しかし法然に師事すれば、そののちの歴史が示すように、世間の権力によって潰されるかもしれない。それに親鸞は悩んだと思われる。私は、この時すでに法然の教団を巡って不穏な空気が流れていたと想像するが、穿ちすぎた推測にすぎないであろうか。

『選択本願念仏集』（以下『選択集』）が書かれた時期は、建久三（一一九二）年・法然六十歳説、建久九（一一九八）年・六十六歳説、元久元（一二〇四）年・七十二歳説などがあるが、諸伝の一致したところでは法然が六十六歳の時であるといわれている。この六十六歳説が正しいとすれば、親鸞が「『選択本願念仏集』は・禅定博陸月輪殿兼実法名円照之教命に依て撰集せ令る所也」（『定親全』一、三八二頁）と記すように、彼が入室する三年前に、九条兼実の強い要請で書かれたことになる。兼実は三顧の礼を尽して法然に執筆を懇請しているが、政治家としての独特の勘で、のちの度重なる法難を予見してのことではなかろうか。実際、『選択集』執筆から丸一年を置いた正治二（一二〇〇）年五月十二日には、鎌倉幕府が念仏禁止令を出している。その四年後、元久元（一二〇四）年には、延暦寺の衆徒が座主真性に専修念仏停止を訴えて、元久の法難が起こる。これらを考えると、『選択集』の要請は、すべての事情を察知した九条兼実の卓見というべきではなかろうか。親鸞は、その兼実に敬意を払って、『教行信証』の末尾に『選択集』とともに彼の名を挙げるのであろう。

『教行信証』に当時の人名が意味を持って記されるのは、法然以外、九条兼実一人である。法然の思想を『選択集』という書物として遺してくれた兼実に、親鸞は甚深の感謝を捧げ、思想は著作によって歴史に遺す以外にないことを身に染みて教えられた。この兼実の教示に従って、やがて六十歳を過ぎるころ、親鸞はみずからの思想を『教行信証』として完成させるために、関東の門弟たちと別れて帰洛することになるのであろう。

このように考えると、親鸞が六角堂に参籠するころの法然の教団には、すでに不穏な空気が漂っていたと推察しうる。この時の親鸞は、邪教の烙印を押されている法然の下へ、行くべきか行かざるべきか、それが問題であった。その決断のための参籠ではなかったか。「恵信尼書簡」では、夢告によって法然を訪ねる参籠の課題が、「ごせをいのる」という言葉で表されている。この世の救いはどこにもない、次の世の救いを祈るだけである。いかにも『観無量寿経』の臨終来迎の経説を想起させる言葉であるが、出家持戒を本とする聖道の「現世之証入を期する」道に敗れて、浄土教における凡夫の目覚めという精神の夜明けが近いことを告げる言葉ではなかろうか。聖道から浄土へという時機が、親鸞においてようやく熟したことを告げているのであろう。

やがて百日の参籠が終わる「九十五日のあか月」に、「聖徳太子の文をむすびて、示現にあずからせ給いて候いければ」と恵信尼が伝えるが、この示現の文が「行者宿報設女犯　我成玉女身被犯　一生之間能荘厳　臨終引導生極楽」という「女犯偈」であるとすれば、この文は、持戒から無戒へ、出家から在家へ、聖道から浄土へという方向を指示するものである。当時の親鸞の心境を考えると、比叡山から法然への道を、聖徳太子が夢告として指示した教言ではなかったか。「やがてそのあか月いでさせ給て」と夢告によって、間髪を入れず法然の下へ向かったとすれば、参籠の課題が法然に教えを請うかどうかにあったことは、書簡の文章の勢いから見ても当然ではなかろうか。しかもその時の親鸞の根源的な問題は凡夫の自覚を体現するとはどういうことか、「浄土三部経」、特に『無量寿経』の本願をどう読むか、その一点に凝集される課題であったと思われる。

二　真実教

親鸞が遺した著作の中に、私事は一切記されていない。書簡類の中にさえそれが見られないことから、よほど徹底していたのであろう。つまり、親鸞は著作から実生活に至るまで、公なる法の道理に相応して生きることに徹した仏者であった。その公なる道理を親鸞に開くことになった法然との出遇いは、だから親鸞にとっては、決して個人的な出来事ではなかったのである。『歎異抄』の第二章には、それが次のように伝えられている。

親鸞におきては、たゞ念仏して弥陀にたすけられまひらすべしと、よきひとのおほせをかふりて信ずるほかに、別の子細なきなり。念仏は、まことに浄土にむまるゝたねにてやはんべらん、また地獄におつべき業にてやはんべるらん。総じてもて存知せざるなり。たとひ法然聖人にすかされまひらせて、念仏して地獄におちたりとも、さらに後悔すべからずさふらう。そのゆへは、自余の行もはげみて仏になるべかりける身が、念仏をまふして地獄にもおちてさふらはゞこそ、すかされたてまつりてといふ後悔もさふらはめ。いづれの行もおよびがたき身なれば、とても地獄は一定すみかぞかし。

（『定親全』四、言行篇一、五〜六頁）

また同じ出来事が、「恵信尼書簡」には、次のように伝えられている。

ごせのたすからんずるえんにあいまいらせんとたづねまいらせて、ほうねん上人にあいまいらせて、又六かくだうに百日こもらせ給て候けるやうに、又百か日、ふるにもてるにもいかなるだい事にもまいりてありしに、たゞごせの事はよき人にもあしきにも、おなじやうにしやうじいづべきみちをば、ただ一すぢにおほせられ候しを、うけ給はりさだめて候しかば、しやうにんのわたらせ給はんところには、人はいかにも申せ、たとひあくだうにわたらせ給べしと申とも、せゝしやうじやうにもまよひければこそありけめとまで思まいらするみなればと、やう〳〵に人の申候し時もおほせ候しなり。

（『定親全』三、書簡篇、一八七～一八八頁）

この「恵信尼書簡」が親鸞の妻の聞書であり、先の『歎異抄』が弟子・唯円の聞書である。残されたものがどちらも聞書であることから、法然との出遇いについては、いつも周りの人に語り聞かせていたと思われる。その意味でも、法然との出遇いは親鸞にとって私事ではなく公なる出来事であった。

それを『教行信証』では、いわゆる後序に、

然に愚禿釈の鸞建仁辛酉の暦雑行を棄てて本願に帰す

（『定親全』一、三八一頁）

と親鸞みずから、その出来事の道理を『無量寿経』の本願の成就に立って、見事に記している。先の二つの聞書は、親鸞の体験的な意味を伝えるのであろうが、『教行信証』の方は、個人的な体験を超える深い道理を、『無量寿経』の本願に帰すと表明している。法然との出遇いを伝える大切な文は、この三文であると思われるので、これらによりながら、しばらくその意味について考えてみたい。

親鸞が法然の下を訪ね、百日の聞法の末に聴き取った教えは、「ただ念仏して、弥陀にたすけられまいらすべし」この一言であった。このことから、百日の法然の講説がこの端的な一言に凝集され、この教えによって親鸞の比叡山からの課題が解け、『無量寿経』を読み通す眼が決定されたのである。

『教行信証』には、師の『選択集』からの引文は、「行巻」に一文しかない。総結三選の文がそれである。

又云く夫れ速かに生死を離れむと欲は、二種の勝法の中に且く聖道門を閣きて選て浄土門に入れ浄土門に入と欲は、正雑二行の中に且く諸の雑行を抛て、選て正行に帰す応し正行を修せむと欲は、正助二業の中に猶ほ助業を傍にして選て正定を専らす応し正定の業とは即是仏の名を称するなり称名は・必・生を得仏の本願に依るか故にと

（『定親全』一、六七頁）

出離生死という実践の仏道においては、聖道と浄土の選び、正行と雑行の選び、正定業と助業の選びの三つの選びがあり、正定業としての称名念仏によって必ず往生する。なぜなら、仏の本願によるからである。この文を繰り返し読むと、漢文と和文との違いはあっても、その意味は『歎異抄』に掲げられている法然の教えと同じ意味である。つまり、『教行信証』も『歎異抄』も法然と言えば、「ただ念仏して、弥陀にたすけられまいらすべし」という教え一つを掲げているのである。そしてその意味は、自力の聖道を棄てて『無量寿経』の説く本願の念仏に帰せ、と勧めていることになる。

人間は何事においても、自力の向上的な考え方しか持ち合わせていない。しかもそれはすべての人間の前提であって、無意識の本能として目標に向かって走るしかない。親鸞の眉のつり上がった風貌から、人一倍負けん気が強かったと思われるので、聖道の修学においても例外ではなかったであろう。しかし親鸞は、それに躓《つまず》いて比叡山を下山した。その親鸞に対して法然の教言は、「ただ念仏して、弥陀にたすけられまいらすべし」と、法華の学場とはまったく逆の方向の仏道を語っている。修道の努力によって見仏を目指す山の念仏とは異質な、弥陀の本願に「すくわれよ」という本願の念仏を教えている。聖道が目指す止観行の成就と、弥陀の本願による救済、一体この違いは何か。比叡山での親鸞の課題から考えて、百日にわたる聞法で、耳を澄まして聞き取ろうとした核心は、

この一点にあると思われる。ただし大乗の修学を積んだ学匠なのだから、親鸞は教理として聖道と浄土の仏教の異質性など比叡山のころからよく知っていたに違いない。そうであれば教理上の課題ではなく、「生死出ずべきみち」という実践によってわが身に実現してくる仏道とは何か。観念的な教理の問題ではなくて、『無量寿経』の本願を聞き取ることができる身とはどういうことか。本願が働き出てくる身とは何か。その実践の仏道の核心を聞き取ろうとしていたのだと、私は思う。

この親鸞の長かった精神の闇へ光を当てた教えが、「ただ念仏して、弥陀にたすけられまいらすべし」という真理の一言であった。仏教で真実教とは、世間の役に立つ教えとは異質であり、決定的に人間丸ごとの目覚めをもたらす教言を意味する。この法然の教言によって親鸞は、『無量寿経』の真実を聞き取り、選択本願が働き出る自己の身に目覚めたのであろう。

先の『歎異抄』と「恵信尼書簡」の文には、この「身」について述べている箇所がある。『歎異抄』では「いずれの行もおよびがたき身なれば、とても地獄は一定すみかぞかし」であり、「恵信尼書簡」では「たとい悪道にわたらせ給うべしと申すとも、世々生々にも迷いければこそありけめ」である。「どんな行を励んでも救われる身ではないので、地獄こそ一定の住処である」という意味と、「法然の勧める念仏を称えて、たとえ悪道に落ちたとしても何の後悔もない。生まれ変わり死に変わりする間ずっと迷ってきた身なのだから」という意味であるが、どちらも人間の自力では絶対に救われない身の事実が述べられている。この共通の告白に、本願による自己の目覚めが語られている。

そもそも如来の懐から迷い出た自我の上に、努力を積み重ねても、如来の世界に届くはずはない。嘘を積み重ねて真実にしようとするような、見当違いの努力である。この二つの告白には、如来の真実と衆生の虚偽性との絶対断絶の中で、「いずれの行もおよびがたき身」を本願の智慧に丸ごと見抜かれた親鸞の目覚めが伝えられている。この自力無効の目覚めが、法然の教えによって『無量寿経』の本願の真実を聞き取った、親鸞の応答である。この時親鸞は、『無量寿経』の本願力を自力無効の身にはっきりと実感して、『教行信証』では「雑行を棄てて本願に帰す」と表明する。自力から本願力へ、聖道から浄土へという大跳躍を果たしたのである。しかし自力無効の身から、本願に生かされるものへとすぐには転換しないのではなかろうか。その大跳躍には、『無量寿経』のよほどの学びがなければならない。比叡山の横川での本願の学びが、親鸞にはよほど徹底されていたと思われる。

吉水入室後の親鸞は、善導教学に則って、この「いずれの行もおよびがたき身」について徹底的に学ぶことになる。特に、法然は『選択集』の三心章でもわかるように、善導の『観経疏』の三心釈を中心に『観無量寿経』の三心を了解する。そして、

抑又此経ニ、具三心者、必生彼国ト説ケリ。一ハ至誠心、二深心、三廻向発願心也。三心ハ区ニ分レタリト云ヘトモ、要ヲ取リ詮ヲ撰テ是ヲイヘハ、深心ヒトツヲサマレリ。（『昭法全』三二一〜三二三頁）

と『三部経大意』で言うように、その中心を深心釈に見定める。善導の深心釈は、自力無効を表明する機の深信と、その身が本願力によって生かされていることを信じる法の深信を表し、機法二種の深信として他力の信を明らかにする。善導は『観無量寿経』の三心の教えを全身で聞きとめて、自力から本願力への転回点として註釈するのだから、法然が深心釈に三心釈の核心があると見るのも当然である。その意味でこの二種深信は、善導の他力の信の告白であるが、それは、次のように表明される。

「二者深心」。「深心」と言ふは、即ち是深信の心也。亦二種有り。一には決定して深く自身は現に是罪悪生死の凡夫、曠劫より已来、常に没し常に流転して、出離の縁有ること無しと信ず。二には決定して深く彼の阿弥

陀仏の四十八願は、衆生を摂受して、疑無く慮無く、彼の願力に乗じて、定んで往生を得と信ず。

（『真聖全』一、五三四頁）

この二種深信は、機と法という二種に分けて信心を表明したものだから、「いずれの行もおよびがたき身」（機）と、本願による目覚めを持った親鸞にとっては、実感として実によくわかったのではなかろうか。そして、この機の深信こそが親鸞の生涯を貫く立脚地となるのである。

法然は『往生大要鈔』では、それを次のように教える。

まづ二種の信心をたつる事は、そのおもむきこれひとつなり。（中略）心をとゞめてこれを案ずるに、はじめにわが身のほどを信じ、のちにはほとけの願を信ずる也。たゞしのちの信心を決定せしめんがために、はじめの信心をばあぐる也。

（『昭法全』五八頁）

と、何よりも自力無効の目覚めが大切であるが、それは本願の信を決定するためである。つまり「いずれの行もおよびがたき身」という自力無効の目覚めによって、明確に本願の信に立つのであって、この自力無効の目覚めが曖昧になれば本願を確かに受け取ることはできない。したがって『無量寿経』の弘願を受け取ることができる衆生の唯一の資格は、善導の言う機の深信である。法然はそれを『観無量寿経釈』で、次のようにも教える。

今此の経の三心（『観無量寿経』の三心）は、即ち本願の三心を開く。爾る故は至心とは至誠心也、信楽とは深心なり、欲生我国とは廻向発願心なり。

（『昭法全』一二六頁、括弧内筆者）

このように、『観無量寿経』の三心は『無量寿経』の本願の三心を領受するためにあると言う。『観無量寿経』の三心は、機の深信に極まるのだから、そこに本願の三心を受け取ることができると教えている。善導が『観無量寿経』を要門と説き、『無量寿経』を弘願と説く理由がここにある。『観無量寿経』の上品上生の「具三心者　必生彼国」とは、自力無効の目覚めを通して本願を領受し、本願力によって必ず往生を得るということである。法然は『三部経大意』で、それを次のように述べている。

弘願者大経ニ説カ如シ。一切ノ善悪ノ凡夫生ル、事ヲ得ハ、皆阿弥陀仏ノ大願業力ニ乗シテ、増上縁トセスト云事ナシトイヘリ。自力ヲ廻シテ他力ニ乗ル事ハ明ナルモノカ。（『昭法全』三四頁）

このように、法然は機の深信に立って、本願力の往生を懇切丁寧に説く。そこに「自力を回して他力に乗る」という、浄土の仏道が一切衆生に開かれるのである。

聖道の修学に十五年以上も励んできた親鸞にとって、本願の仏道に立てたことがどれほどの喜びであったか想像するだけで胸が熱くなる。一切の頑張りから解放されて、正直な凡夫の事実に帰ったところに、不思議にも本願の方から仏道が実現されている。名号不思議、誓願不思議、仏法不思議とよく使われるが、この不思議ということが、本願の名号に帰した時の実感であろう。親鸞は法然門下の時に、この本願の不思議を法然に教えられ、生涯、それの解明に力を尽すことになる。なぜ凡夫のままで本願の方から仏道が実現されるのか。親鸞の『教行信証』は、その本願の不思議力の推究といっても間違いではないと思う。

これまで要点だけを尋ねたが、特に善導の三心釈を中心とする修学は、のちに『教行信証』を書いていく親鸞の、決定的な立脚地である。本願の成就とは、われわれから言えば機の深信であるが、親鸞の択法眼はここにある。たとえば『浄土論註』の五念門を、法蔵菩薩の行と読み切って完全に衆生の実践行を払拭した大跳躍も、善導の三心釈の徹底した学びがあったからである。そう考えると法然の教示には、実に目を見張るものがある。もう一つ機の深信に関して、法然の決定的な教えを挙げておきたい。

それは『観無量寿経釈』に出てくるが、そのまま『選択集』三心章の私釈に記されている。それは次の文である。

次に深心とは、謂く深信の心なり。当に知るべし、生死の家には疑を以て所止と為し、涅槃の城には、信を以て能入と為す。故に今二種の信心を建立して、九品の往生を決定する者也。（『真聖全』一、九六七頁）

これはすぐわかるように、善導の二種深信の文を、法然がみずからの実感に立って受け止めたものである。特に本願の信が涅槃の城に能入すると説くところに、大乗仏教の核心がある。もちろん善導の『観経疏』の真意を読み取って述べたものであるが、ここに浄土門こそ大乗の至極であるという確信が語られている。親鸞はこの文を「正信偈」に引文するが、ここに比叡山以来の親鸞の大乗の課題が、見事に応えられている。

『尊号真像銘文』では、「和朝愚禿釈の親鸞が『正信偈』の文」と題して、「正信偈」の核心となる文言が、親鸞自身によって掲げられている。そこでは「本願名号正定業　至心信楽願為因　成等覚証大涅槃　必至滅度願成就」と「能発一念喜愛心　不断煩悩得涅槃」という、「正信偈」の中でも特に「証大涅槃」と「得涅槃」の涅槃という語で詠われる二箇所が掲げられている。二乗の覚りであっても、覚りには違いはない。広く言えば、「これでいい」という人間の居直りであっても、一種の諦観である。しかしそれが大涅槃に能入していなければ、迷いである。その迷いを破るものが、大涅槃の働きとしての真実功徳である。人間的な一切を、不実功徳と見抜いている如来の真実功徳へ能入していなければ、正しい信心とは言えない。それ以外は人間の分別の夢であり、迷いである。その ことを明らかにするところに、親鸞の「正信偈」の持つ最も大切な意味がある。正しい信心とは涅槃にまで能入する信心、それを言うのである。法然は善導の二種深信こそ、大涅槃に能入する他力の信であると教えたのである。

親鸞はその他力の信に確かに現成してくる大涅槃の感動を、『教行信証』の「行巻」では、「誓願一仏乗」と展開し、さらに「信巻」では、「必可超証大涅槃」を踏まえて正定聚に立った真仏弟子釈を展開して、浄土真宗こそ大乗の至極であることを顕揚する。

このように考えると、『教行信証』の出発点とその内容の修学は、そのほとんどが法然門下の時にすでにある。私が法然の教説を丁寧に引用した意図もそこにある。生きた仏道は、師の教えに始まり、師の教えに帰るものであると確信する。ともあれ、このとき親鸞は「ただ念仏して、弥陀にたすけられまいらすべし」という法然の一言によって、「いずれの行もおよびがたき身」に目覚め、『無量寿経』の本願によって「浄土三部経」を読み通す択法眼が決定された。『観無量寿経』に定散二善の自力の行が勧められ、その無効を教えて『無量寿経』の弘願に目覚めさせようとする釈尊の大悲を教えられていたのである。それによって親鸞は、覚りに向かう聖道門と決別して、阿弥陀の覚りから人間に向かう本願の念仏によって、完全円満な凡夫に帰り、ただほれぼれと本願を仰ぐ念仏者として、蘇ったのであった。

三　本願の念仏

『無量寿経』では、上巻に誓われる四十八の因願が称名念仏として衆生に完成し、凡夫のままで大涅槃に向かう者に転成することを、下巻の最初に本願の成就文として説かれる。そこには第十一・必至滅度の願成就文、第十七・諸仏称名の願成就文、第十八・至心信楽の願成就文の三願の成就文が掲げられている。この本願成就文こそ、『教行信証』を書く親鸞の思想的な立脚地であるから、第四章で詳しく尋ねるが、今はその第十七・諸仏称名の願成就文と第十八・至心信楽の願成就文とに注目してみたい。

まず第十七願成就文は、次のように説かれる。

十方恒沙の諸仏如来、皆共に無量寿仏の威神功徳、不可思議なるを讃歎したまふ。（『真聖全』一、二四頁）

ここに説かれる「十方恒沙の諸仏如来」とは、釈尊を根本教主として本願を説いてきた、ガンジス川の砂の数ほどの諸仏の伝統を表す。したがって、本願の法の伝統の成就を表すのである。親鸞にとっては、その先頭にいたのが法然である。法然の説く念仏の教えに帰して、広大な本願の仏道に目覚めたのである。

その師の説く念仏の意味をよく聞き取った親鸞の方の信心の成就を、『無量寿経』では第十八・至心信楽の願成就文と説く。求道として言えば、聞き取る方の信心がなければ、本願の伝統といっても観念論になるから、本当に求道心を満たすものにはならない。その意味で、この至心信楽の願成就文こそ最も重要な成就文であり、本願の念仏に蘇った親鸞の立脚地となるものである。それは、次のように説かれる。

諸有衆生、其の名号を聞きて、信心歓喜せんこと、乃至一念せん。至心に迴向せしめたまへり。彼の国に生れんと願ぜば、即ち往生を得、不退転に住せん。唯五逆と誹謗正法とをば除く。（同右）

ここに説かれる「其の名号」とは、親鸞にとって法然の説く称名念仏の教えであるから、この第十七願と第十八願の成就文は、『大経』の文脈から見ても一連の文である。さらに「即ち往生を得、不退転に住せん」という語を親鸞は、和文の聖教では一箇所の例外もなく「正定聚」と読み替えることから、「即得往生　住不退転」という語は、第十一・必至滅度の願の成就である正定聚を表すものである。

したがって、第十七願成就の「諸仏が称える念仏」と、第十八願成就の「それを信じるこころ」とが、「念仏もうさんとおもいたつこころ」として実現するが、この「念仏もうさんとおもいたつこころ」に、凡夫であっても無量寿・無量光の阿弥陀の世界（大涅槃）が、渾々と溢れ出てくる浄土真宗の源泉がある。親鸞は、法然の教えを鶴《つる》嘴《はし》として、自力のかたい殻を穿たれて、「念仏もうさんとおもいたつこころ」を掘り当てられたのである。親鸞にとって師の法然は、この時諸仏称名の願成就文によって、念仏する諸仏の一人という決定的な意味を持った。それは、仏道を聞き取った親鸞の方が決定することであろう。もし第十八願の成就がなかったら、世間的な出会いとして四十歳年上の有名な法然とただすれ違うだけで、生涯の仏道の師となることはなかった。したがってこれらの成就文が念仏者親鸞の出発点であることは当然であって、親鸞の思想はすべてこの成就文に立って考えなければ、われわれの分別に親鸞を引き戻す過ちを犯すことになる。なぜなら本願の成就とは、称名念仏によって自力の妄想や分別が破られた立場なのだから、いわゆる思想とかアカデミズムなどとは決定的に一線を画するからである。

このように、法然の説く称名念仏は、仏の覚りに向かわせる諸行の一つとしての念仏ではなく、如来の覚りが南無阿弥陀仏として凡夫の堅い自我を突き破って名告り出し、広大な阿弥陀の智慧海を開くのである。その真実功徳によって凡夫の身を生涯照らされながら、浄土に生まれて往こうとする者に転じる本願の念仏であった。

憶えば、南無阿弥陀仏とはインドの言葉の音写であり、その字からは意味がわからない。しかしこの念仏によって日本の民衆は、遠い昔から悲しみや苦しみに耐え、生きる勇気を恵まれてきた。それは法然以前の聖徳太子のころからそうであった。のみならず、それ以前の韓国・中国の苦しみの多い人たちの間で伝えられて、日本にまでもたらされた。それどころかインドの民衆の間で伝統され、釈尊出世以前から伝えられてきたのである。そのはるかに遠くて深い意味を法にまで根源化し、法蔵菩薩の神話として説いた経典が、大聖釈尊の『無量寿経』である。

『無量寿経』には、まず過去五十三仏の南無阿弥陀仏の伝統が説かれ、そのはるか遠い源泉が、法蔵菩薩の五劫の思惟の本願にあると説かれる。釈尊より遠い五劫の昔から、インドの多くの民衆を救ってきたのはなぜか。それは南無阿弥陀仏が、人間を超えた法そのものの名告りであり、如から来た名であるからである。その法の源泉を『無量寿経』として初めて説いたのは釈尊であるが、説かれた法は、釈尊の出世に拘わらず歴史を貫く真理である。釈尊出世以前から本願の名号としてあり、今も現にあり、これからも、さらに経道滅尽してもある。ゴータマ・

シッダールタも、その南無阿弥陀仏が湛えている本願の法によってブッダ（覚者）となった。このように「釈尊以前の仏教」を説く経説が、『無量寿経』の本願の教えである。親鸞は、この『無量寿経』の本願の念仏に出遇った感動を、『歎異抄』の第二章では次のように述べる。

弥陀の本願まことにおはしまさば、釈尊の説教虚言なるべからず。仏説まことにおはしまさば、善導の御釈虚言したまふべからず。善導の御釈まことならば、法然のおほせそらごとならんや。法然のおほせまことならば、親鸞がまふすむね、またもてむなしかるべからずさふらう歟。詮ずるところ、愚身の信心におきてはかくのごとし。

（『定親全』四、言行篇一、六頁）

仏教は釈尊から始まるのが常識であるが、愚身の信心においては弥陀の本願から始まると述べる。このように、釈尊以前の弥陀の本願から始まると了解した仏者は、親鸞一人であろう。

だから親鸞は『教行信証』「化身土巻」で、釈尊の説く八万四千の法門を方便とし、本願の一乗海こそ大乗の至極と説くのである。したがって、聖道門の修行や見仏によって仏道が完成されるのではなく、本願の伝統を表す諸仏称名の願とそれを信受する至心信楽の願の成就として、仏道の成就を捉え直すのである。そして、その出発点である法然との出遇いを、「雑行を棄てて本願に帰す」と表明し、その感動を「正信偈」の冒頭に「帰命無量寿如来　南無不可思議光」と帰敬するのである。

これは「願生偈」の「世尊我一心　帰命尽十方　無碍光如来　願生安楽国」という天親の表白と軌を一にするものであり、本願の名号に帰した自覚的な世界を明示している。南無阿弥陀仏は、インドの言葉の音写であるから漢字には意味がないが、この二人の信心の表明は明確な意味を持って告げられている。今本願の念仏によって無明が破られ、阿弥陀如来の浄土に生まれていく者になった。そこに一切衆生の根本志願の満足があると表明しているが、ここに、第十七・第十八の本願の成就に立った感動がある。

『歎異抄』の後序には、親鸞の「つねのおおせ」が二文伝えられている。一つは、因位の本願について伝える言葉であるが、それが次のように述べられている。

弥陀の五劫思惟の願をよく〳〵案ずれば、ひとへに親鸞一人がためなりけり。さればそれほどの業をもちける身にてありけるを、たすけんとおぼしめしたちける本願のかたじけなさよ　（『定親全』四、言行篇一、三七頁）

この親鸞の述懐は、法蔵菩薩が五劫もの間思惟して『無量寿経』に本願を説いてくださったのは、絶対に救われない親鸞一人を救うためであったという、本願力に対する甚深無量の謝念を伝える言葉である。五劫思惟の本願と永遠に救われない宿業の身が、見事に対応して見定められている。したがって、親鸞において本願力は、理想や夢を破って宿業の身の事実に引き戻す働きと仰がれていることになる。本願が、衆生救済のために念仏一つを選択したのは、五劫の昔から一切の衆生を救われない凡夫と見抜いていたからである。人間の方からは絶対にわからない人間の実相を丸ごと見抜いていた本願の智慧がどれほどありがたいかと、親鸞は語っているのである。

はたしてこれを伝えた唯円は、この後に、

と御述懐さふらひしことを、いままた案ずるに、善導の「自身はこれ現に罪悪生死の凡夫、曠劫よりこのかた、つねにしづみつねに流転して、出離の縁あることなき身としれ」といふ金言に、すこしもたがはせおはしまさず。さればかたじけなく、わが御身にひきかけて、われらが身の罪悪のふかきほどをもしらず、如来の御恩のたかきことをもしらずしてまよへるを、おもひしらせんがためにてさふらひけり。

（『定親全』四、言行篇一、三七～三八頁）

と、師のつねの仰せはご自分の身に引き当てて、善導の機の深信を教える金言であったと述べる。要するに、善導の機の深信は、五劫思惟の本願の方から宿業の身の事実に引き戻された目覚めであって、そこに一切自力の入る余地はないと述べているのである。

もう一つの「つねのおおせ」は、因位の本願に対する謝念というよりも、果上の阿弥陀如来の智慧に対する謝念を述べたものである。

善悪のふたつ総じてもて存知せざるなり。そのゆへは、如来の御こゝろによしとおぼしめすほどにしりとをしたらばこそ、よきをしりたるにてもあらめ、如来のあしとおぼしめすほどにしりとをしたらばこそ、あしきをしりたるにてもあらめど、煩悩具足の凡夫、火宅無常の世界は、よろづのことみなもてそらごとたわごと、まことあることなきに、たゞ念仏のみぞまことにておはしますとこそ、おほせはさふらひしか。

（『定親全』四、言行篇一、三八～三九頁）

と、果上の阿弥陀如来の智慧の利益として「善悪のふたつ総じてもって存知せざるなり」という感動が告げられている。因位の本願力によって宿業の身の事実に引き戻され、今、果上の阿弥陀如来の智慧に自力を基にしていた理想や夢や分別の一切が摧破されて、如来内存在へ転じられたのである。その感動が「煩悩具足の凡夫、火宅無常の世界」と、身と世との分別さえ破られて、「念仏のまこと」に包まれている。念仏によって煩悩の身のままで不思議にも阿弥陀如来の真実に包まれた、その感動と謝念を告げている言葉であろう。

憶えば、人間は自然に身に付いた善悪の価値観だけで争い傷つけ合っているが、本当は、真理に適った善悪を知らない無明存在である。真理が何かわからなければ、結局は、無意識の自力に立って前に進むしかない。自己保身と自我の拡大に自力を尽し努力してきたのが、人類の歴史である。しかしその努力はやればやるほど、地球環境の破壊や原発に象徴されるように、人類滅亡の危機に立たされていく。無意識の自力を前提に、外しか見ることができない人間には、その在り方の中に問題があることなどわかろうはずもなければ、なぜそうなるのか理由さえわからない。努力すればするほど、天に向かってつばを吐くように、人類滅亡の危機となって返ってくる。これが現代の世界の閉塞状況ではなかろうか。このような人間の自力の愚かさを見破っているのが不可思議の智慧である。「煩悩具足の凡夫、火宅無常の世界は、よろずのこと、みなもって、そらごとたわごと、まことあることなきに」と、人間の愚かさを見抜いているのは南無阿弥陀仏の智慧だけである。親鸞は「ただ念仏のみぞまことにておわします」と、南無阿弥陀仏の無量光にわが身の全体を五体投地して、人間丸ごとを懺悔している。この智慧の念仏に帰した時から、親鸞は「人間が人間以上のあるものに成る道」（清沢満之）、自我をも超えて仏に成る道に立たされたのである。

『歎異抄』には親鸞の「つねのおおせ」が二つ掲げられるが、先の文は因位の本願について、後の文は果上の阿弥陀如来の智慧についての謝念が伝えられていた。第十七願の成就である念仏に帰した時、第十八願成就の他力の信心には、必ず因位の本願力と果上の仏力とが働いている。親鸞はそれを、たとえば『歎異抄』では、「弥陀の誓願不思議（因位の本願力）にたすけられまいらせて、往生をばとぐるなりと信じて念仏もうさんとおもいたつこころのおこるとき、すなわち摂取不捨の利益（果上の仏力）にあずけしめたまうなり」と言い、『教行信証』では「竊かに以みれば、難思の弘誓は難度海を度する大船（因位の本願力）、無碍の光明は無明の闇を破する恵日なり（果上の仏力）」と言う。親鸞がみずから帰した如来を語る時には、必ず因力と果力で表現することに注意する必要があろう。

聖道門のように、修行によって仏果を得るのであれば、果上の仏力だけで充分なのであろう。しかし、浄土の仏道は覚りを得るのではなくて、凡夫のままで阿弥陀如来の本願力に救われていく仏道である。したがって阿弥陀の

本願は、この因力と果力をもって本願の名号の内実としたのであろう。親鸞はしたがって、「獲得名号」の字訓釈を、

獲字は、因位のときうるを獲といふ。得字は、果位のときにいたりてうることを得といふなり。名字は、因位のときのなを名といふ。号字は、果位のときのなを号といふ。（『定親全』三、書簡篇、五四頁）

と言うのである。

七祖の中で、この因力と果力を分けて最初に表したのは、曇鸞の『浄土論註』の不虚作住持功徳釈である。「観仏本願力」の註釈で、仏力と本願力に分けて、次のように説かれている。

言所の不虚作住持は、本と法蔵菩薩の四十八願と、今日の阿弥陀如来の自在神力とに依るなり。願以力を成ず、力以願に就く。願徒然ならず、力虚設ならず、力願相苻ふて畢竟じて差はざるが故に成就と曰ふ。（『真聖全』一、三三一頁）

ここに言われるように本願成就の他力の信心には、必ず因の本願力と果の仏力とが相互成就として働いている。因の本願力によって宿業の身に呼び戻され、そこに不思議にも果の阿弥陀如来の大涅槃を感得する。また、その仏力の智慧海の感動に立って、この不思議の感動は法蔵菩薩因位の五劫思惟のご苦労によると、衆生の救いの一切を他力の因力・果力に返して仰ぐのである。

したがって親鸞の『教行信証』の思索も、この曇鸞の因力・果力の推究に則ってなされている。凡夫の信心に、なぜ涅槃の功徳が働くのか、その誓願の不思議力の推究である。それが「信巻」の三一問答であるし、「化身土巻」の三経一異の問答を踏まえた三願転入でもある。また『教行信証』全体の構造からいえば、念仏往生の願因によって必至滅度の願果を得る、その大経往生の本願の道理を明らかにしたものが、親鸞の二種回向の開顕ではなか

ろうか。のちに尋ねるが、三一問答は信心の内因としての、阿弥陀如来の本願力を尋ね当てた思索であり、しかも欲生釈から、親鸞の二種回向が開かれてくるのだから、三一問答も二種回向も、どちらも第十八願成就の信心の内から開かれてくる。回向は回心であるという理由はそこにある。分別が破られた本願成就の信心の内から開かれてくる思索、それが『教行信証』全体を貫いているのである。このように、第十七願成就と第十八願成就とが、『教行信証』の思想的な立脚地であることは、いくら注意してもしすぎることはなかろう。

四　大行・大信

1　本願の成就に立って因願を探る

親鸞の立脚地は、すでに尋ねたように、第十七・諸仏称名の願成就文と第十八・至心信楽の願成就文であった。『教行信証』の真実の巻は、最初の「教巻」に、

謹て浄土真宗を按するに二種の回向有り一には・往相・二には・還相なり往相の回向に就て真実の教行信証有り　（『定親全』一、九頁）

と書き出されて、如来の二種回向によってわれわれに与えられる教行信証、すなわち大経往生について説かれていく。そして教・行・信・証と二種回向が説き終わった「証巻」の結釈では、

爾かれは大聖の真言誠に知ぬ大涅槃を証することは願力の回向に籍りてなり還相の利益は利他の正意を顕すなり是を以て論主は広大無碍の一心を宣布して普遍く雑染堪忍の群萠を開化す宗師は大悲往還の回向を顕示して

慇懃に他利利他の深義を弘宣したまへり仰て奉持す可し特に頂戴す可しと
（『定親全』一、一二三頁）

と、『無量寿経』の仏道は本願力の回向によって、凡夫に大涅槃を証得せしめる仏道である。往相の回向は、教・行・信・証を阿弥陀如来の大悲回向の利益としてわれわれに恵み、還相回向は、『無量寿経』を説いた釈尊の利他教化を表すのである。だから論主は、群萌のために『無量寿経』に相応する他力の一心を説いてくださった。曇鸞は往還二回向を説いて、人間には利他はない、自利利他のすべては、阿弥陀如来の本願力にあると明らかにしてくださった」と讃仰する。

この『無量寿経』の本願によって、大経往生を明確に定義するのが『浄土三経往生文類』であるが、そこでは次のように述べられる。

大経往生といふは、如来選択の本願、不可思議の願海、これを他力とまふすなり。これすなわち念仏往生の願因によりて、必至滅度の願果をうるなり。現生に正定聚のくらゐに住して、かならず真実報土にいたる。これは阿弥陀如来の往相廻向の真因なるがゆへに無上涅槃のさとりをひらく、これを『大経』の宗致とす。このゆへに大経往生とまふす、また難思議往生とまふすなり。
（『定親全』三、和文篇、二一頁）

本願の名号に帰した感動が、第十八・至心信楽の願を因として第十一・必至滅度の願果である無上涅槃の覚りを開く、その位を現生正定聚と述べられるが、そのすべてが如来の往相回向による。その本願力回向の仏道を、大経往生と定義している。

『浄土三経往生文類』では、そのすぐ後に、現生正定聚が実現するわれわれの立脚地が、「称名信楽の悲願成就の文」と名づけられて、念仏を誓う第十七・諸仏称名の願成就文と信心を誓う第十八・至心信楽の願成就文とが一連の文として引文される。先にも尋ねたように「念仏もうさんとおもいたつこころ」が浄土真宗の源泉であるが、それがここでも掲げられるのである。そして、この「称名信楽の悲願成就の文」を挟んで、その前に諸仏称名の因願（行）、その後に至心信楽の因願（信）、次に必至滅度の因願（証）が引かれる。「教巻」は因願が挙げられないが、全体が『無量寿経』に包まれている。つまり、称名信楽の悲願成就に立って行、信、証の因願が選び取られているのだから、われわれの方に本願の成就がなければ、教・行・信・証は成り立たない。要するに、第十七・第十八の願成就がなければ、凡夫に四十八の因願の中から、諸仏称名の願（行）・至心信楽の願（信）・必至滅度の願（証）を選び取ることはできない。このように親鸞は本願の成就に立って、『浄土三経往生文類』では行の因願、信の因願、証の因願を選び取る。もちろんこれは、『無量寿経』下巻の本願成就文によることは明らかであるが、『教行信証』ではさらに真仮八願が選び取られている。詳しくは第四章で尋ねるが、親鸞は『無量寿経』下巻の本願成就の教説に則って、真仮八願を選び取るのである。いずれにしても本願の成就がなければ、仏の因願を問題にすることなど凡夫にできるはずがない。だから親鸞は、本願の成就に立って、凡夫に浄土真宗を実現する因願だけを、選び取るのである。

したがって「称名信楽の悲願成就の文」、これが親鸞の決定的な立脚地である。行の面から言えば諸仏称名の願、信の面から言えば至心信楽の願、この行信は「念仏もうさんとおもいたつこころ」として一つの事実であり、行というも、信というもその一事実の二面である。その意味で『教行信証』の「行巻」と「信巻」は、対応関係にあることは当然のことと言える。『教行信証』全体の構造を考えていくに当たって、まず最初に行・信についての大きな見取り図を述べておきたい。

「行巻」の冒頭には、

謹て往相の回向を按するに大行有り大信有り大行は則無碍光如来の名を称するなり斯の行は即是諸の善法を摂

し諸の徳本を具せり極速円満す真如一実の功徳宝海なり故に大行と名く
（『定親全』一、一七頁）

と、法然に教えられた称名念仏を、大行と捉える親鸞独自の行の了解から始まっている。「行巻」の標挙には、「諸仏称名の願浄土真実の行 選択本願の行」と、第十七・諸仏称名の願名と、その意味を表す「浄土真実の行」「選択本願の行」の二つが挙げられている。法然から伝統された称名念仏を「選択本願の行」と言うのに対して、「浄土」の「真如一実の功徳宝海」（大涅槃）を、称える者に極速に円満するという意味で、「浄土真実の行」と言うのであろう。

選択本願の行とは、法蔵菩薩が念仏一つを選択し、衆生の往生浄土を誓った行という意味で、浄土教独自の行の概念である。それに対して「浄土真実の行」と掲げて、親鸞は『浄土論』の「観仏本願力　遇無空過者　能令速満足　功徳大宝海」の偈文と重ね合わせ、称える者に大涅槃を開くという、驚くべき行の定義をする。煩瑣になるので、親鸞の「能令速満足　功徳大宝海」の了解のみを記しておこう。

「能」はよくといふ、「令」はせしむといふ、よしといふ、「速」はすみやかにといふ、ときことゝいふなり、「満」はみつといふ、「足」はたりぬといふ。「功徳」とまふすは名号なり、「大宝海」はよろづの善根功徳みちきわまるを海にたとへたまふ。この功徳をよく信ずるひとのこゝろのうちに、すみやかにとくみちたりぬとしらしめむとなり。しかれば、金剛心のひとは、しらずもとめざるに、功徳の大宝そのみにみちみつがゆへに、大宝海とたとえるなり。
（『定親全』三、和文篇、一四七～一四八頁）

ここで親鸞が告げるように、本願の名号を信じる金剛心のうちには、大涅槃の働きが「能」「令」「速」と本願の方から海のように満ちてくると言うのである。このような積極的な大行の了解は、『選択集』の真理性を大乗仏教の土俵で明らかにしなければならなかった親鸞の、独自の方法ともいえよう。大涅槃の証得こそ、すべての大乗仏教が目指す目標である。それが本願の名号を信じる心に実現される。「証巻」の結釈にも、「しかれば大聖の真言、誠に知りぬ。大涅槃を証することは、願力の回向に籍りてなり」と讃えている内容を、『無量寿経』の本願力回向の名号に凝集的に述べたもの、それが親鸞の大行釈である。

大行については、このように親鸞独特の了解によって定義するが、大信にはそれがない。大信とは大行の法を受け取る心だから、大行の定義だけで充分なのであろう。そこに行と信が別でないことを教えていると思われる。

2　七祖の決定

さてこのように大行を明らかに顕揚した後、「行巻」では、諸仏称名の因願と成就文が引かれ、さらに『無量寿経』の異訳を連引し助顕して、「東方偈」の本願成就の歌が引かれる。その後には、大行の具体的な働きが、破闇満願の自釈で確かめられる。無明の闇が破られるところにすべての衆生の根本志願が満たされると、称名念仏こそ大乗の法であることが述べられて、七祖の引文に入っていくのである。

親鸞以降にいるわれわれは、七祖を浄土真宗の伝統に立って龍樹・天親・曇鸞・道綽・善導・源信・源空を七祖として仰ぐが、親鸞が七祖を決定するまでは、当然、その伝統はなかった。そもそも、法然は『選択集』で浄土教の伝統を述べる中で、二つの伝統を示している。

今は且く道綽・善導の一家に依て、師資相承の血脈を論ずる者なり。此に亦両説有り、一には菩提流支三蔵・慧寵法師・道場法師・曇鸞法師・大海禅師・法上法師。已上『安楽集』出 二には菩提流支三蔵・曇鸞法師・道綽禅師・善導禅師・懐感法師・小康法師なり。已上『唐』『宋』両伝出

（『真聖全』一、九三三～九三四頁）

このように一読してわかるように、法然でさえその伝統がはっきり確定しているわけではなかった。では、親鸞はどのように七祖を選定したのであろうか。先学の研究でも充分に尋ねられたものを知らないので、私には長い間の

疑問であった。そのことについて、少し私見を述べてみたい。

「行巻」の上三祖の引文の仕方を見ていると、親鸞独自の三祖の了解が浮き彫りにされているように思われる。龍樹の文が『十住毘婆沙論』の、入初地品、地相品、浄地品、易行品の四品から引文されるが、最後が弥陀章の偈頌で終わる。「願仏常念我」でそれが終わるが、いきなり天親の「我依修多羅」という偈文に続く。間に挟まれている「『浄土論』に曰わく」さえなければ、『無量寿経』の仏道の主体を表す「我」の、一連の讃歌のように見えて、龍樹と天親の区別を感じさせない。親鸞は、龍樹の弥陀章の偈がそのまま天親の『浄土論』の帰敬偈に相当すると見て、いきなりその発起序の偈文につないだのではなかろうか。その次に、天親の不虚作住持功徳の偈文が掲げられ、最後に利行満足章の「自利利他、速得成就阿耨多羅三藐三菩提故」の核心的な文で天親の『浄土論』の引用が終わるのである。

次の曇鸞の『浄土論註』からの引文は、天親の『浄土論』の註釈であるのだから、『浄土論』に対応する部分だけが引かれるのが自然であろうが、それが次のようになっている。まず『浄土論註』冒頭の二道釈、それに続く題号釈、さらに帰敬序の註釈、発起序の註釈、それに続けて利行満足章の回向の二種相の註釈で『浄土論註』の引文が終わっていく。発起序から引文する天親の『浄土論』だけでは、二道釈、題号釈、帰敬序の註釈の部分が見当たらないが、龍樹の引文を視野に入れれば、その意味が明らかになるように思われる。龍樹の引文には、難易二道の文がある。さらに龍樹の弥陀章の偈頌は、「是故我帰命　彼仏本願力」・「我今帰命礼」と示されることから言っても、「世尊我一心　帰命尽十方　無碍光如来　願生安楽国」という『浄土論』の帰敬序に相当すると思われる。このことから親鸞は、龍樹の難易二道の文や弥陀章の引文等が、『浄土論註』の二道釈、題号釈、帰敬序の註釈に相当すると見ていたのではなかろうか。天親の不虚作住持功徳の偈文の直接の註釈も見当たらないが、内容から見て、発起序の真実功徳相の註釈に組み込んで、その意味を明らかにしていると思われる。最後の利行満足章の『浄土論註』の文は、親鸞がすべての送り仮名を尊敬語に改めて、自利利他のすべてが如来の本願力の回向によることを、明らかにしているのである。

このように見ると上三祖は、曇鸞の『浄土論註』にすべてを収斂して了解しようとする、親鸞の意図が見えてくるように思われる。それは取りも直さず、『浄土論註』から天親・龍樹の二祖を見定めたということであるが、その起点は曇鸞の讃嘆門釈にあると思われる。龍樹の易行品には「儜弱怯劣」「怯弱下劣」と凡夫の自覚が出てくるが、易行品だけではそれが本願の名号によるものかどうか定かではない。天親の『浄土論』には、機の自覚を表す言葉は見当たらない。そうなると、本願の名号による機の自覚を七祖で初めて明確にしたのは、曇鸞の讃嘆門釈の三不信（不淳・不一・不相続）が初めてである。親鸞の択法眼はここに立って、天親・龍樹の二祖を本願の名号に帰した祖師であると、逆に見抜いたのではなかろうか。

なぜならこれまで尋ねたように、凡夫の自覚がなければ、『無量寿経』の本願の仏道が、衆生に実現するはずがない。龍樹の「必定の菩薩」も天親の「八地以上の菩薩」も、親鸞の択法眼で見れば、阿弥陀如来の本願によって成り立つのであり、その本願の機を龍樹は「儜弱怯劣」「怯弱下劣」と表明するのである。

『浄土論』には機の自覚を表す文が見られないが、菩薩道の課題である自利利他は阿弥陀の浄土で成就されているると、大乗菩薩道を浄土の仏道と一つにしたところに、天親の『浄土論』が大乗の菩薩道を説く中にあって、白眉の意義を持つのである。要するに天親には、自利利他は人間にはわからない、阿弥陀の自利利他を明らかにする浄土に知らされる以外に道はないという、機の自覚が隠れているのである。そこに大乗菩薩道と浄土の仏道を一つにしなければならなかった、天親の根本理由がある。

その意味からすれば、本願の名号による機の自覚を明確にした曇鸞の三不信は、七祖の中でも重要な意味を持つ。その三不信から、上を見定めて龍樹・天親の二祖を決定したであろう親鸞の択法眼の確かさに、驚嘆するほかはない。こうして親鸞は、上三祖の龍樹・天親・曇鸞を決定したのではないかと、推測されるのである。

下四祖の確定も、曇鸞の三不信がその起点になると思われるが、それは親鸞が吉水門下の時に法然の教えとして、何度も聞いていたことによると思われる。それを、法然の『無量寿経釈』の教えに聞いてみよう。

往生要集の下に云。問若し凡下の輩亦往生を得ば、云何が近代に彼の国土に於て求むる者は千万なれとも、得るものは一二も無きや。答。綽和尚の云。信心深ず、存るが若く亡るが若き故に。信心一ならず、決定せざるが故に。信心相続ず、余念間はるが故に。此の三相応ざるが故に往生ること能はず。若し三心具する者往生せずといはゞ、是の処有ること無し。導和尚云。若し能く上の如念念相続して畢命を斯と為る者は、十は即十ながら生ず。若し専を捨て丶雑業を修せんと欲せん者は、百の時に希に一二を得、千の時に希に三五を得。已上此の問答の意明なり。善導和尚の二修を以て、往生極楽の行を決せんと欲する者也。意の云く。若し専修に依而行用する者は、千万悉く生ず、若し雑業に拠て而欣求する者は一二も生じ叵し。既に恵心の意、西方の行に於ては、導和尚を以て、而も指南と為す。其の余の末学、寧ろ依憑せざらんや。既に知ぬ、恵心尚以て叙用す、何に況や其の余の世人に於て乎。（中略）又綽禅師三信三不亦た是れ専雑二修の義なり。答の中の二文は一意を成んが為なり、師資偏同して差こと無き已み。
（『昭法全』八五〜八六頁）

法然は、ここで『往生要集』下巻の源信の問答（『真聖全』一、八九七頁）を、取り上げている。そこでは、浄土教が凡下の往生を説くのなら、それを求める者は千万もいるのに、どうして一、二も得る者がいないのかを問う。それに対して源信は、道綽の三不三信を善導が専修と雑修で受け取った、と指摘しているのである。したがって、三不信の雑修ならば百の時には希に一、二を、千の時には希に三、五の往生を得る。しかし、三信の専修ならば千万なりとも皆往生する、と言うのである。法然は、道綽の三不三信を、善導が専修と雑修で受け取ったと見抜いた源信を褒める。そして「師資雷同して差こと無き已み」と、道綽・善導の師資相承を見抜いたのは源信であると言う。要するに、三不三信の文を手掛かりにして、道綽・善導の師資相承を見抜いたのは源信であると、法然が褒めるのである。

本願の名号による機の自覚を、曇鸞が三不信と表明し、道綽が三不三信と展開し、善導が専修と雑修で受け止め、源信がそれを『往生要集』で見抜き、法然は善導の専修念仏を継承した。ここに曇鸞に始まる本願の名号の機の自覚を継承した下四祖が、道綽・善導・源信・源空と決定される。法然がこれを説くのは、『無量寿経釈』だけに限ったことではなく、四篇遺っている『往生要集』の講義ではすべてそれに触れているし、ほかにも散見できることから、法然門下の時の師の講義で、親鸞はこのことを繰り返し聞いていたと思われる。私は法然のこの教えによって、親鸞が七祖を決定したと確信するが、道綽の三不三信がその鍵になっていることは、七祖を貫く信心を考える上において、充分に注意する必要がある。

親鸞が「三不三信の誨、慇懃にして」と「正信偈」で詠うが、『教行信証』そのほかの著作で、道綽の三不三信の内容について思想的に推求していると思われる箇所は、どこにもない。しかし、このように尋ねてわかるように道綽の三不三信の誨が、一つは浄土真宗の七祖の伝承を開くのである。そしてもう一つは、「信巻」を読めばわかるように、曇鸞の三不信から善導の三心釈を助走にして親鸞の三一問答が開かれている。親鸞は、道綽の三不三信から三一問答を教えられたと思われるので、それについては第五章で改めて尋ねたい。このように浄土真宗の他力の信心は、伝承と己証を開かなければ正しい信心とは言えない。今は、道綽の三不三信の誨が七祖の伝統と三一問答の、伝承と己証を開き、『教行信証』の「化身土巻」までを貫いて、その根底に流れていることに注意しておきたい。

3　「行巻」と「信巻」との交際

さて、「行巻」の七祖の引文の中で何と言っても大きな峰は、曇鸞と善導の引文であろう。曇鸞についてはすでに述べたが、善導の引文の中でも白眉は六字釈である。したがって、七祖の引文の中では、衆生の称名念仏を表す六字釈から本願の名号へと展開させた、親鸞の名号解釈にその絶頂があると思われる。善導の六字釈は、

南無と言は即是帰命なり亦是発願回向の義なり阿弥陀仏と言は即是其の行なり斯の義を以の故に必往生を得と
（『定親全』一、四七頁）

と、摂論学派の唯願無行という浄土教への批判に対して、善導が南無阿弥陀仏は願も行もともに具足した衆生往生の行であると答えたものである。それを親鸞は次のように解釈する。

爾は南無の言は帰命なり帰の言は至也又帰説也説字悦音又帰説也説字税の音悦税二の音告くる也述ふ也人の意を宣述ふる也命言は業也招き引く也使也教也道也信也計らふ也召す也是を以て帰命は本願招喚の勅命也発願回向言は如来已に発願して衆生の行を回施したまふの心也、即是其行と言は即選択本願是也、必得往生と言は不退の位に至ことを獲ることを彰はす也、『経』には即得と言へり『釈』には・必定と云へり即の言は願力を聞に由て報土の真因決定する時剋之極促を光闡せる也、必言審らか也然らしむる也分極也金剛心成就の貌也
（『定親全』一、四八～四九頁）

まず親鸞は字訓によって、「帰命」の「帰」に、「説、述べる、人の心を宣述《のぶ》る」という語を当て、「帰」に釈尊の教説という意味を託し、「命」には「招引、召す」の語を当てて弥陀の招喚の意味を託して、衆生の信心の発起は二尊の発遣と招喚による。その信心発起の畢竟の根拠が、「本願招喚の勅命」にあると、衆生の帰命の根拠が、弥陀の本願に見定められている。「発願回向」は、如来の発願によって「衆生の行を回施したまうの心なり」と、衆

生の心ではなくて如来の願心の回向であると説いている。これらの二つの了解から、六字釈で言う帰命と発願回向の二つの根拠は、どちらも阿弥陀如来の本願力にあると明確にしている。要するに、信心の発起によって願往生心に立たされるが、どちらも如来の本願力にその根拠を見定めて、衆生の行修性を完全に排除するのである。さらに即是其行は「選択本願これなり」と、南無阿弥陀仏一つで、一切衆生の根本志願が充分に満たされ、その往生浄土の志願が選択本願によって全うされる。その意味で称名念仏こそ、完全円満なる行であるというのである。

このように親鸞は本願の成就に立って、善導の称名念仏を『無量寿経』の選択本願の行と捉え直す。その理由の一つは、『観無量寿経』の称名念仏に残る、衆生の行修性を払拭しようとしたのであろう。なぜなら行修性が衆生に残れば、称名念仏が一念か多念かという人間の努力に必ず転落することになるからである。もう一つの根源的な理由は、大行は『無量寿経』の本願力回向の行であり、だからこそ如来の現行である。要するに、衆生の信心として、阿弥陀如来の智慧海が働き出る。そこに大行の超越的な意味がある。善導の六字釈は、どこまでも衆生が称える称名念仏だからそこに自力の問題性を残すが、親鸞は、自力とは隔絶された本願の名号の超越的な意味を明確にするのである。その後の「必得往生」も往生の解説ではなくて、本願成就文の「即得往生」と龍樹の「必定」によって、往生が不退の位と捉え直すのである。つまり、浄土教独特の往生という時間の経過を潜って涅槃を得るというような通念を完全に破って、「報土の真因決定する時剋之極促」に正定聚・不退転に就き、必ず涅槃を超証する。それこそ本願力回向の「金剛心成就の貌なり」と説くのである。このように、善導の六字釈を『無量寿経』に則って展開し、本願の信心に涅槃が開かれる大行と意義づけたところに、親鸞独自の行の了解がある。

さて七祖の引文が法然で終わり、行の一念釈の後に、親鸞は、

爾れは大悲の願船に乗して光明の広海に浮かひぬれは至徳の風静かに衆禍の波転す即ち無明の闇を破し速やか

に無量光明土に到て大般涅槃を証す普賢の徳に遵ふ也、知る可しと
（『定親全』一、七〇頁）

と、『無量寿経』の大行に立った感銘を見事に詠いあげる。さらに『無量寿経』の本願の名号を、

斯れ乃真実の行を顕す明証なり誠に知ぬ選択摂取の本願・超世希有の勝行・円融真妙の正法・至極無碍の大行也、知る可しと
（『定親全』一、七一頁）

と、これまで証明してきたように、選択摂取の本願力によって、称える者に大般涅槃が円融し、無碍の一道に立たせる大行であると讃嘆して、「行巻」の前半を閉じる。この後はいわゆる重釈要義といわれるところに展開していくが、それは後で考えてみよう。

さて一方、「信巻」に目を転じてみると、まず大信について「長生不死之神方」「欣浄厭穢之妙術」と、おそらくは曇鸞と善導に因む語を初めとして、「浄土三部経」と『華厳経』『涅槃経』に依り全十二句で大信の内面的な働きとしての意義を讃嘆する。さらに第十八・至心信楽の願の因願と成就文、それを異訳の経典で助顕して、「行巻」と同じ形式を採りながら進めている。その後は、曇鸞の三不信の文と『讃阿弥陀仏偈』の文、さらに善導の三心釈の文を丁寧にたどりながら、

爾は若は行若は信一事として阿弥陀如来の清浄願心の回向成就したまふ所に非ること有こと無し因無くして他の因の有るには非る也と知る可し
（『定親全』一、一一五頁）

と、大信が阿弥陀如来の願心の回向成就の信心であると確かめて、三一問答が始まっていくのである。三一問答の内容については第二章で尋ねるが、衆生の信心である一心と本願の三心との関係を問うて、信心と本願とは別でないことを証明している問答である。衆生の信心といっても、「阿弥陀如来の清浄願心之回向成就」であり、だからこそ、「涅槃の真因はただ信心をもってす」と言いうることを証明しているのである。「信巻」の前半は、ほぼこの

三一問答で尽されるが、「行巻」に倣って信一念釈を設けて、次のように総結する。

故に知ぬ一心是を如実修行相応と名く即ち是れ正教なり是正義なり是正行なり是正解なり是正業なり是れ正智也三心即一心なり一心即金剛真心の義答へ竟ぬ知る可しと　（『定親全』一、一四〇頁）

と、大信は本願力の回向成就した金剛の真心であり、他力の一心は、法蔵菩薩が涅槃の覚りと如実に相応した修行を内包しているのだから、他力の一心は涅槃を開くのである。このように三一問答を中心にして、「信巻」の前半を終えていく。

「行巻」と「信巻」は、前半がこのような流れになっていて、大行・大信と対応しているはずであるが、私は長い間、七祖の引文群と三一問答がどのような対応関係にあるかが解けなかった。しかしすでに述べたように、道綽の三不三信の文を支点にして「行巻」では七祖の伝統を開き、「信巻」では三一問答の己証が開かれる。どちらも三不三信（自力無効）に立った本願の信心の推究から展開した同根の思索であり、「行巻」では、個人性を超えて本願の伝統を開くところに、大行の法が確保している普遍性がある。「信巻」では、本願の信が三一問答によって大涅槃にまで通達していることを明らかにし、大信の真理性を開示している。大行・大信が、普遍性と真理性を開示することをもって、『無量寿経』の仏道が大乗の至極であることの証明となるのである。七祖の引文群の中でも、特に中核となるのが親鸞の名号解釈であった。開けば七祖の伝統、一点に凝集すれば親鸞の名号解釈、「行巻」のそれと「信巻」の三一問答とがどちらも、大涅槃に通達しているという意味で、大行・大信が見事に重なっていると思われるのである。

さて、「行巻」「信巻」はいわゆる重釈要義と言われるところから、どちらも後半が始まる。重釈要義について山邉・赤沼両氏は、「『行巻』、『信巻』の要義を重ねて解釈せらるるのである」（『教行信証講義』教行の巻、法藏館、一九五二年、四〇〇頁・信証の巻、一九五一年、八一四頁）と言い、これまでの講録を踏襲した解釈をしている。「行巻」「信巻」ともに、前半で述べた重要な意義を重ねて解釈をするという意味であろうが、重釈要義という名がはたして妥当であろうか。

「信巻」の標挙である「至心信楽の願　正定聚の機」によって考えれば、「信巻」の前半が、本願成就の信の内面に感得されている「至心・信楽・欲生」の本願の三心の道理（三一問答）の推究であり、後半はその道理を生きる衆生の具体性が、真仏弟子と表されるが、それが「正定聚の機」として確認されているのではなかろうか。「行巻」もそれと同じように、前半は先にも七祖のところで少し確認したように、諸仏称名の願で誓われる選択本願の行の道理を、七祖それぞれの了解によりながら明らかにしている。それに対して、後半は法然から伝統された選択本願の行が、浄土の真実功徳を開示するということが明らかにされている。具体的には、衆生に真実功徳を開く大行の法を「誓願一仏乗」として顕揚するのである。つまり、大行の法が衆生に働く具体性は、凡夫の身のままで比べる必要のない平等を生きる者へ「転成」され、自力を絶対に入れない「不宿」として、本願一乗海の真理性を感得するところにある。これらのことから「行巻」も「信巻」も、どちらも前半が本願の道理の推究であり、後半がそれを生きる衆生の具体性と考える方が妥当なのではなかろうか。そうであれば、重釈要義という伝統された名に、少しの違和感を覚えるのである。

まず「行巻」から、簡単にその文脈を追って見てみたい。親鸞は「他力と言うは、如来の本願力なり」と述べて、七祖の中で初めて他力という語を使う曇鸞の『浄土論註』の、利行満足章から覈求其本釈、他利利他の深義、三願的証、他力釈の巻末のすべての文章を引文して、われわれの仏道を支え成り立たせている根拠が、本願他力であることを述べる。さらに、大行の本願他力による具体的な利益を、一乗海と言って、次のように述べている。

一乗海と言は一乗は大乗なり大乗は仏乗なり一乗を得るは阿耨多羅三藐三菩提を得るなり阿耨菩提は即是涅槃

界なり（中略）大乗は二乗三乗有こと無し二乗三乗は一乗に入らしめむとなり一乗は即第一義乗なり唯是誓願一仏乗也　（『定親全』一、七六頁）

大行が開く涅槃界は、衆生に一乗の利益を恵む、それは弥陀の誓願によってこそ実現されると、親鸞の造語である「誓願一仏乗」という言葉でそれを讃える。さらにその海について、次のように述べる。

海と言は久遠従り已来た凡聖所修の雑修雑善の川水を転し逆謗闡提恒沙無明の海水を転して本願大悲智慧真実恒沙万徳の大宝海水と成る之を海の如きに喩る也、良とに知ぬ『経』に説て煩悩の氷解けて功徳の水と成ると言へるか如し已上　願海は二乗雑善の中下の屍骸を宿さず何に況や人天の虚仮邪偽の善業雑毒雑心の屍骸を宿むや　（『定親全』一、七八～七九頁）

誓願の一乗海は、善も悪も人間的なもののすべてを真実の大宝海に転成する。それはあたかもすべての川が海へ流れ出れば、必ず塩味となるようなものである。だから「本願大悲智慧真実恒沙万徳」を海に喩える。また願海は、二乗の善の屍骸も宿さないのだから、人間的な一切の自力も宿さないのである。

このように、本願力を「転成」と「不宿」の二つで確認する。さらにそれを助顕するために、「願生偈」の海の字が出てくる二つの偈文、すなわち不虚作住持功徳の「能令速満足　功徳大宝海」と大衆功徳の「天人不動衆　清浄智海生」の『浄土論註』の註釈によって、「転成」と「不宿」という二つの働きを再度確認する。不虚作住持功徳の文で、因の願力と果の仏力によって、凡夫をそのままで願力に生きる者に転成する、それこそが涅槃の働きであることが示される。また大衆功徳によって「二乗雑善の中下の屍骸を宿さず」と、そこには人間的な能力や資質や努力の善などは一切除くと、不宿を述べる。つまり誓願の一乗海は、衆生を凡夫のままで涅槃に向かうものに転成する。ただしあらゆる善業も雑毒雑心の屍骸も宿さないで三界の道を勝過した真実性を確保するのである。本願力による大般涅槃道の成就を転成と不宿という具体的な二つの働きで言い当て、それを『浄土論註』の不虚作住持功徳と大衆功徳の註釈で改めて確かめて、本願他力の仏道の真理性を明らかにするのである。

このように大行の法が開く誓願一仏乗は、本願他力によって衆生の分別を破り、比べる必要のない一乗の平等を実現すると同時に、そこには人間の自力性を完全に排除して、必ず涅槃に向かう者にすると、その具体性が明確に説かれるのである。そして『無量寿経』の、

如来の智慧海は　深広にして涯底無し
二乗の測る所に非ず　唯仏のみ独り明かに了りたまへり
（『真聖全』一、二一七頁）

という涅槃界に触れた親鸞は、『浄土論註』利行満足章以下の文章を引いて、出第五門を中心とする箇所にすべて尊敬語を付して、それが如来の回向によることを明らかにするのである。この如来回向の大行の法である誓願一仏乗を衆生に手渡す、それこそが天親・曇鸞・親鸞と伝統された『無量寿経』の本願力回向を宗致とする仏道である。親鸞はそれを「行巻」の巻末に、以下のように見事にまとめている。

凡そ誓願に就て真実の行信有り亦方便の行信有り其の真実の行願は諸仏称名の願なり其の真実の信願は至心信楽の願なり斯れ乃ち選択本願の行信也其の機は則・一切善悪大小凡愚也、往生は則難思議往生也、仏土は則報仏報土也、斯れ乃ち誓願不可思議・一実真如海なり『大無量寿経』の宗致・他力真宗の正意也、
（『定親全』一、八四頁）

そして、その伝統を詠う「正信偈」へと展開していく。

ここで言われる「『大無量寿経』の宗致、他力真宗の正意なり」という言葉は、浄土真宗の仏道を教、行、信、証と確かめた「真仏土巻」にも、

茲れに因て今・真仏真土を顕す斯れ乃ち真宗の正意也、経家論家の正説・浄土宗師の解義・仰いて・敬信す可し特に奉持す可き也、知る可しとなり

（『定親全』一、二六六頁）

と、誓願一仏乗が真仏・真土、つまり光明無量・寿命無量の涅槃界として確かめられ、それを開いた「経家・論家の正説、浄土宗師の解義」こそ「真宗の正意」であると再度確認される。諸仏称名の願と至心信楽の願による選択本願の行信に、誓願不可思議・一実真如海を実現することこそ『無量寿経』の宗致であり、他力真宗の正意なのである。七祖を貫く本願力回向の真宗の正意が、凡夫の大行・大信に如来智慧海を手渡すことにあると、改めて教えられるべきであろう。先の引文でも「その真実の行願は、諸仏称名の願なり。その真実の信願は、至心信楽の願なり」とあるように、親鸞は「行巻」の後半と「信巻」の後半とに、同質の事柄を確かめているのであろう。

さて、「信巻」の重釈要義と言われるところは、『無量寿経』の悲化段の最初に説かれる「必得超絶去　往生安養国　横截五悪趣　悪趣自然閉　昇道無窮極」の文を背景に持ちながら、親鸞は善導の「横超断四流」の了解から述べていく。

横超は即・願成就一実円満の真教真宗是れ也、（中略）大願清浄の報土には品位階次を云はず一念須臾の傾に速やかに疾く無上正真道を超証す故に横超と曰ふ也、

（『定親全』一、一四一頁）

と、「行巻」と同じように称名念仏の信心には、無上正真道が超証されると説く。その具体的な人間像、つまり正定聚の機が真仏弟子と確かめられて、次のように述べられていく。

真仏弟子と言は真の言は偽に対し仮に対する也、弟子は釈迦諸仏の弟子なり金剛心の行人也、斯の信行に由て必大涅槃を超証す可きか故に真仏弟子と曰ふ

（『定親全』一、一四四頁）

ここで親鸞が言うように、真仏弟子とは本願力回向の信行によるがゆえに、たとえ凡夫であっても金剛心の行人で

あり、必ず大涅槃を超証すると述べられる。ここまでは「行巻」の展開から考えると、不虚作住持功徳の願力と仏力との相互成就によって、凡夫をそのままで大涅槃に向かう真仏弟子に転成するという「転成」を、明らかにしているのではなかろうか。しかし、「横超断四流」「金剛心の行人」「必可超証大涅槃」と確かめられてきた真仏弟子が、これ以降一転して悲歎述懐に展開していく。

誠知悲哉愚禿鸞愛欲の広海に沈没し名利の太山に迷惑して定聚の数に入ことを喜はず真証の証に近くことを快しまざることを恥つ可し傷む可しと

（『定親全』一、一五三頁）

この悲歎述懐を境にして、難治の機が確かめられていくのである。そこでは『涅槃経』の闡提の問題が無根の信によって救われると説かれる。さらに「唯除五逆誹謗正法」の問題が、『浄土論註』八番問答では「仏が地獄を出る時節を記したまわず」と、徹底した自力の唯除が説かれると同時に、善導の「散善義」では、それが抑止文と確かめられて「信巻」を閉じている。

真仏弟子釈から悲歎述懐を通して、どうして諸大乗によりながら難化の機の問題に展開するのか。もちろん真仏弟子といっても、横超他力による仏弟子は凡夫の身の懺悔に裏打ちされているのだから、資格なくして仏弟子に加えられた。であればこそ、悲歎述懐を潜って唯除の機の問題に展開していくことは、一応理解できる。しかしいろいろと憶いを巡らしてみても、なぜこのように展開するのかが、私には長い間なかなか納得がいかなかった。

親鸞の『教行信証』は平面的に一応横に書かれているが、本願成就の信心の内容は、平面というよりも立体的である。したがって横に理解していくだけでは、その意味が充分に読み取れないのではなかろうか。そうではなくて衆生の教、行、信、証が畢竟、真仏土にまで突き抜けていくような、本願成就文に貫かれた真諦の縦軸を持っている。行信を中心として真実の巻それぞれが、すべて「真仏土巻」に結実しなければ大乗の仏道とは成りえない。その意味で真実の巻は、畢竟「真仏土巻」に結実していく真諦としての縦軸である。それに対して、本願成就の行信に開かれた「真仏土巻」から、新たに展開される方便化身土文類は、俗諦としての横軸なのではなかろうか。生きた仏道がこの世を生きていく時には、必ず真諦と俗諦の二面性を持つ。真実の巻と方便の巻とは、そのような関係にあると了解したいのである。いずれにしても、本願成就文を地球軸として、真諦の緯度線と俗諦の経度線によって、親鸞の『教行信証』は立体的な球をなしている。よって、「行巻」と「信巻」との対応を縦軸として読まなければ、充分に読めないのではなかろうか。「信巻」の先の真仏弟子から唯除の機へという展開は、「行巻」で言えば、誓願一仏乗の大行の法が、転成と不宿として確かめられたことと対応するのではなかろうか。つまり転成が真仏弟子と対応し、不宿が唯除の機と対応する。そう読めた時、私には真仏弟子釈から悲歎述懐への展開がよく理解できると同時に、行信という一事実を解明した両巻の対応が却って浮き彫りとなったのである。本願成就の大行・大信の親鸞のきわめて透徹な了解に、ただ感佩するばかりである。

五 『教行信証』の方法論とその眼目

1 『教行信証』の眼目

親鸞が法然と遇った大きな感動は、自力では絶対に救われないという徹底した懺悔と、光・寿二無量の世界を実現した阿弥陀の本願に対する讃嘆に尽きる。この懺悔と讃嘆が、真実教に遇った親鸞の根本感動である。凡夫のままで（懺悔）、なぜこのような広大な阿弥陀の智慧海を生きるものになれたのか（讃嘆）、その感動が、主著の『教行信証』さらに『歎異抄』、そのほかの親鸞の著作のすべてに貫かれている。その仏法不思議の事実を、阿弥陀の本願の道理に返して推究した実験結果が、『教行信証』であろう。

それにしても、阿弥陀如来の本願の世界を開示したのは、何といっても師法然の教えである。生涯、本願を聞思しながら、凡夫であることを誤魔化さずに仏に成る道を歩ませたもの、それこそ師法然の深い恩徳である。この阿弥陀の本願力に遇った懺悔と讃嘆を包む師の護持養育への深い謝念、これが真実教に遇った親鸞の根源的な感動である。したがって『教行信証』は、師への恩徳と阿弥陀如来の恩徳、この二尊の深い恩徳に対する親鸞の応答、と言ってもいいのではなかろうか。

『教行信証』の総序には、その感動が次のように伝えられている。

爰に愚禿釈の親鸞慶はしい哉西蕃月支の聖典東夏日域の師釈に遇難して今遇ことを得たり聞難して已に聞ことを得たり真宗の教行証を敬信して特に如来の恩徳深ことを知ぬ　斯を以て聞く所を慶ひ獲る所を嘆するなりと

（『定親全』一、七頁）

このように、如来の恩徳の深いことと、それを親鸞にまで伝えた七祖の教えに遇えた慶びが湛えられている。

またいわゆる後序には、

然に愚禿釈の鸞建仁辛酉の暦雑行を棄てて本願に帰す

（『定親全』一、三八一頁）

と、述べられている。「建仁辛の酉の暦」とは、法然門下に入門した年であることから、具体的には法然への恩徳を表す。総序の三国七祖の伝統を開いたものこそ法然の教えである。さらに後序の「雑行を棄てて本願に帰す」という言葉から、法然の教えを通して、より根源的には阿弥陀如来の本願力への深い恩徳感を、読み取ることができる。このように総序は三国七祖の真実義の伝統と『無量寿経』の阿弥陀如来の恩徳の深いことが述べられ、後序には、師法然の教えと本願の恩徳が述べられて、総序と後序の記述が見事に対応している。つまり、師の法然を通して阿弥陀如来の本願に遇うことができた、それが『教行信証』全体を貫く親鸞の感動なのである。「教巻」では、それが『無量寿経』を説いた釈尊と阿弥陀如来に根源化されて、

夫れ真実の教を顕さは則ち『大無量寿経』是也・斯の経の大意は弥陀誓を超発して広く法蔵を開て凡小を哀て選て功徳の宝を施することを致す釈迦世に出興して道教を光闡して群萠を拯ひ恵むに真実の利を以てせむと欲すなり

（『定親全』一、九頁）

と、一切の群萠に開かれた真実教は、『無量寿経』であると宣言される。そこでは釈尊と弥陀の二尊に分けて『無量寿経』の大意が述べられている。このことと、先の総序と後序の述懐を思い合わせれば、親鸞にとって、自身を本願に帰せしめた直接の師である法然への恩徳は、畢竟、弥陀の本願を説いて群萠を発遣して止まない、釈尊への恩徳に収斂されると言えよう。このように直接の師を表す釈尊（根本教主）と、阿弥陀如来（救主）の恩徳の、二つに分けて説かれるところに『無量寿経』の特質がある。

『教行信証』全体は、「教巻」に掲げられるこの二つの恩徳の解明にあると見ることができよう。なぜなら、本願の念仏によって凡夫が大涅槃を証得するという驚くべき出来事は、大聖釈尊と阿弥陀如来の二尊の恩徳以外にないからである。資格なくして仏道に立たされたその深い謝念の中で、二つの恩徳を本願の道理に返して解明していく、それが『教行信証』ではなかろうか。大乗の論書の中で、特に問答になっているところは重要な意味を持つが、『教行信証』の中に二箇所問答がある。「信巻」の三一問答と「化身土巻」の三経一異の問答がそれであるが、この二つの問答は、釈尊と阿弥陀如来の二尊の大悲を解明している親鸞の己証であると思われる。この二つの問答の詳細は第五章で改めて詳しく尋ねるので、ここでは文脈上、二尊の大悲に絞ってのみ言及してみたい。そのため、少

し荒い概要のみになるが、ご了解いただきたい。

まず根本教主としての釈尊の恩徳の解明には、「化身土巻」に三経一異の問答が展開されている。『無量寿経』は本願の信心一つを説く。それに対して、『観無量寿経』は顕の義では至誠心・深心・回向発願心の自力の三心を説き、『阿弥陀経』は執持名号の自力の一心を説く。表向きにはどちらも自力の信心が説かれているように見えるが、彰隠密の義、すなわち方便として隠されている釈尊の真意においては、『無量寿経』の他力の信心一つに導くためである。要するに釈尊が『観無量寿経』と『阿弥陀経』を説いたのは、自力をこととする一切衆生を、『無量寿経』の他力の一心に導くためであり、それは大悲の方便である。それに加えて、親鸞は次のように言う。

門余と言は門は即八万四千の仮門也、余は則本願一乗海也、

（『定親全』一、二八九頁）

釈尊は八万四千の法門を方便として説くが、それは特に『無量寿経』の本願一乗海に導くためである。ここに聖道門とはまったく逆の、本願史観と言ってもいい親鸞の択法眼が輝いている。つまり、釈尊の説かれた教説のすべては方便であり、その方便を成り立たせている誓願一仏乗のみが真実である。『無量寿経』の真理性は、阿弥陀如来の本願一つにかかっていると説くのである。だからこそ『無量寿経』『観無量寿経』『阿弥陀経』に、第十八・至心信楽の願と、第十九・修諸功徳の願と、第二十・植諸徳本の願とを当てて、三部経の役割りを本願論として説明する。この親鸞の本願信に導くために「浄土三部経」が説かれたのであると、三願に共通して説かれている「十方衆生」と「欲生我国」という語の意味を本願の道理に対する深い眼差しは、「十方衆生」を第十八願成就の他力のに推求することによってつちかわれた。第十八願に誓われる「欲生我国」、すなわち「本願招喚の勅命」に帰した時、第十九願「至心発願」、第二十願「至心回向」にも「欲生我国」が誓われている意味が明確になったのである。自力を生きる十方衆生を第十八願の「本願招喚の勅命」に目覚めさせるために、第十九願、第二十願を貫いて「欲生

我国」が誓われていた。自力の「欲生我国」は他力の「欲生我国」に導くことにある。『観無量寿経』も『阿弥陀経』も、『無量寿経』に説かれる第十八願の「至心に回向せしめたまえり」という本願力回向の信心に導くためであると尋ね当てて、釈尊の一代教に対する甚深無量の大悲を解明しているのが、三経一異の問答である。

もちろん親鸞のこの思索は、法然の教えによっている。たとえば、法然の本願の思索が中心となっている「十七条御法語」の中に、

諸経ノ中ニトクトコロノ極楽ノ荘厳等ハ、ミナコレ四十八願成就ノ文也。念仏ヲ勧進スルトコロハ、第十八ノ願成就ノ文ナリ。

観経ノ三心、小経ノ一心不乱、大経ノ願成就ノ文ノ信心歓喜ト、同流通ノ歓喜踊躍ト、ミナコレ至心信楽の心也ト云リ。コレラノ心ヲモテ、念仏ノ三心ヲ釈シタマヘル也ト云云。

（『昭法全』四六九頁）

とあり、「浄土三部経」を第十八願の成就で読み通すことはよく教えられている。しかし三経に先の三願を当て、要門と弘願に加えて第二十願の真門を開設したところに親鸞の独自性がある。親鸞の場合は、三経が一であるという法然の教えを通して三経の異なりの方に注目し、その異なりを通して凡夫を他力の一心に導く大聖釈尊の深い大悲を仰ぐのである。そこに親鸞の己証がある。親鸞の真門解説の詳しい意味は、第五章で改めて尋ねたい。いずれにしても、このように三経一異の問答と、それを踏まえた三願転入は、釈尊の一代教に対する深い大悲心の解明にあると思われる。

もう一つは、「信巻」の三一問答である。天親の説く一心（信心）と本願の三心（願心）は別でないことを尋ねて、

弥陀如来三心を発したまふと雖も涅槃の真因は唯信心を以てす是の故に論主三を合して一と為る歟

（『定親全』一、一一五頁）

と、阿弥陀の本願には至心・信楽・欲生の三心が誓われているが、凡夫の一心に当来の涅槃が感得されるから、天親は、三を合して「世尊我一心」と表明したと言う。ここに大乗の究極的な課題である大涅槃の証得が、聖道門の修行によって実現されるのではなくて、本願の信に果たされていくと説かれる。しかし、涅槃と凡夫という絶対断絶のままに、なぜ凡夫の信に涅槃が証得されるのか。

仏意釈ではそれを問うて、第十八願に「至心・信楽・欲生」の三心が誓われるのは、凡夫を浄土に往生させ、涅槃を証得せしめねば仏に成らないという、弥陀の大悲の願心を改めて推究するのである。至心釈では、

仏意惻り難し然と雖も竊かに斯の心を推するに一切の群生海・無始自従り已来た乃至今日今時に至まで穢悪汚染にして清浄の心無し虚仮諂偽にして真実の心無し（『定親全』一、一一六～一一七頁）

と徹底した懺悔が述べられ、続けて、「ここをもって如来、一切苦悩の衆生海を悲憫して、不可思議兆載永劫において、菩薩の行を行じたまいし時」と衆生の虚仮不実と如来の真実とが断絶のまま対照的に述べられる。それは、如来の真実功徳によって徹底した不実の身の懺悔が、本願の三心の推究の初心だからである。それを真実に対して不実と、相対的に表すのである。それに対して信楽釈では、

此の虚仮雑毒の善を以て無量光明土に生と欲する此必不可也、何を以の故に正しく如来菩薩の行を行たまふし時三業の所修乃至一念一刹那も疑蓋雑こと無きに由てなり斯の心は即如来の大悲心なるか故に必す報土の正定の因と成る（『定親全』一、一二一頁）

と、衆生の虚仮雑毒の善では浄土往生は不可であると述べられる。そして、どうしてかとその理由を問うて、迷いの衆生の中に身を捨てた法蔵菩薩の兆載永劫の修行が述べられるのである。至心釈で説かれたように、衆生の虚仮不実の身と如来の真実とが相対性を超えて、ここでは一つとして表される。その一つにまでなって凡夫を救いたい

というところに如来大悲の願心を感得し、兆載永劫の修行による信楽こそが、凡夫往生の正定の因であると言う。このようにこの信楽釈では、衆生と如来という絶対断絶を超えて、法蔵菩薩の方から衆生の中に身を捨てた如来大悲の願心が、述べられてくるのである。

さらに欲生釈では、

回向心を首と為て大悲心を成就することを得たまへるか故に利他真実の欲生心を以て諸有海に回施したまへり

（『定親全』一、一二七頁）

と、本願招喚の勅命である欲生の願心を回向心と捉え、それによって、如来は大悲心を成就するという。如来の大悲心の成就とは、当然衆生に大涅槃を恵むことであるが、それが阿弥陀如来の回向心によると、尋ね当てる。阿弥陀如来が、至心・信楽・欲生の三心を誓うのは、凡夫の一心に涅槃を証得させるための如来の方からの手立てを、この三心に託したからである。すなわち、如来のやむにやまれない大悲の願心の一人働きを、三心として表現したのである。それを本願力の回向として明らかにするのが、仏意釈である。

いずれにしてもこの三一問答は、尽十方無碍光如来に帰命する本願の信心に、凡夫のままで涅槃分が恵まれるのはなぜかを、如来の願心に問うた思索である。衆生の信心がそのまま如来の願心であることを証明して、願心の根拠である涅槃界から立ち上がった法蔵菩薩の兆載永劫のご苦労を、親鸞は仰いでいるのである。そのご苦労の具体性が、至心、信楽、欲生の次第で誓った、如来大悲の願心であると尋ね当てたのである。

親鸞は『唯信鈔文意』でそれを次のように述べる。

法身はいろもなし、かたちもましまさず。しかればこゝろもおよばれずことばもたへたり。この一如よりかたちをあらわして、方便法身とまふす御すがたをしめして、法蔵比丘となのりたまひて、不可思議の大誓願をおこしてあらわれたまふ御かたちおば、世親菩薩は尽十方無碍光如来となづけたてまつりたまへり。

（『定親全』三、和文篇、一七一頁）

ここでは、尽十方無碍光如来に帰命した本願の信心には、不可思議にも一如の真実（涅槃）が感得されるのであるが、それは涅槃から立ち上がった法蔵菩薩が本願を立てて、如来の真実を恵もうとしたご苦労によるのである。そのご苦労の力動性こそ、第十八願に誓われた至心・信楽・欲生の願心ではなかろうか。

このように三一問答では、凡夫が涅槃を証得するという仏法不思議の感動の源泉が尋ね当てられている。そして、その営みを通して親鸞は、弥陀大悲の本願力をただほれぼれと仰いでいるのである。

先の「化身土巻」の三経一異の問答と、今確かめた「信巻」の三一問答とが、『教行信証』に見られる二つの問答であるが、「化身土巻」の方が大聖釈尊の大悲を尋ね当て、「信巻」の方が阿弥陀如来の大悲の願心を尋ね当てた、親鸞の己証であろう。この二つの問答は、親鸞が本願の成就に立った本願力の推究であり、凡夫がなぜ大涅槃を証得しうるのかという、『無量寿経』の仏道の秘密を尋ね当てた同根の思索である。したがって、互いに真諦と俗諦という裏表の関係を保ちながら、『教行信証』の全体の思索を貫いている。

今一つは、総序に「ここに愚禿釈の親鸞、慶ばしいかな、西蕃・月支の聖典、東夏・日域の師釈、遇いがたくして今遇うことを得たり。聞きがたくしてすでに聞くことを得たり」と、三経七祖の本願の伝統を掲げており、それを詠った己証が「正信偈」である。このことから、「正信偈」、三一問答、三経一異の問答の三つが親鸞の己証として、『教行信証』の核心ではなかろうかと思われる。ここではこれ以上の言及を避けるが、この三つの己証が生み出された親鸞の思索の源泉と、その大切な意味を、章を改めて詳しく尋ねてみたい。

くどいようであるが、三一問答も三経一異の問答もどちらも、本願成就の信心に立ってそこに内観されている因願を推究していく、それが親鸞の浄土真宗の仏道の方法論である。『教行信証』であれ、『浄土三経往生文類』であれ、親鸞の著作にはそれが一貫されている。金子大栄著『真宗学序説』（文献書院、一九二三年）の「親鸞が学んだように学ぶ」という言葉が安易に使われることが多いが、それが正確に意味するところは、本願成就の信心に立って因願を推究するという仏道の方法論を指すのである、よって、われわれはこの方法論を親鸞によく教えられるべきであろう。正確には、それを聞思というのである。

2 『教行信証』の方法論

親鸞は法然門下の時に、その思索方法を師に教えられたのであろう。法然は、第十八・念仏往生の願一つを王本願として『選択集』を著しているために、あたかも第十八願だけを取り上げたかのように思われているが、法然のほかの著作を見ればわかるように、決してそうではない。ほかの著作と比べると『選択集』の方が、法然の核心部分を先鋭化した著作であるように思われてくる。『選択集』は、称名念仏一つを法として浄土宗を独立させるという、使命と責任の下で書かれた宣言書である。善導教学を称名念仏の一点で明確にし、そこに法然門下を結集するために、一願建立の書としたのであろう。法然の著作全体に目を通せばすぐわかるように、親鸞が『教行信証』で取り上げる真仮八願は、すでに法然が問題にしている。その際、第十七・諸仏称名の願と第十八・念仏往生の願の成就文がしっかりと見据えられた上で、因願文を取り上げているのである。さすがに法然、と言うべきであろう。

当面の論旨と紙面の都合で煩瑣になるので、一つだけ例を挙げておきたい。『三部経大意』で観経釈に入るときなり、第九真身観の文が取り上げられる。

次観経ニハ定善散善ヲ説ト云ヘトモ、念仏ヲモテ阿難尊者ニ付属シ給フ。汝好持是語ト云ヘル是也。第九真身観ニ、光明遍照十方世界念仏衆生摂取不捨ト云ヘル文有リ。

（『昭法全』三〇頁）

ここで法然は、第九真身観の「念仏衆生摂取不捨」という文に注目している。特に三昧発得とか見仏を問題にする聖道門では、仏身が問題となるために『観無量寿経』の中でも、第九真身観が最も重要な箇所となる。だから法然も観経釈に入ると、第一にここを問題にする。しかし彼は、三昧発得というよりも摂取不捨の語に注目して、この引文の後に、第十八・念仏往生の願、第十七・諸仏称揚の願、第十二・光明無量の願、第十三・寿命無量の願を挙げて、次のように言う。

名号ヲ以テ因トシテ衆生ヲ引摂セムカ為ニ念仏往生ノ願ヲ給ヘリ。第十八ノ願是也。其ノ名号ヲ往生ノ因トシ給ヘル事ヲ一切衆生ニ遍ク聞カシメンカ為ニ諸仏称揚ノ願ヲ立給ヘリ。第十七ノ願是也。（中略）然ハ即光明ノ縁ト名号ノ因ト和合セハ、摂取不捨ノ益ヲ蒙ラム事不可疑。（中略）然ハ光明無量ノ願ハ、横ニ十方ノ衆生ヲ広ク摂取セムカ為也。寿命無量ノ願ハ竪ニ三世ヲ久ク利益セムカ為也。

（『昭法全』三〇～三一頁）

法然は仏身を実体的な仏と捉えるのではなくて、第十七・十八願の行信によって、衆生に第十二・十三願の利益を与えることと、それが仏身としての摂取不捨の利益であると告げている。要するに、見仏として実体化されるような仏身観を排除して、称名念仏に賜る摂取不捨の本願力による救済の事実、それこそ仏身であると言うのである。しかしその後に、「臨終の時にいたれは、仏来迎したまふ。行者これを見て」と、見仏という意味を持つ第十九・臨終迎接の願を挙げている。法然はここに、摂取不捨の救いと臨終迎接の見仏の両方の意味を見出しているのであろう。このように法然は、『観無量寿経』の真身観で本願力による摂取不捨を説きながら、見仏という意味を完全に排除するわけではない。本願による救済の内に、見仏の意味を包んでいるのであろう。

法然門下にいた三百八十余名の弟子たちは、そのほとんどが聖道門の学僧である。彼はそのすべてを抱えて、浄土門の独立を生涯の課題としなければならなかった。だから弟子たちがかつて宗としていた三昧発得や見仏をまったく排除するわけではなくて、阿弥陀の本願に包みながら了解していく大らかさを持っていた。それが、第十九・臨終迎接の願を挙げる意味ではなかろうか。このあたりに法然が、三昧発得の人として広く尊敬を集めた理由の一つがあるのであろう。このように法然は本願の仏道に聖道門をも包みながら、称名念仏の法一つを掲げて、浄土門を独立させなければならなかった。それこそ、法然が果たさなければならなかった責任であり、彼を取り巻く状況をよく承知していた法然の偉大さではなかろうか。

しかし周知のように、親鸞は「化身土巻」の冒頭で、

謹て化身土を顕さは仏は『無量寿仏観経』の説の如し真身観仏是也、土は『観経』浄土是也、

（『定親全』一、二六九頁）

と言って、『観無量寿経』の第九真身観に説かれる見仏とか三昧発得、さらには第十九願に関するものはすべて方便「化身土巻」に回して、釈尊の方便であると断定する。それに対して、先に法然が掲げていた第十八・念仏往生の願（「信巻」）、第十七・諸仏称揚の願（「行巻」）、第十二・光明無量の願（「真仏土巻」）、第十三・寿命無量の願（「真仏土巻」）をすべて真実の巻に採用している。ここに法然の教えを受けた、親鸞独自の仏道観がある。『教行信証』は凡夫になぜ涅槃が実現するのかという関心で貫かれるが、それはひとえに阿弥陀如来の本願によるほかはない。先にも述べたように親鸞は、本願の成就すなわち凡夫の目覚めに立って、涅槃を証得せしめる本願を選び、それによって真実の巻を構成する。この親鸞の択法眼が、法然では充分払拭しきれなかった持戒と見仏を中心とする出家の仏教から、完全に凡夫の本願による仏教を確定することになったのであり、その仕事の集大成が『教行信証』である。

このように、『選択集』に見られる法然の思想は、法然の核心部分を先鋭化しているために一願建立であるが、ほかの著作によって法然の本願論を挙げれば、決してそうではないことはすぐにわかる。この『三部経大意』だけでも、親鸞の『教行信証』から見返せば、真仮五願がすでに問題にされていたようにである。私が見る限り、親鸞が取り上げる本願については法然も至るところで論じている。今回の引用箇所には、第十一・必至滅度の願についてては直接触れられていないが、『三部経釈』の方では、第十八願と第十一願は「行者至要」(『昭法全』一六三頁)であると言われる。しかし、『教行信証』の骨格となっている真仮八願の中で、第二十願と第二十二願については、法然はあまり言及していないようである。

この二つの願のうち第二十願の課題は、親鸞が「正信偈」の源信讃で「報化二土、正しく弁立せり」と詠うように、法然よりも源信に教えられたのではなかろうか。『往生要集』では最後の問答料簡で、懐感の『釈浄土群疑論』を引用して、第十八願による阿弥陀の報土に対して、第二十願の浄土である懈慢界が論じられる(『真聖全』一、八九八頁参照)。源信は、善導のいう雑修の者は、懈慢界に止まって真実報土に生まれないと説くのである。『往生要集』には、ほかに第二十願を問題にしている箇所は見られないことから、親鸞はこの文によってその課題を教えられ、源信を讃嘆したと思われる。

法然が『往生要集』の講義をしたものが、四篇遺されている。『往生要集詮要』『往生要集料簡』『往生要集略料簡』『往生要集釈』がそれである。ところがこのうち最も初期の講義である『往生要集詮要』だけは、懐感の『釈浄土群疑論』の部分を引文して善導の雑修の解説をするが(『昭法全』八頁参照)、それ以降になされた後期の三つの講義では、この箇所への言及が見られない。おそらく法然は、浄土門独立の大使命を感じるようになってからは、あえてこの第二十願の問題を避けたのではなかろうか。なぜなら、この第二十願の課題は浄土門の中の自力の執心の問題だから、この問題を追究すれば、法然門下が分裂の危機にさらされることになる。浄土宗独立という聖道門に対する他流試合においては、法然は第二十願の課題をよく承知していながら、あえて封印したのではなかろうか。

法然が先送りにした他力の信心の中の自力の執心の問題は、一念多念の問題として法然門下で顕在化してくるが、親鸞はそれを、信心の淳不淳の課題として法然の思想的な責任を背負いながら『教行信証』を書くことになる。「信巻」と「化身土巻」を照らし合わせてよく読めばすぐわかるように、この第二十願の問題を、仏道の課題として本格的に取り組んだ仏者は、長い浄土教の伝統の中でも親鸞一人であろう。『無量寿経』下巻の最後が、第二十願の成就文で終わることからも、『無量寿経』の仏道の最終的な課題は、この第二十願の果遂の誓いにある。第十八願と第二十願は合せ鏡になっているというのが曽我量深の指南であるが、第十八の真実の法に包まれて、第二十願の機を生き尽すところに、『無量寿経』の仏道に相応した親鸞の面目がある。本願の成就に立つということは、衆生の課題が信心の不純性にあり、それこそが生涯の課題であると見抜かれていることである。しかも、その衆生を果遂せずにはおかないと誓われている第二十願に、親鸞はもろ手を挙げてただほれぼれと如来の大悲を仰いでいるのである。「信巻」と「化身土巻」とは、互いに照らし合いながらその仔細を明確にしているという意味で、親鸞独自の異彩を放っている巻である。法然が残した第二十願の問題を、思想的な課題として引き受けて、親鸞が明らかにしたものであると思われる。

もう一つの第二十二・還相回向の願については、法然は願名を挙げるのみで、著作のどこにも、その意味について述べている箇所はない。おそらく吉水の修学の中で、唯一、親鸞が師にその意味を詳しく聞くことができなかった願であろう。だから親鸞は、そののちの本願の思索の中で、この還相回向をどう了解するかで、苦しんだのではないかと思われる。

もちろん親鸞は、曇鸞の『浄土論註』からその意味を教えられるが、還相回向とは五念門の衆生の実践行なのか、それとも如来の還相回向なのか、若いころの親鸞には、そこがはっきりしなかったのではなかろうか。吉水の修学の中では善導の『往生礼讃』によって、五念門行を衆生の実践行と読んでいた節がある。しかしはたしてそうであろうか、それが師と離れた流罪の地越後での、親鸞の課題だったと思われる。端的に言えば、田舎の人びとを自分が教化するのか、それとも共に如来の本願に救われていくのか、という問題である。もちろん本願に救われる身であることは、法然との出遇いで決定したことであろう。しかし、その仏道のわかったという体験に執着して、衆生教化に立とうとするのか、それともその体験までも手放して、群萌の大地に帰って本願を仰ぐのか。それが、第二十願の問題と関わる『無量寿経』の仏道の眼目であろう。第二十願の機が徹底されていくところに、第二十二願が人間の自力性とは絶対に隔絶した、如来の還相回向と仰がれていくのではなかろうか。

曽我量深の指南を仰げば、第十九願に誓われる自力を棄てて、第十八の本願に帰す、という回心がなければ、人間に『無量寿経』の仏道など始まりようがない。しかし回心の体験を持ったとしても、人間の自力性が消えたわけではない。帰した本願は最初から他力であっても、機の自力の問題性がどこまでも残るのである。「化身土巻」の親鸞の三願転入の表白に耳を澄ませると、第十八願の他力に帰したからこそ、第二十願の機の自力の問題が改めてあぶり出されてくる。そこに第十八願と第二十願とが、合せ鏡になっているという指南が仰がれる。人間には、意識にのぼらないほど深い自力性が隠れている。宿業の身の底なしの自力性を日々新たに知らせるものこそ、第二十願の果遂の誓いである。回心があろうがなかろうが、人間の自力性は底なしに深い。それを照らし出す本願が第二十願であるが、この果遂の誓いによって群萌に帰りきり、回心の広大な第十八願の世界に改めて立ち返るのではなかろうか。そこに『無量寿経』の仏道の、大切なもう一つのエポックがある。要するに私が言いたいことは、第十九願による回心と、第二十願による群萌への回帰、この二つが、『無量寿経』の本願に見抜かれている機の自力の問題性である。したがって回心の目覚めの中に、自力の懺悔としてすでに包まれていることから、二つに分けることはできないのであろう。しかし本願の智慧の眼差しは無涯底であって、念仏生活の中で宿業の身の無明煩悩の深さをどこまでも照らし出し、果遂せずにはおかないと誓ってくださっているのである。その第二十願の機こそが、第十八願の広大な他力住持の世界を手放しで仰ぐ者に徹底されていくのである。その決着が越後での愚禿の名告りであると、私は推測するのである。

「恵信尼書簡」では、第二十願の自力の課題が、次のように伝えられている。

三ぶきやうげに〳〵しく千ぶよまんと候し事は、しんれんばうの四のとし、むさしのくにやらん、かんづけのくにやらん、さぬきと申ところにてよみはじめて、四五日ばかりありて、思かへしてよませ給はで、ひたちへはおはしまして候しなり。（『定親全』三、書簡篇、一九六頁）

ここに伝えられるように、越後から関東に至るまで、つまり師と別れた三十五歳から四十二歳くらいの親鸞の課題は、果遂の誓いに照らされた自力の執心の問題ではなかったか。『無量寿経』の仏道を歩む者が、必ず出遇わなければならない課題。それを恵信尼は、親鸞の重要な教えである三部経読誦の出来事として、後世に残したかったのではなかろうか。おそらくこのころ、親鸞は「いなかのひとびと」を教化したいという人間の一切の行修性を放棄し、自力のままに群萌の一人になりきって、あの法然との出遇いで感得した如来からの救いに、改めて立ち返ったのであろう。

その決定的な契機になった文が、「証巻」の結釈で「ねんごろに他利利他の深義を弘宣したまえり」と親鸞が述べるように、『浄土論註』の「他利利他の深義」であろう。なぜなら他利利他の深義は、人間には利他はない利他は仏力でしかなしえないと、曇鸞が教えているからである。この文によって親鸞は、第二十二願に誓われている還相回向は、衆生の五念門の実践行ではなくて、阿弥陀如来の利他行であるという大跳躍を果たし遂げたのである。ここに『教行信証』を、『無量寿経』相応の本願の論書として明らかにするための準備と構想が、親鸞に始まったと考えられるのではなかろうか。

このように考えることができるなら、師と別れてなおかつ親鸞を仏道に立ち返らせたものは、底なしの自力の執心とそれを照らし出す本願力である。宿業の身とそれを照破する法蔵の願心、それを曇鸞は「我一心」と表して、我と一心を離れないものと註釈し、『無量寿経』の仏道の主体として明確にしたのである。我という宿業の身と、一心の根拠である法蔵菩薩の願心、それこそ凡夫を日々新たに仏道に立ち返らせる主体である。

それを本願の成就（宿業の身）に立って因願（願心）を採ると理解してもいいであろう。師と別れ、越後に赴いて以降、直接に師の教えを聞くことができなくなったことは、仏道に立てるかどうかという意味において、親鸞にとって大いなる信仰の危機である。それでもなお仏道に立ちうるか、それは重要な問題であるが、「雑行を棄てて本願に帰す」という感動を持って入室した法然門下の修学の中で、親鸞はすでに法然から、本願の成就に立って因願を聞思しながら、どこまでも宿業の身の自己を明らかにしていく方法を学び取っていたのである。それは先述したように、法然は称名念仏一つに立って、因願を挙げながら愚痴の身を明らかにしていくという、浄土の仏道の方法を採っている。親鸞は、それに導かれたのであろう。要するに『教行信証』全体を貫く親鸞の仏道の方法論は、師の法然に教えられたものである。

そのように親鸞は、本願の成就に立って因願を尋ねるという仏道の方法を『教行信証』で採る。それは、吉水門下の修学と同時にもう一つ考えられる大きな契機は、曇鸞の『浄土論註』の学びではなかろうか。『浄土論註』下

巻の浄土荘厳は、

此れ云何が不思議なるや、凡夫人の煩悩成就せる有て亦彼の浄土に生ことを得れば、三界の繋業畢竟じて牽かず、則是煩悩を断ぜずして涅槃分を得、焉んぞ思議す可きや。（『真聖全』一、三一九頁）

と、本願の成就の感動を、そのまま述べている。それに対して上巻の方は、その本願成就の感動に立ってその感動が由来する本の因願を推究する。それは、清浄功徳を初めとして、すべての荘厳が以下のように述べられる。

仏本此荘厳清浄功徳を起したまふ所以は、三界は是虚偽の相、是輪転の相、是れ無窮の相にして、蚇（尺音）蠖（屈まり申ぶる虫なり一郭反）循環するが如く、蚕（才含反）繭（蚕衣公殄反）の自ら縛わる如くなり、哀れなる哉衆生此の三界顛倒の不浄に締（結不解帝音）るるを見そなはして、衆生を不虚偽の処に不輪転の処に不無窮の処に置て畢竟安楽の大清浄処を得しめむと欲しめす。（『真聖全』一、二八五頁）

曇鸞は、「仏本此の荘厳清浄功徳を起こしたまう所以は」と、本願の成就に立って法蔵菩薩の因願を尋ねている。これはいかにも観念的な思索に聞こえるかもしれないが、ここに見られるように因願を尋ねることによって、法蔵菩薩の智慧に見抜かれたわれとわが世界の「虚偽の相、輪転の相、無窮の相」が明確に照らし出されている。そこに、浄土が娑婆を照らすという甚深無量の感動を生むのである。曇鸞の『浄土論註』全体の思索が、本願の成就に立って法蔵菩薩がなぜこのような浄土荘厳を実現してくださったのか、それを因願に尋ね続けて、法蔵菩薩がすでに見抜いていた、われとわが世界の虚偽の相を教えられていくのである。

自己を問うとか、自己の課題を明らかにするとよく言うが、人間にそんなことができるはずはない。たとえわかったとしても、自分の都合に合わせてわかるという枠を出ることはなかろう。そうではなく、五劫の昔から法蔵菩薩に見抜かれていた事実、そこに確かな自己を教えられる。それ以外に、人間が人間を明らかにする内観道はない。「仏道を学ぶというは、自己を学ぶなり」とは道元の有名な言葉であるが、それを明らかにする方法は仏力と願力による以外にない、というのが曇鸞と親鸞の立場である。このように本願の成就に立って因願を探るという方法は『浄土論註』全体を貫いているが、自力の懺悔と本願への讃嘆、それを求道心に立って仏道の方法論にまで具体化したのが曇鸞の『浄土論註』である。親鸞は『浄土論註』から、その方法論を学んだのであろう。

さらに『教行信証』の方法論に関わることで、もう一つ付け加えておきたいことがある。それは、『浄土論註』巻末の三願的証に注目したいが、そこでは、

凡そ是れ彼の浄土に生と及彼の菩薩人天の所起の諸行は皆阿弥陀如来の本願力に縁るが故なり。何以て之を言ふとなれば、若し仏力に非ば四十八願便是れ徒設ならむ。今的しく三願を取て用て義の意を証せむ。

（『真聖全』一、三四七頁）

と始まって、この後に第十八・至心信楽の願、第十一・必至滅度の願、第二十二・還相回向の願の三願が的証される。『浄土論註』の文脈から言えば、五念門と五功徳門を成就した衆生の自利利他の仏道のすべては、阿弥陀如来の本願力によって成り立つということである。そしてその自利が第十八願・第十一願に、利他が第二十二願に当てられて、われわれの仏道のすべてが、阿弥陀の本願に支えられて成り立つと言うのである。この曇鸞の三願的証は、五念・五功徳という衆生の行修性に仏道の根拠があると見えていたものから、その行修性を完全に脱却して、阿弥陀如来の本願力に仏道の根拠を見定めたものである。ここに凡夫の仏道を明らかにした、曇鸞の発揮がある。すなわち、人間の自力性を超えて他力の仏道へという、転回があるのである。

ところが親鸞は善導の機の深信に立って、この曇鸞の三願的証を読み込んで、人間の自力性を払拭するのみではなくて、五念・五功徳のすべてが法蔵菩薩の願行であるという大跳躍を果たし遂げる。そこに回向は衆生の実践行

ではなく、如来の二種回向であると決定し、『教行信証』の骨格にするのである。このような親鸞独自の如来の二種回向を決定するには、曇鸞の回向の二相という教示と善導の三心釈が決定的な意味を持ったと考えられるが、ここではこれ以上の言及は避けたい。

この曇鸞の方法論と善導の三心釈に導かれて、親鸞は、『教行信証』の柱に如来の二種回向を据え、各巻にそれぞれ本願を立てて、浄土真宗の全体から人間の行修性を完全に排除して、本願の論書とするのである。そこに『教行信証』が無我の書として、歴史に生き続ける理由がある。『教行信証』全体を支える構造は、如来の回向と本願論であり、その内実は懺悔と讃嘆である。つまり本願の成就に立って因願を推究し、どこまでも自己自身を日々新たにしながら、われわれの根本志願を満足する道、それが浄土真宗である。このような仏道の方法論を天親・曇鸞から学んだであろうことを思う時、その一字ずつを取った、親鸞の名の意味深さを改めて感佩するばかりである。このように親鸞は、『教行信証』全体の仏道の方法を、大きく言えば、法然門下での修学と、『浄土論』『浄土論註』の学びの二つの柱によって確立していったと思われる。次章では、その「親鸞」という名告りがいつごろなされ、どういう意味を持つのかということを確認したい。

第二章　親鸞の改名について

一　『選択集』書写と「名の字」

親鸞は、世を超えるという決定的な意味を持つ法然との出遇いと、念仏の奥義を明らかにしている『選択集』の書写とを『教行信証』「化身土巻」の跋文、いわゆる後序に次のように記している。

> 然に愚禿釈の鸞建仁辛酉の暦雑行を棄てて本願に帰す元久乙の丑の歳恩恕を蒙ふて選択を書しき同しき年の初夏中旬第四日に『選択本願念仏集』の内題の字幷に南無阿弥陀仏往生之業念仏為本と釈の綽空の字と空の真筆を以て之を書令めたまひき同しき日空之真影申預かりて図画し奉る同二年閏七月下旬第九日真影の銘に真筆を以南無阿弥陀仏と若我成仏十方衆生称我名号下至十声若不生者不取正覚彼仏今現在成仏当知本誓重願不虚衆生称念必得往生之真文とを書令又夢の告に依て綽空の字を改めて同しき日御筆を以て名之字を書令めたまひ畢ぬ・本師聖人今年は・七旬三の御歳也、『選択本願念仏集』は・禅定博陸月輪殿兼実法名円照之教命に依て撰集せ令る所也、真宗の簡要念仏の奥義斯に摂在せり見者諭り易し誠に是れ希有最勝之華文・無上甚深之宝典也年を渉り日を渉て其の教誨を蒙る之人千万と雖も親と云ひ疎と云ひ此の見写を獲る之徒甚た以て難し爾るに既に製作を書写し真影を図画せり是専念正業之徳也、是決定往生之徴也、仍て悲喜之涙を抑て由来之縁を註す

（『定親全』一、三八一〜三八三頁）

この文章の前までは、「興福寺奏状」によって引き起こされた承元の法難、すなわち真宗興隆の大祖源空法師ならびに門徒数輩が死罪、流罪になり、親鸞はその一人であったこと。さらに法然とはそれがもとで、結局死別したことなどの記事で埋められていて、上記の文とは、明らかに文脈が異なっている。引文をよく読むと、法然との出遇いと『選択集』の書写とが「悲喜の涙を抑えて由来の縁を註す」と、一連につづられているこの文章の勢いから、二十九歳の法然との出遇いと三十三歳の『選択集』の書写とが違った年の出来事であっても、親鸞にとっては、「決定往生の徴」として一貫するものであったことが読み取れる。

後序の文章が、「竊かに以みれば、聖道の諸教は行証久しく廃れ、浄土の真宗は証道いま盛なり」と書き出されていることから、「承元の法難」を初めとする前の文は、「聖道の諸教は行証久しく廃れ」と親鸞が悲嘆していることの具体的な出来事を記し、この法然との出遇い以降の文は、「浄土の真宗は証道いま盛なり」と、大涅槃を証得する道は浄土真宗だけであるという、親鸞の上に実現した大乗の自覚道の具体的な出来事が記されていると読み取ることができよう。

曽我量深は、総序は『教行信証』が書かれなければならなかった理由を記し、後序はその事情が記されていると教えている。総序では、

爰に愚禿釈の親鸞慶はしい哉西蕃月支の聖典東夏日域の師釈に遇難して今遇ことを得たり聞難して已に聞ことを得たり真宗の教行証を敬信して特に如来の恩徳の深ことを知ぬ

（『定親全』一、七頁）

と記されて、三国七祖の本願の伝統に遇うことができた感動が述べられる。先にも見たように後序にも、「しかるに愚禿釈の鸞、建仁辛の酉の暦、雑行を棄てて本願に帰す」と実名が挙げられて法然との出遇いが述べられる。こ

のことから、全体を貫く親鸞の「帰本願」の感動が、『教行信証』を書かねばならなかった理由であろう。それに対して後序は、時系列からいえば二十九歳の時の法然との出遇いよりも、三十五歳の承元の法難の方が先に書き出されていることから、聖道門との思想的な戦いが、『教行信証』起筆の事情であろう。それについては、「興福寺奏状」や明恵の『於一向専修宗選択集中摧邪輪』（以下『摧邪輪』）を巡って考えていることがあるが、それについては第三章にて後述する。

さてこの『選択集』書写を巡って、最近新しい問題が提起されている。それは、「また夢の告に依って、綽空の字を改めて、同じき日、御筆をもって名の字を書かしめたまい畢りぬ」という名の字について、本多弘之が真木由香子著の『親鸞とパウロ――異質の信』（教文館、一九八八年）に触発されて、以前から了解されていた善信という説を覆して、親鸞と改名したと主張している。また寺川俊昭が、両氏の説を良としながら、大般涅槃道という『教行信証』の思想の核心を明らかに掲げた主体は、親鸞の名告り以外にはないし、法然の仏教運動に責任を担った親鸞の名告りは、この時、法然に与えられたのであり、さらに、『選択集』の真実義を『教行信証』にまで結実させていったこの名こそ、「師教の恩厚」の徴の一つであろうと、言われている。その見解に共通する重要な点は、法然房源空と名告る時は、法然は房号であり、源空は実名である。それと同じように善信は房号であって周囲の人から生涯、善信と呼ばれる。それに対して、親鸞は実名の名告りである。親鸞という名は『教行信証』の思想全体に責任を持つ主体の名告り（実名）である。基本的に各巻が「愚禿釈親鸞集」と始められ、本文の大切な箇所に五箇所実名が名告られていて、善信の名は一箇所も出てこない。だから、この後序の「名の字」としか言っていない改名は、親鸞以外にはありえないという主張である。

私は、数年前本多のこの主張を聞いて以来、ずっとこの「名の字」について考えてきた。当時は、『無量寿経』・

天親の『浄土論』・曇鸞の『浄土論註』の学びが実質をもって親鸞の身に徹到するのは越後の生活の中であったと了解していたことと、『歎異抄』の流罪記録に「流罪以後愚禿親鸞と書かしめ給う也」とあることから、親鸞への改名は流罪以後であると思っていた。しかしその後の学びから、今は本多、寺川両氏の見解に従うものである。それについて、少しく私見を述べてみたい。

従来この改名が善信と理解されてきた最大の理由は、親鸞の曽孫覚如が『拾遺古徳伝』で、この記事について、

またゆめのつげあるによりて、綽空の字をあらためて、おなじき日これも聖人真筆をもて名の字をかきさづけしめたまふ。それよりこのかた善信と号すと。云云（『真聖全』三、七三一頁）

と書いていることによる。さらに息男存覚もまた父の意に従って、『六要鈔』で、

「又依」等と者、太子の告に依て改名の子細即初の巻撰号の解に載せ訖ぬ。「令書名之字畢」と言者、善信是也。（『真聖全』二、四四〇頁）

と記している。覚如・存覚の親子がどうして善信と改めたと断定するのか、その根拠や理由はいまだに不明である。しかし、最も古い見解であり両師が親鸞の血筋を引いていることから、その権威と身内にしかわからない事情が伝えられていたのではないかという推測のもとで、ほとんど無反省に、以後この見解が現代まで継承されてきた。

さらに先にも一言した『歎異抄』の後序の流罪の記録の中に、

親鸞僧儀を改めて俗名を賜ふ、仍て僧に非ず俗に非ず、然間禿の字を以て姓と為して奏聞を経被れ了。彼の御申し状、今于外記庁に納ると云々。

流罪以後、愚禿親鸞書令め給也。（『定親全』四、言行篇一、四二頁）

と書かれているため、愚禿釈親鸞と名告ったのは、一般的には流罪以降と思われてきたし、私もまたこの記述に

従ってそう考えてきた。しかしこの記事は諸先輩が言及している通り、藤井という姓で還俗させられて流罪に処されたが、藤井姓を禿としたという姓の変更であって、親鸞の名告りの主張ではない。しかもその文脈の主語は親鸞となっており、親鸞が「流罪以後愚禿親鸞」と書いたという文章になっているのだから、文脈上の意味では、以前から名告っていた親鸞の名に、禿という姓を付けたと言っていることになる。

禿は「はげ」という意味ではなくて、毬栗頭に無精ひげという真面目な僧形ではなく無戒の生活者の姿を表す。その流罪の地越後で、親鸞の信心が本願の教えに鍛えられて、徹底的に『無量寿経』の説く群萌に帰っていった。その自覚を「愚」という字に込めて、それを姓として、禿の字に愚を添えて愚禿としたのであろう。愚禿を姓とした機縁は、今述べたように、越後流罪を一つの大きな契機としていると考えられるが、思想的には一体何であろうか。それは充分な検討を必要とする問題であるが、私は、親鸞が「証巻」の結釈で「宗師（曇鸞）は大悲往還の回向を顕示して、ねんごろに他利利他の深義を弘宣したまえり」と言っていることから、『浄土論註』の他利利他の深義であったと推測する。越後の生活の中で「辺鄙の群類を化す」という気負いが砕かれて、利他教化は人間にはないという曇鸞の真心のこもった親切な教えである他利利他の深義が身に染みて、あたかも衆生の実践行と見える五念・五功徳（往還の回向）のすべてが、如来大悲の回向であると感佩した、その名告りこそ愚禿ではなかろうか。注意しなければならないことは、この記述でも親鸞の名については一切何も言及されていないことである。

さて翻って、『選択集』書写の記述に返ってみよう。

元久乙の丑の歳恩恕を蒙ふて選択を書しき同しき年の初夏中旬第四日に『選択本願念仏集』の内題の字幷に南無阿弥陀仏往生之業念仏為本と釈の綽空の字と空の真筆を以て之を書令めたまひき同しき日空之真影申預かりて図画し奉る

（『定親全』一、三八一頁）

元久二（一二〇五）年、親鸞が三十三歳の時、法然の許しを得て『選択集』を書写した。四月十四日に、法然がみずから筆を執って、「選択本願念仏集」の内題の字と「南無阿弥陀仏　往生之業　念仏為本」と、「釈の綽空」という名を書いてくださった。その日に法然の真影の図画まで許されていることから、四月十四日に『選択集』の書写が終わったと考えられる。この記述から窺えるように、この時にはまだ「釈の綽空」と名告っていたことになる。

綽空という名は、この前年の「七箇条起請文」（嵯峨、二尊院に遺されている原本）に、「僧綽空」と署名していることから、比叡山時代の名であった範宴を、吉水入室後に綽空と改めたと思われる。この名は言うまでもなく、釈尊の一代仏教を聖道門と浄土門に決判した道綽と師の源空から一字ずつを取った名であると推測されることから、彼の聖道門から浄土門への翻りの美しさと、法然の浄土門興隆という仏教運動への願いを共有する者として、法然が与えた名ではなかろうか。

綽空も親鸞も、もしみずから名告った名ならば、道綽・源空さらには天親・曇鸞という明確な祖師の選びと、だからこそ、その名には信心の深い自覚と課題が託されているのだから、禿という姓の変更以上に、詳しくどこかに自身で実名の名告りの意味を明記していてしかるべきであろう。それが親鸞の著作のどこにもないのだから、寺川がすでに指摘しているように、綽空も親鸞も師から与えられた名ではないかと思われる。

その次は、以下のように記されている。

同二年閏七月下旬第九日真影の銘に真筆を以南無阿弥陀仏と若我成仏十方衆生称我名号下至十声若不生者不取正覚彼仏今現在成仏当知本誓重願不虚衆生称念必得往生之真文とを書令又夢の告に依て綽空の字を改めて同しき日御筆を以て名之字を書令めたまひ畢ぬ・本師聖人今年は・七旬三の御歳也、

（『定親全』一、三八一〜三八二頁）

四月十四日に許しを得た真影の図画が完成して、七月二十九日にその真影の銘に、法然の真筆で「南無阿弥陀仏」と善導の「本願加減の文」を書いてもらった。また夢の告によって、綽空の字を改めて、「名の字」を書いてくださった。そこに「御筆をもって名の字を書かしめたまい畢りぬ」と記される。普通は「名の字を書かしめ給う」で充分であるが、ここでは「畢りぬ」という言葉が付け加えられている。「畢りぬ」とは、すべてが終わったという意味であろうが、法然が親鸞という名を与えたことによって、「師資相承」が完成したことを「畢りぬ」という言葉を付して告げようとしているのではなかろうか。

今、遺されている記録によれば、親鸞のほかに『選択集』を書写した門弟は、幸西、聖光、隆寛、証空、長西の五人であり、そのすべてが法然門下の高弟である（『私聚百因縁集』第七、『大日本仏教全書』一四八巻、一一六頁）。また、真影の図画が許され、さらに『選択集』の残された課題を思想的に継承する名として、法然が親鸞という名を与えたとするならば、これは完全に師資相承を表していると見て間違いはなかろう。

四月十四日に『選択集』の書写が終わってから、閏七月二十九日まで百日以上ある。百日という期間は、「恵信尼書簡」が、

ほうねん上人にあいまいらせて、又六かくだうに百日こもらせ給て候けるやうに、又百か日、ふるにもてるにもいかなるだい事にもまいりてありしに、たゞごせの事はよき人にもあしきにも、おなじやうにしやうじいづべきみちをば、ただ一すぢにおほせられ候しを、うけ給はりさだめて候

（『定親全』三、書簡篇、一八七〜一八八頁）

と伝えているように、親鸞は六角堂の参籠が百日、その後に法然の教えを「うけ給わりさだめ」るまでが百日と、人生を決定づける出来事に親鸞が費やしたとされる期日である。『選択集』書写から綽空の名を改めるまでの百日、

この間一体どのようなことがあったのであろうか。寺川は、この間のことを次のように推測する。

元久二年四月十四日に『選択集』の書写が終わり、閏七月二十九日に法然の真影図画が終わっているが、その間には四カ月の時がある。その間親鸞は法然の真影を図画するとともに、鋭意書写の終わった『選択集』の身読を行ったに違いない。師法然の信念である選択本願念仏の深意に尋ね入る願いをこめて。師資相承の形である著作の書写伝授は、黙々と行われるものではなくて、活発な質疑応答をとおして、その真実義に通達することは、当然の要請であるからである。おそらく二人の間には、その質疑をとおして忌憚のない対話が繰り返し行われたに違いないと推測する。そしてこの対話をとおして、親鸞の関心が、あるいはその課題が、天親・曇鸞の教えを指標とすべきことを、法然は次第に明確に察知していったのではないかと、私は推測するのである。そこには法然の広い学識と深い推量のあったことが、改めて強く感ぜられてくる。こうして綽空の名を改めて「親鸞」とする気運が、次第に熟していったのではなかろうか。

(『真宗』二〇一〇年十一月号、四八頁)

法然自身が師資相承について、

師資於は必ず相承有。口に如流之弁応、意に繋蒙之知生、義精を貫、理神に徹。

(『昭法全』一四五頁)

と言うことから師資相承とは、浄土教の本願の伝統に立って、蒙昧の分別を破る智慧によりながら、本願の義理が精神に貫徹するまで、師弟の間で徹底して議論が続けられたと考えられる。「おそらく二人の間には、その質疑をとおして忌憚のない対話が繰り返し行われたに違いない」、という寺川の推測は傾聴すべきであろう。私は、深い思想研究に裏打ちされたこの論考に、大きな示唆をいただいた。それは『選択集』書写ののち、その内容について二人の間で繰り返し質疑が行われ、百日以上にわたる真剣な議論が「天親・曇鸞の教えを指標とすべき」課題に凝集していった。では、その課題とは一体何か。その課題こそが『教行信証』を書かせることになったに違いないとすれば、親鸞の思想の核心は、この時すでに先駆的に摑み取られていたのではなかったか、ということである。

二　『選択集』の残された課題

『選択集』は法然が六十六歳の時に、浄土宗を独立させるという課題のもとに書かれた書物である。「選択本願念仏集」という題号が宣言しているように、五濁悪世に喘ぐように生きる善悪凡夫の救いは、阿弥陀仏の本願によって選び取られた念仏一つにしかないことが説かれている。親鸞の『教行信証』には、「行巻」にこの『選択集』から総結三選の文が一文だけしか引用されないが、その前に『選択集』の題号と撰号、そして「南無阿弥陀仏　往生之業　念仏為本」という総標が冠せられている。それは、この題号こそが法然の浄土宗独立の意義を、明確に宣言しているにほかならない。

「選択」の二字は、法然が『大経』の異訳経典である『大阿弥陀経』『平等覚経』の中に発見した字である。法然はこれに基づいて、阿弥陀仏の第十八願を選択本願の名で呼ぶ。つまりわれわれ人類の根本志願の満足は、世間的な欲求が満たされることとは異質な、阿弥陀仏の第十八の本願に選択された念仏往生の道以外に絶対にない。念仏往生に一切衆生の生死を超える道があると、阿弥陀の本願の方から見抜かれ、称名念仏一つが選択されたからこそ、法然は称名念仏に絶対の信を捧げたのである。したがって「選択」の二字には、阿弥陀の本願に選択された称名念仏一つを選び取り、そのほかの余行のすべてを選び捨てるという、廃立の意義が内に湛えられている。承元の法難でも明らかになったように、日本の八宗が挙げて法然を排撃した根本理由は、実にこの「選択」の二字にあったと言っても過言ではあるまい。

要するにこの選択とは、第十八・念仏往生の願の成就に立って、発菩提心を事とする自力聖道の諸宗（第十九願の機）と念仏に帰しても自力の執心を破れない浄土門の異流（第二十願の機）とがどちらも、廃捨されている。だからその選択は、阿弥陀の選択本願に立って、全仏教の歴史を自力から他力に転回した法然の浄土宗独立という偉業をそのまま顕揚している。それを象徴するのが、この「選択本願念仏集」という題号である。

したがって、『選択集』は、専修念仏の実践による往生浄土の仏道が掲げられて、大乗仏教の全歴史を本願の念仏一つに帰結させたのである。法然が回心したと伝えられる善導の文章にも、

一心に弥陀の名号を専念して、行住坐臥、時節の久近を問はず、念念に捨てざるは、是を正定之業と名く。彼の仏願に順ずるが故に。（『真聖全』一、五三八頁）

と、専修念仏一つが説かれる。しかしそれが「正定の業」と頷《うなず》かれるのは、「順彼仏願故」という本願への決定的な信順があるからである。この本願への絶対帰依こそ、法然の決定的な立脚地である。この文章に触れて回心した法然は、次のように述懐する。

われらがごとくの無智の身は、ひとへにこの文をあふぎ、もはらこのことはりをたのみて、念念不捨の称名を修して、決定往生の業因にそなふべし。たゞ善導の遺教を信ずるのみにあらず、又あつく弥陀の弘願に順ぜり。「順彼仏願故」の文ふかくたましゐにそみ、心にとゞめたる也。（『真聖全』四、六八〇〜六八一頁）

この法然の述懐する本願への信が曖昧になれば、念仏は絶対の意味を失って、いつでも人間の相対価値の中に転落する。具体的には、聖道の止観行と念仏とが、行行相対の中でどちらが優れているか、人間の量的な発想で競うことにしかならない。事実、『選択集』が法然の滅後刊行されるが、そののち、日本の仏教史上最大の思想戦に発展していく理由は、この本願の信への無理解の一点に収斂される。なぜなら「順彼仏願故」だけは、人間の分別や理

解の延長にあるのではない。法然・親鸞の回心を窺っても、挙体の懺悔という実験によって体得するほかに、わかりようがないからである。

このように、浄土門を独立させる専修念仏の絶対性を確保するものは、本願成就の信心である。この信心に挙体の懺悔という人間に起こりようのない出来事が実現するのは、本願が成就した生、すなわち現生正定聚に、如来の真実功徳が働き出ているからである。換言すれば、必ず至るべき大涅槃が、本願の道理によって煩悩の身に当来していると自証するのである。そこに、世間を超越した宗教体験の絶対の意味があり、浄土門が大乗の仏道たりうる根本理由がある。

そもそも仏道が大乗を標榜する限り、聖道・浄土を問わず大涅槃の証得、それが根本関心であり究極的な目標である。『選択集』がはからずも引き起こした一大論争に、親鸞が真っ向から答えうるとすれば、その核心は、この大涅槃の証得以外にありえない。覚りを悟ることのできない凡夫に、選択本願の念仏によってなぜ涅槃の証得が実現するのか、何によるのかを、証明し答え終わったのが『教行信証』である。その後序に記されている「浄土の真宗は証道いま盛なり」とは、この大涅槃の証得を宣言している言葉に違いなかろう。

親鸞の『教行信証』の課題は、大涅槃の証得が聖道・自力の止観行によるのではなくて、選択本願の信心に実現することを論証することにあったと思われる。つまり、他力の信心が実現する正定聚の生には、身は凡夫であっても、やがて必ず実現する大涅槃が、今現にこの身に満ち溢れるように働き出ている。『教行信証』は、その丁寧な論証なのである。そして、その際最も大きな指南を得た祖師が、天親と曇鸞である。

親鸞はその感動を、天親の『浄土論』の「観仏本願力　遇無空過者　能令速満足　功徳大宝海」という不虚作住持功徳の偈文を註釈して、次のように述べる。

「観仏本願力遇無空過者」といふは、如来の本願力をみそなわすに願力を信ずるひとはむなしくこゝにとゞまらずと也。「能令速満足功徳大宝海」といふは、能はよしといふ、令はせしむといふ、速はすみやかにとしといふ、よく本願力を信楽する人はすみやかにとく功徳の大宝海を信ずる人のそのみに満足せしむる也。如来の功徳のきわなくひろくおほきにへだてなきことを、大海のみづのへだてなくみちみてるがごとしとたとへたてまつるなり。

（『定親全』三、和文篇、八八〜八九頁）

この天親の他力の一心に大涅槃の証得が見据えられているところに、親鸞が浄土真宗を「大乗のなかの至極」と言う根源的な理由がある。「よく一念喜愛の心を発すれば、煩悩を断ぜずして涅槃を得るなり」と「正信偈」に詠われるように、本願成就の信心は、煩悩の身に大涅槃を実現する。そしてそれを実現させる本願の道理を、往還二種の如来の回向として証明し明らかにするのが『教行信証』である。もちろん如来の回向は、曇鸞の『浄土論註』に決定的に導かれることは、周知のことであろう。

浄土真実の教・行・信・証が、如来の往還二種の回向にその根拠があることを証明し終わった「証巻」の結釈には、『教行信証』の核心を見事に表現して、次のように結んでいる。

爾かれは大聖の真言誠に知ぬ大涅槃を証することは願力の回向に籍りてなり還相の利益は利他の正意を顕すなり是を以て論主は広大無碍の一心を宣布して普遍く雑染堪忍の群萌を開化す宗師は大悲往還の回向を顕示して慇懃に他利利他の深義を弘宣したまへり仰て奉持す可し特に頂戴す可しと

（『定親全』一、二二三頁）

親鸞が言うように、浄土真実の教・行・信・証（浄土真宗）を開く『無量寿経』は、本願力の回向によって群萌に大涅槃を実現する仏道を説くのである。この結釈の意味を概説すれば、以下のようになるであろう。

〔釈尊のお説きになった教説、すなわち『無量寿経』は、如来願力の回向によって凡夫に大涅槃を証せしむることを明らかにしてくださっている。であれば、還相の回向（仏の利他行）は大聖釈尊の懇《ねんご》ろな教化として『無量寿経』の本願を説いてくださったことであり、本願力によって、われわれ凡夫に他力の一心を実現して大般涅槃道を恵むことである。また天親菩薩は、凡夫にその仏道を開くために、他力の一心を明らかにしてくださり、曇鸞大師は懇ろに他利利他の深義で、人間には利他はない、もし利他があるとすれば、それはすべて仏力であると教えてくださった。したがって五念・五功徳の自利利他のすべてが法蔵菩薩のご苦労であるという深い意義を弘く宣べて、「大悲往還の回向」がどちらも如来の回向であると教えてくださっている、何よりも大切にして奉持すべきである。」

ここに、『教行信証』の課題が「大涅槃を証する」ことと「大悲往還の回向」との二つで確認されていることから、天親と曇鸞の一字ずつを取って親鸞と名告った理由が、明確に示されていると思われる。

おそらく『選択集』書写ののちの百日を越える質疑応答と仏道の道理の議論によって、浄土教の選択本願の奥義に尋ね入り、親鸞は法然の『選択集』を全面的に感佩するとともに、信心に大涅槃を超証するということと、その道理が本願力の回向にあるという二つの課題的な問題にまで言及したのではなかろうか。『選択集』は、聖道門から浄土門を独立させて、大乗仏教の自覚道を善悪の凡夫人に手渡すという目的のために、最も端的な形である念仏の法一つを旗印にしている。しかし、浄土教を大乗仏教の道理を踏まえて誰にでもわかるように、『無量寿経』に相応するためには、いまだ信心の課題が残されている。両者の論義は、大乗仏教の道理の開顕という意味では、親鸞が言う通り『選択集』には残された問題があること、そしてそれを究明するには天親・曇鸞の『浄土論』『浄土論註』の精読が必要であることに次第に凝集し、法然の広い人徳と深い学識は、それを認めたのであろうと思われる。

法然は、浄土教を聖道門から独立させるためと、大乗の自覚道を庶民に開放するために、選択本願の念仏の法一つを世に捧げた。しかし、浄土門を大乗の仏道の極致とするための思想的な仕事はまだ残されている。法然は百日にもわたる親鸞との論義を通して、その思想的な課題を託して、天親・曇鸞から一字ずつを採って、綽空を改め「親鸞」という名を与えたのではなかろうか。「御筆をもって名の字を書かしめたまい畢りぬ」とは、法然がご自身の筆で親鸞という名を書いてくださり、それによって法然から思想的な課題が託されるとともに、師資相承が完結した。親鸞はそう言いたいのだと、寺川の論考に教えられたことである。

三 『教行信証』の課題

今少し『教行信証』に返って、親鸞が『選択集』から継承した課題を、敷衍してみたい。すでに一言したように、『教行信証』における『選択集』からの引文は、題号・撰号と「南無阿弥陀仏　往生之業　念仏為本」という語と、

又云く夫れ速かに生死を離れむと欲は、二種の勝法の中に且く聖道門を閣きて選て浄土門に入れ浄土門に入と欲は、正雑二行の中に且く諸の雑行を抛て、選て正行に帰す応し正行を修せむと欲は、正助二業の中に猶ほ助業を傍にして選て正定を専らす応し正定之業とは即是仏の名を称するなり称名は・必・生を得仏の本願に依るか故にと
（『定親全』一、六七頁）

という総結三選の文が、一文あるだけである。これをよく読むと、『歎異抄』に掲げられている「よきひとのおおせ」「ただ念仏して、弥陀にたすけられまいらすべし」という言葉と、その内容は見事に符合する。したがって親鸞は、『教行信証』も『歎異抄』もどちらにも「ただ念仏して、弥陀にたすけられまいらすべし」という意味の言葉で、師の教えを確かめていることになる。総結三選の文を親鸞は、すぐ後に述べるご自釈で、

明に知ぬ是凡聖自力の行に非す故に不回向の行と名る也、大小聖人・重軽悪人・皆同しく斉しく選択大宝海に

帰して念仏成仏す応し
（同右）

と、法然の説く称名念仏を「不回向の行」として受ける。

曇鸞以降の『観無量寿経』の伝統に立つ祖師は、『浄土論註』巻末の覈求其本釈の「阿弥陀如来を増上縁とするなり」や三願的証の「これをもって他力を推するに増上縁とす」に着目して、「増上縁」という言葉で『無量寿経』の本願力を継承するのである。『観無量寿経』は、機と法、衆生と如来、娑婆と浄土、というように衆生の相対的な分別に合わせて説かれている。したがって増上縁という限り、衆生を外側から支える外縁という面が強い。その限り主体を支える外縁として、人間の相対分別には理解しやすい。したがって、『浄土論註』の他力釈の「他力の乗ずべきを聞きて、当に信心を生ずべし」という語に着目して、『無量寿経』の本願力を「乗彼願力」、つまり衆生を乗せて支える外縁として継承するのである。しかし親鸞の『教行信証』は、『浄土論註』の真意に立ち返り、相対分別を破る『無量寿経』の一如の道理を明らかにする。つまり、一心の内景に願心を探る三一問答を開顕し、衆生の信心と如来の願心とは一如であるという、驚くべき了解を打ち立てる。このような親鸞の思索は、分別が破られた願心の推究であるという点には、充分な注意をしなければならない。そこから『無量寿経』の本願の道理を往還二種の回向として明らかにするのである。

したがってここでは、法然までの『観無量寿経』の伝統を「不回向の行」として確かめている。しかし、人間の自力によって回向しない行というだけでは、なぜ「念仏成仏」するのか。そこには思想的な大跳躍がある。その跳躍の道理、すなわち、念仏も信心も如来の本願力回向であるという、願心の推求が三一問答であるが、それは後でもう一度尋ねることにしよう。

私は長い間、『選択集』からの引文はこの総結三選の文のみであると思い込んできた。しかしもう一つ重要な文

が、引用されていることに気づいた。それは、「正信偈」の中にある、

> 生死輪転の家に還来ることは　決するに疑情を以て所止と為す
> 速やかに寂静無為の楽に入ることは　必ず信心を以て能入と為すといへり
> （『定親全』一、九一頁）

という文である。これは『選択集』では、善導の三心釈の深心釈の箇所に出てくる文である。つまり法然の機法二種深信の受け止めを、親鸞は上記のように記すのである。法然の二種深信の受け止めは、次のように書かれている。

> 次に深心とは、謂く深信の心なり。当に知るべし、生死の家には疑を以て所止と為し、涅槃の城には、信を以て能入と為す。故に今二種の信心を建立して、九品の往生を決定する者也。
> （『真聖全』一、九六七頁）

天台智顗、浄影寺慧遠、嘉祥寺吉蔵らの『観無量寿経』理解を楷定して、「上来、定散両門の益を説くと雖も、仏の本願の意を望まんには、衆生をして一向に専ら弥陀仏の名を称するに在り」と、善導が称名念仏一つで往生が決定すると言う立脚地は、三心釈、特にこの二種深信にある。法然は、善導の「一つには決定して深く、自身は現にこれ罪悪生死の凡夫」という、いわゆる機の深信を「生死の家には、疑を以て所止と為し」に当て、「二つには決定して深く、かの阿弥陀仏の四十八願は衆生を摂受して」という法の深信を「涅槃の城には、信をもって能入と為す」に当てている。法然は、われわれが生死を離れることができないのは、阿弥陀如来を深く疑う本性によるからであり（親鸞は「化身土巻」の課題とする）、この凡夫の目覚めを内に包んだ他力の信心は大涅槃に能入している（親鸞は「信巻」の課題とする）と言うのである。善導の意を捉えた、見事な了解ではなかろうか。

ここで法然が言う「信をもって能入と為す」は、本は『大智度論』に出てくる「信を能入と為す」という言葉である。そこでは、この言葉が以下のように解説されている。信がなければ釈尊の仏教は成り立たない。十信、十住、十行、十回向、十地、等覚、妙覚と、菩薩の五十二位として説かれる菩薩道も十信から始まる。また十信に至らな

い未入位の者であっても、信は仏道のすべてを成り立たせるための出発点であり、仏道の大前提である。さらにその信心は手のようなものであると解説されて、法の宝を摑むことができる手段であると説かれる。このように一般の大乗仏教では、信がなければそもそも仏教は始まらない、信心こそ仏果に至るための大前提であると捉えられている。

この『大智度論』の「信を能入と為す」という文を、曇鸞は『浄土論註』巻末の、覈求其本釈、三願的証、他力釈のすべての註釈が終わった最後に「信を彰して能入と為す」と記し、その意味を換骨奪胎して、われわれの上に彰われてくる他力の一心と捉え直す。つまり一般の仏教で言われるような、仏道の前提としての信心ではなく、龍樹以来伝統されている本願の信心、すなわち信心が大涅槃に通入し、そこに仏道のすべてが実現してくるような他力の信心と捉え直すのである。このように『大智度論』から『浄土論註』へという思想史の中で、「信を能入と為す」という文は、自力から他力へという重要な転回点にある。この重要な文を、法然は『選択集』三心章の深心釈に持ってきて、善導の二種深信こそ涅槃に能入する他力の信心だから、九品の往生が決定すると説くのである。

しかし一般の大乗仏教では、浄土教がいうように、阿弥陀如来を信じる信心が大涅槃を開くなどということは考えられないから、のちに明恵の『摧邪輪』で問題にされ、聖道門との論争の的になっていく。その誤解を解くことを親鸞は、『教行信証』の課題としたのである。

このように、親鸞が『選択集』から『教行信証』に引用した文章は先の二文だけである。この二文は、『尊号真像銘文』にも、

『選択本願念仏集』に云はく。　南無阿弥陀仏、往生之業、念仏為本。文

又曰。夫速欲離生死、二種勝法中、且閣聖道門、選入浄土門、欲入浄土門。正雑二行中、且抛諸雑行、選応帰

正行。欲修於正行、正助二業中、猶傍於助業、選応専正定。正定之業者、即是称仏名、称名必得生、依仏本願故。文

又曰はく。当知、生死之家以疑為所止、涅槃之城、以信為能入。文　（『定親全』三、和文篇、一〇六～一〇七頁）

と記され、丁寧な解説が付されていることから、法然から受け取った親鸞の課題は、この二つの文に象徴される。それはすでに第二節で述べたように、一つは「不回向の行」を本願力回向に転換するということ、もう一つは他力の信心は大涅槃に能入しているということ、この二つの課題であると思われる。

この法然から継承した二つの課題を親鸞は、「信巻」三一問答で明確に答えようとする。まず字訓釈で、阿弥陀の本願は「至心に信楽して我が国に生まれんと欲え」と「至心・信楽・欲生」の三心でわれわれを招喚しているにも拘わらず、それに応えた天親は「世尊我一心　帰命尽十方　無碍光如来　願生安楽国」と、なぜ一心で応えたのかを問うている。それに対して、

答愚鈍の衆生解了易ら令むか為に弥陀如来三心を発したまふと雖も涅槃の真因は唯信心を以てす是の故に論主三を合して一と為せる歟　（『定親全』一、一一五頁）

と答えている。ここに法然から継承した課題を表す「涅槃の真因はただ信心をもってす」という重要な言葉が掲げられている。このことからわかるように、三一問答の字訓釈は従来から言われるような一心即三心という教理学的な関心で開いたのではなくて、一心になぜ大涅槃が実現しているのかという驚くべき宗教的事実を、本願の上に尋ねようとしているのである。大行・大信が親鸞の立脚地である。名号に帰すという徹底した懺悔の身に「真如一実の功徳宝海」が極速に円満されるのであるが、一体それはなぜか。大行の法に帰した大信の内に、その道理を問うのである。

『大智度論』に説かれる大乗の一般的な意味での信心を換骨奪胎して、他力の信心と捉え直した曇鸞。その他力の信心の自覚的な意味を、二種深信として表した善導。さらにその信心を、涅槃の城に能入すると表現した法然。この曇鸞・善導・法然と伝統された信心を、世親の「我一心」に返して、一心になぜ大涅槃が働くのか、その根源を『無量寿経』の本願成就の伝統の中で推究しようと試みているのが、この三一問答ではなかろうか。

この三一問答の字訓釈では、「至心」「信楽」「欲生」のそれぞれの字訓がなされた後に、

明に知ぬ至心即是真実誠種の心なるか故に・疑蓋雑こと無き也、信楽即是真実誠満の心なり・極成用重の心なり・審験宣忠の心なり・欲願愛悦の心なり・歓喜賀慶の心なるか・故に・疑蓋雑こと無き也、欲生即是・願楽覚知の心なり・成作為興の心なり・大悲回向の心なるか故に・疑蓋雑こと無き也、今三心の字訓を案するに真実の心にして・虚仮雑こと無し正直の心にして邪偽雑こと無し、真とに知ぬ疑蓋間雑無きが故に是を信楽と名く、信楽即是・一心なり・一心即是真実信心なり、是の故に論主建めに一心と言る也と・知る応し
（『定親全』一、一一五～一一六頁）

と、本願の名号に帰すという体験は、如来の真実の働き（真実功徳）である至心、信楽、欲生の三心が、衆生の上に疑蓋無雑の一心として溢れ出すような感動として述べられている。至心は「真実誠種の心」といい、信楽は「真実誠満の心」といい、欲生を「願楽覚知の心」という。したがって信楽は、至心の真実の種が満たされる心として至心を受けている。さらに信楽は、「欲願愛悦の心」と述べて、欲生の願楽覚知をも包む心として述べられる。このように至心も欲生も、信楽一つに収められて説かれている。この疑蓋無雑の信楽こそ、疑蓋雑わり、虚仮雑わり、邪偽雑わるわが身全体を包んで離さない、宿業の身と相応する他力の一心である。本願の名号に帰するとは、挙体の慚悔の体験を持つことであるが、その身に疑蓋無雑の如来の真実心を覚知するのであって、何か実体的な真実が

あるというのではない。そうではなくて「愚鈍の衆生」の懺悔の身を照らし出す働きに、如来の真実を自証しているのである。あるのは本願の名号と懺悔の身だけである。衆生の虚仮・邪偽を見抜く疑蓋無雑の如来の真実心は、一切を貫く果体の名号の至心として自証されている。一心に相応する宿業の身はまた、「欲生我国」と招喚してやまない因の欲生心を、「大悲回向之心」として感得しているのであろう。

そもそも、七祖の中で初めて称名念仏による機の自覚を明確に表明したのは、曇鸞の三不信である。曇鸞、善導、法然という伝統は、称名念仏による自力無効の伝統である。したがってこの字訓釈で親鸞が言おうとしていることは、衆生の信心は、自力無効の目覚めによる本願力回向の一心である、ということである。

のちに詳しく述べるが、道綽は、曇鸞の三不信に三信を加えて、三不三信の誨を説いている。これによって、三不信という自力無効の目覚めによる一心の内容が「淳心・一心・相続心」であることを明らかにしている。そして、その最後に「此の三心を具して、若し生まれずといわば、この処あることなけん」という句を置いている。「具此三心」は、『観経』の上品上生の言葉（「具三心者」）であり、「若不生者」は、『大経』の第十八願の言葉である。ここに、『大経』の三心と『観経』の三心の関係性を明らかにしているように思われる。つまり、曇鸞の「不淳・不一・不相続」という自力無効の三不信は、『観経』の「至誠心・深心・回向発願心」の自力の三心に相当し、「淳心・一心・相続心」という一心の内容である三信は、「至心・信楽・欲生」の本願の三心に相当することを教えている。

「此の三心を具して、若し生まれずといわば、是の処あることなけん」という言葉は、善導の『観経疏』の三心釈の最後に掲げられている。したがって善導の三心釈の中心である二種深信の了解は、道綽の三不三信の誨を受けたものである。さらにその二種深信を法然は、「涅槃之城、以信為能入」と継承し、親鸞は「正信偈」において、

「速入寂静無為楽　必以信心為能入」と詠うのである。

このような他力の信心の伝統に根ざして、この字訓釈で親鸞は、衆生の一心は本願の三心と別物ではないことを明らかにする。衆生の信心と如来の本願とは、異相のまま一如である。「念仏もうさんとおもいたつこころ」として起こった一心は、第十八願の「至心、信楽、欲生」の三心が回向成就した他力の信心である。だからこそ、その信心には如来の智慧海である大涅槃が開示されてくるのである。このように大行に帰した事実を、大信の内景に問うているのが字訓釈ではなかろうか。

しかし仏意釈になると、「涅槃の真因はただ信心をもってす」ということを、愚鈍の衆生にわかりやすいように一心と説いたが、それならばなぜ阿弥陀如来は三心を誓ったのかと、衆生に一心を成就せしめた大悲の願心を、改めて問うのである。したがって仏意釈になると、「至心」「信楽」「欲生」の一々に、

仏意惻り難し然と雖も竊かに斯の心を推するに一切の群生海・無始自従り已来た乃至今日今時に至まて穢悪汚染にして清浄の心無し虚仮諂偽にして真実の心無し（『定親全』一、一一六～一一七頁）

と徹底した懺悔が（不実功徳）述べられていくのである。至心釈では、

是を以て如来一切苦悩の衆生海を悲憫して不可思議兆載永劫に於て菩薩の行を行たまふし時三業の所修一念一刹那も清浄ならざること無し真心ならざること無し如来清浄の真心を以て円融無碍不可思議不可称不可説の至徳を成就したまへり如来の至心を以て諸有の一切煩悩悪業邪智の群生海に回施したまへり則是利他の真心を彰す故に疑蓋・雑こと無し斯の至心は則是至徳の尊号を其の体と為る也、（『定親全』一、一一七）

と、至徳の尊号に帰した懺悔の身が確かに自証している真実功徳が述べられる。つまり「菩薩智慧清浄の業より起こりて」われわれ衆生の不実の功徳を自覚せしめ、「衆生を摂して畢竟浄に入らしむる」法蔵菩薩の兆載永劫の修

行が、至徳の尊号にまでなって実現していることが仰がれている。つまり果体の至徳の尊号にまでなった、願心の真実を至心と尋ね当てているのである。この至心釈では「是を以て」と、如来の至心の真実と、われわれの穢悪汚染・虚仮諂偽とが決定的な断絶として語られて、懺悔の体験の根拠が法蔵菩薩の兆載永劫の修行であることが示される。『歎異抄』の第二章に記される親鸞の回心の体験の事実、つまり「地獄一定」の身の事実に立って、その目覚が至心の真実の願心によることを尋ね当てたのである。

信楽釈では、それが同じように次のように記される。

然に無始従已来た・一切群生海無明海に流転し諸有輪に沈迷し衆苦輪に繋縛せられて清浄の信楽無し法爾として真実の信楽無し是を以て無上功徳値遇し難叵く最勝の浄信獲得し難叵し　（『定親全』一、一二〇～一二一頁）

ここでは、至徳の尊号に帰したその身は、「無明海に流転し、諸有輪に沈迷し、衆苦輪に繋縛」されるほかはない、という徹底した悲歎が述べられる。それがさらに「ここをもって無上の功徳、値遇し難叵《がた》く、最勝の浄信、獲得し難叵《がた》し」と確かめられ、無上の功徳に遇うための浄信は、獲得し難叵しと悲歎される。難に叵という字を添えて、ほとんど絶望的に不可能であると言う。「法爾として」と言うのであるから、衆生の本来生として真実の信楽など実現しようがない。したがって衆生の一切の諸行は「雑毒・雑修の善」「虚仮・諂偽の行」と言い、「この虚仮・雑毒の善をもって、無量光明土に生まれんと欲する、これ必ず不可なり」と、ここで親鸞は明確に救済の放棄を宣言している。ところがそれを受けて、次のように言う。

何を以の故に正しく如来菩薩の行を行たまふし時三業の所修乃至一念一刹那も疑蓋雑こと無きに由てなり斯の心は即如来の大悲心なるか故に必す報土の正定の因と成る如来苦悩の群生海を悲憐して無碍広大の浄信を以て諸有海に回施したまへり是を利他真実の信心と名く　（『定親全』一、一二一頁）

ここでは、衆生の信楽獲得が不可能な理由が、「何をもってのゆえに」と、如来の信心の回施によるからであると説かれる。曽我量深はこれを、難信の理由がそのまま獲信の理由であると教えている。おそらく救済放棄の身が、そのままで如来内存在であることの覚知となることを言うのであろう。名号に帰する一心とは、無始より已来流転してきた無明存在への覚知であるが、それこそが無漏真実の賜物である。回心懺悔の身の覚知こそが、涅槃の真実が働いている兆しである。救われない宿業の身のままで如来の大悲内存在であったことへの目覚めを、他力の一心と言うのである。

この後に、本願信心の願成就の文として、「諸有の衆生、その名号を聞きて信心歓喜せんこと、乃至一念せん」と、本願成就文の前半が引文されて、至心釈・信楽釈に本願成就の一心があることを教えている。

このように字訓釈では、衆生とは異質な如来の真実が、他力の一心として溢れ出ることにその核心があるが、この仏意釈の至心釈・信楽釈では、如来の真実がどのような自覚を生みながらわれわれに働き出るかに、その眼目がある。要するに、懺悔の身に信心として働き出てくる如来のダイナミズム、その如来の一人働きの大悲心の推究こそ、仏意釈の眼目であろう。

如来の真実とか涅槃の働きと言うと、いかにも観念的な思索のように思われがちであるが、親鸞においては決してそうではなく、『浄土論註』に「真実功徳相は二種の功徳あり、一つには（中略）不実功徳と名づく、二つには（中略）名づけて真実功徳と為す」と表されるように、われわれに懺悔を起こさしめ、浄土に転じていく働き全体をいうのである。

親鸞は、尽十方無碍光如来に帰命する他力の一心に立って、

法身はいろもなし、かたちもましまさず。しかればこゝろもおよばれずことばもたへたり。この一如よりかた

ちをあらわして、方便法身とまふす御すがたをしめして、法蔵比丘となのりたまひて、不可思議の大誓願をおこしてあらわれたまふ御かたちおば、世親菩薩は尽十方無碍光如来となづけたてまつりたまへり。

（『定親全』三、和文篇、一七一頁）

と言う。これは単なる解説ではない。本願の信に立って、色もなく形もない大涅槃を法蔵比丘として立ち上がらせたのは、親鸞一人の凡夫の身である。そもそも尽十方無碍光如来に帰命するという懺悔は、人間に起こりようがない。人間に起こるはずのない体験の根拠は、ひとえに法蔵菩薩の兆載永劫の修行にある。その本願に帰すという懺悔の身に当来する大涅槃の感動に立って、その身が感得している本願の大悲を伝えようとしているのであろう。

この至心釈・信楽釈の最後には、

又言経始に如是と称ることは信彰て能入と為す

（『定親全』一、一二七頁）

と、先に尋ねた重要な句を置いている。この句は、「化身土巻」の三経一異の問答にもある言葉なので、信心の内景を推究するという意味では、三一問答と三経一異の問答とは裏表の関係にあることを教えているのであろう。

この至心釈・信楽釈で、宿業の身と一つになって如来自身が身を捨てた、その大悲の信楽はよくわかる。それにしても、凡夫に「能・令・速」として大涅槃を開こうとする如来の力動性は一体何によるのか。それが改めて問題となる。それは人間の思議を超えた選択本願の信楽を回施する働きに由来するとしか言いようがない。その本願の能動的な道理を尋ねたものが、欲生心釈であろう。

先に一言したように、親鸞は「行巻」で引用した総結三選の文の後に、次のように自釈する。

明に知ぬ是凡聖自力の行に非す故に不回向の行と名る也、大小聖人・重軽悪人・皆同しく斉しく選択大宝海に帰して念仏成仏す応し

（『定親全』一、六七頁）

このご自釈でわかるように、親鸞は法然の選択本願の念仏を「不回向の行」と受け取ったことになる。仏教における行とは、涅槃に向かわせる行為であるが、その行が自力ではなく不回向であるという。人間の資質や能力や努力を必要とせずに、しかも涅槃に向かわせる行、法然はそれを、選択本願の念仏として明らかにしてくださったと言うのである。

しかしそこには当然、法然の「順彼仏願故」という純潔な信心がある。したがって本願に帰すという自覚がなければ、「不回向の行」とは、いかにも不可解であろう。要するに、如来の本願に帰すことがなければ、仏道は絶対にわからない。自力を事とする聖道門、さらには人間の常識では、称名念仏に涅槃が開かれるなど、あるはずがないと考えるのが当然だからである。念仏など信じられないという現代の教養人たちの態度も、ここに由来する。この疑問に答える本願の推究が、『教行信証』のテーマである。

親鸞は、三一問答の欲生心釈で、先の総結三選の文の後のご自釈と同じ文を、

誠に是れ大小凡聖定散自力の回向に非す故に不回向と名る也

（『定親全』一、一二七頁）

と記す。さらにそれに続けて、

然に微塵界の有情・煩悩海に流転し生死海に漂没して真実の回向心無し清浄の回向心無し是の故に如来一切苦悩の群生海を矜哀して菩薩の行を行まふし時三業の所修乃至一念一刹那も・回向心を首と為して大悲心を成就ことを得たまへるか故に利他真実の欲生心を以て諸有海に回施したまへり欲生即是回向心なり斯れ則ち大悲心なるか故に疑蓋雑こと無し

（『定親全』一、一二七～一二八頁）

という。生死海を流転する衆生には、浄土に生まれていくような清浄な回向心などどこにもない。だから、「至心に信楽して我が国に生まれんと欲え」と利他真実の欲生心を衆生に回施して、如来の大悲心を成就しようとしてい

る。本願の欲生心こそ、回向心として衆生の堅い凡夫性を穿《うが》ち、如来の大悲心を成就するのである。一応このように了解できよう。

しかし、二河譬で説かれるように、西の岸から「汝一心に正念にして直ちに来たれ」という招喚の勅命は、あくまでも比喩である。くどいようであるが、如来としての実態があって招喚しているのではない。無漏の真実に背き続ける身が、至徳の尊号に帰した時その存在の全体を照らされて、背き続けてきたエネルギーと同じ力で呼び返されたと、「地獄一定」の身が自証するのである。あるのは本願の名号と懺悔の身だけである。その身が招喚の声を聞き取って、如来が回向する願心こそ、欲生心であると感得するのである。本願の欲生心は、衆生に直接働きかける能動的な回向心である。その回向心は、具体的には「他力の至心信楽のこころをもって、安楽浄土に生まれんと欲え」という本願招喚の勅命として働く。「回向心を首として、大悲心を成就することを得たまえる」と親鸞は読む。もともとは「回向を首として」であったものに「心」を付して尊敬語として読むのだから、如来は本願招喚の勅命である回向心に大悲の世界である安楽浄土（大涅槃の働き）を開示して、大悲心を成就するのである。

『尊号真像銘文』の親鸞の本願の三心の了解を聞いてみよう。

この至心信楽は、すなわち十方の衆生をして、わが真実なる誓願を信楽すべしとすゝめたまへる御ちかひの至心信楽也、凡夫自力のこゝろにはあらず。「欲生我国」といふは、他力の至心信楽のこゝろをもて安楽浄土にむまれむとおもへと也。

（『定親全』三、和文篇、七四頁）

このように欲生の願心こそ本願の三心の最も根源的な願心であり、他力の至心信楽の心によって衆生を安楽浄土に迎え取らんとする。したがって如来の欲生心は、衆生の願生心の根拠であり、願生を実現する能動的な願心こそ真実の回向心である。この親鸞の本願の欲生心の推究は、総結三選の文の後のご自釈と同じ文から始まることから、

『選択集』の「不回向の行」を受けて、如来回向・本願力回向を本願招喚の勅命に尋ね当て、それによってわれわれの自力の常識を破ろうとしているのである。

この欲生心釈のすぐ後に、

『経』に言はく至心回向したまへり彼の国に生と願は即往生を得不退転に住せむと唯五逆と誹謗正法とを除くと。
（『定親全』一、一二八頁）

と、「本願の欲生心成就の文」が掲げられる。これは、「至心に回向したまえり」という親鸞独特の、如来の回向という読み方から始まる成就文である。これまでの三一問答の推究を踏まえての読み方であることは間違いないが、それに続けてその根拠となる七祖の文を引文する。

『浄土論』曰云何回向したまへる一切苦悩の衆生を捨てずして心に常に作願すらく回向を首と為して大悲心を成就ことを得たまへるか故にとのたまへり回向に二種の相有り一には往相二には還相なり
（同右）

と、『浄土論註』の最も重要な回向の二種相の文を引用する。もともとこの文は、「云何が回向する。一切苦悩の衆生を捨てずして心に常に作願する。回向を首として大悲心を成就することを得るが故に」と読むのが一般的であるが、先の文と同じように親鸞はすべて敬語に読み替えて、完全に法蔵菩薩の回向と意味を変える。さらに親鸞は、この如来の回向心を二種に開いて、親鸞独自の往還二種の回向を開顕していくことになるのである。

したがって、『観無量寿経』に立って主張した法然の選択本願の念仏を、親鸞は不回向の行と受け、それを『無量寿経』の如来の本願力回向に展開して、向涅槃道を実現する根源力は衆生の自力ではなくて如来の本願力であると答えたのである。

このように親鸞が法然の『選択集』から『教行信証』に受け継いだ課題は、他力の信心は大涅槃を開くということと、その道理は衆生の努力にあるのではなく、阿弥陀如来の本願力回向にあるということの二つであり、それに直接答えたものが三一問答である。ここに信心一つで救われるという龍樹以来の信方便の易行（本願の信に大涅槃が生き生きと働くという驚くべき体験の事実）が、親鸞の三一問答にまで来て、『無量寿経』の本願の道理の上に明確に着地したのである。

このように三十三歳の時の師資相承の課題は、親鸞の生涯を貫いて『教行信証』「信巻」の三一問答を中心に解かれている。それは「信巻」にわざわざ別序を設けて、

愚禿釈の親鸞諸仏如来の真説に信順して論家釈家の宗義を披閲す広く三経の光沢を蒙て特に一心の華文を開く且く疑問を至して遂に明証を出す

（『定親全』一、九五頁）

と記されていることからも明らかである。

親鸞がこの別序で「明証を出だす」と言うのは、これまでの推究から考えて、大涅槃の証得をいうのではなかろうか。この文のこれまでの了解は、たとえば山邉・赤沼両氏の『教行信証講義』（法藏館、一九五一年）では、

広くは『浄土三部経』の広大なる恩沢にあずかり、別して天親菩薩の『浄土論』に依って、今この「信巻」に於て、初めに二つの疑問を出し、問答往復して、最後に、経釈の明白な証文を出し、義理を決着いたしている。

（『教行信証講義』信証の巻、五三六頁）

と言われて、「如来の本願は至心・信楽・欲生の三心を誓っているのに、何故論主は一心と言うのか」という字訓釈の問いと、「愚悪の衆生のために阿弥陀如来はすでに三心の本願を建ててくださっている。それはどう考えたらいいのか」という仏意釈の問いの二つに対して、本願の三心はどれを取っても疑蓋雑わることのない心であるから、

金剛の真心である他力の一心に収まると了解されている。江戸の講録等によっても、ほとんどがそう理解されてきているし、確かに親鸞は三一問答の結釈では、「「至心」・「信楽」・「欲生」、その言異なりといえども、その意惟一なり。何をもってのゆえに、三心すでに疑蓋雑わることなし。かるがゆえに真実の一心なり、これを「金剛の真心」と名づく」と言っている。しかしはたしてこれまでの了解でよいのであろうか。私はもう一歩進めて、親鸞は、一心が金剛の真心だからこそ、そこに溢れるような大涅槃の働きを受けているという感動を言いたいのだと、了解したい。

ここで親鸞が「広く三経の広沢を蒙りて」という言葉から、すぐに思い出されるのは「化身土巻」の三経一異の問答である。『教行信証』には重要な二つの問答があるが、それが「信巻」にある三一問答と「化身土巻」にあるこの問答とである。これらは、道綽の「三不三信」の文から親鸞が展開した問答であるから、親鸞の思索の中ではもともと同根である。これについて詳しくは、第五章にて論証するが、この「化身土巻」の問答で親鸞が言うように、『無量寿経』の三心と『観無量寿経』の三心とは、「顕」の義で言えば、如来の方便として自力と他力と異なるが、「彰隠密」の義で言えば、本願他力の一心を表している。当時は『観無量寿経』を観仏三昧の経と読む方が一般的なのだから、親鸞のこの了解は、道綽以降の下四祖の『観無量寿経』了解によった画期的なものであろう。つまり『観無量寿経』は、観仏三昧ではなくて他力の一心（二種深信）に立った称名念仏に、その眼目があると言うのである。『阿弥陀経』には顕彰隠密の義はないが、『観無量寿経』に倣って考えると、「顕」の義は自力の一心を励まして難思往生を勧めており、「彰」の義は仏智不思議の本願海を明らかにして、無碍の大信心海に帰せしめようとしている、と親鸞は見ている。

これに続けて親鸞は、「三経の大綱、顕彰隠密の義ありといえども、信心を彰して能入とす」と言われる。この

「信心を彰して能入とす」という言葉は、すでに述べたように龍樹、曇鸞、法然の伝統を受けて、信心に大涅槃が開かれるという意味の言葉である。「信巻」別序の「広く三経の広沢を蒙りて」と親鸞が言う意味は、「化身土巻」の三経一異の問答を踏まえて『観無量寿経』『阿弥陀経』が、凡夫に『無量寿経』が説く本願成就の他力の一心を起こさしめんがためであり、だから天親は「一心の華文」を説いてくださった、ということであろう。このような親鸞の了解も、「証巻」の結釈と見事に符合しているように思われる。

爾かれは大聖の真言誠に知ぬ大涅槃を証することは願力の回向に籍りてなり還相の利益は利他の正意を顕すなり是を以て論主は広大無碍の一心を宣布して普遍く雑染堪忍の群萠を開化す　（『定親全』一、二二三頁）

浄土の三部経は通じて『無量寿経』に説かれる本願成就の一心を明らかにしているが、その他力の一心は「願力の回向に籍りて」「大涅槃を証する」という。ここに「証する」と言われるが、別序の「明証を出だす」と別のことを言っているのではなかろう。

三一問答で、至心、信楽、欲生の本願の三心を「疑蓋無雑の金剛心」に帰結させる親鸞の意図は、他力の金剛心は群萠に大般涅槃道を恵むと主張することにある、と思われる。

親鸞の『教行信証』撰述という仕事は、真仮の問題を内に包みながら、聖道の諸宗と世間的な虚仮不実の常識とを破るための対外試合である。親鸞が言わなければならないことは、如来の本願と衆生の信心とは別物でないから、本願力の回向によって他力の信心には大乗の覚りである大涅槃（真実功徳）が開かれるということである。もしそのことが明確に証明できなければ、浄土真宗は大乗の仏道たりえない。『無量寿経』の涅槃道が、天親の一心と曇鸞の回向とによって、雑染堪忍の群萠に実現する。それを親鸞は、この三一問答、遠くは「化身土巻」の三経一異の問答まで包んで証明し終わったと言っているのだと、私は了解する。

四　信行両座の決判と信心同一の問答

覚如は『本願寺聖人伝絵』（以下『御伝鈔』）に、

黒谷の先徳源空在世のむかし、矜哀の余、ある時は恩許を蒙て製作を見写し、或時は真筆を降して名字を書賜はす、すなわち顕浄土方便化身土文類六云親鸞聖人選述

（『定親全』四、言行篇一、一一三頁）

と言って、本章の冒頭に掲げた後序の文を引用して『選択集』書写の事実を伝えている。そしてその後にいきなり、信行両座の決判と信心同一（または、一異）の問答という親鸞の吉水時代の出来事が、二つ並び記されている。

信行両座の出来事は、『御伝鈔』の記述にしか出てこないために、覚如の創作ではないかと疑われてきたが、そもそも親鸞の文献は真宗の伝統の中にしか伝わっておらず、ほかの法然門下の著作や鎌倉時代の宗外資料には親鸞の名を見ることはできない。法然門下の宗外資料の初出は、法然没後四十五年に書かれた『私聚百因縁集』と言われているが、それには、次のように門弟の名が挙げられている。

黒谷源空上人法然自大経蔵を開て。浄土の教門を興す。而も一向専修の弘通是に盛也。門下に幸西。成覚一念義の元祖。聖光。鎮西義の元祖。隆寛。長楽寺多念義の元祖。証空。善恵房。西山義ノ元祖。長西。九品寺之諸行本願義之元祖。之有。門徒数千万。上足は此の五人也。其の外一人有。選択集を付す

（『大日本仏教全書』一四八、一一六頁）

ここには、親鸞の名を見ることはできない。「其の外一人有。選択集を付す」の記述は、もともとこの書にはなかったものであるが、親鸞から時代を経て浄土真宗が盛んになるにつれて、『教行信証』の『選択集』書写の記事を無視することができなくなって、のちに付加されたものであると言われている。いずれにしても、これが親鸞を

指していることは間違いないが、その名が消されている。私は、おそらく親鸞は僧といいながら妻帯していたために、法然門下から排除されたのだと推測する。

三十二歳の時の「七箇条起請文」に、僧綽空という署名があるので、この時までは戒律を保っていたという推測も成り立つが、私は僧といいながら妻帯していたと推測する。「七箇条起請文」では僧綽空の署名の六名前から僧を付し、一名後まで僧と署名している。おそらく前の六名に倣って、僧綽空と署名したのではなかろうか。そのほか僧を付しているのは、百八十二番目の「僧慶宴」、沙門を付しているのが百八十三番目の「沙門感喜」と、源空だけである。後は百八十名（一日遅れて署名した人も含めて）、すべて名前のみを記している。

天台沙門源空とか華厳宗沙門高弁と言うように沙門とは、戒律を厳格に守った出家を表す語である。それに対して僧とは、僧伽、和合僧を表す語であって、もともと戒律と直接関係する言葉ではない。『大智度論』巻三には、

多比丘一処和合是僧伽名。譬大樹叢聚是名林為。一一樹名林為。一一樹除亦林無如。是如一一比丘名僧為。一一比丘除亦僧無。諸比丘和合故僧名生。（『大正蔵』二五、八〇頁）

と言われる。もちろん後年には出家を表す意味に使われるようになるが、若い親鸞にはこのような僧の義は、当然のことととして了解されていた言葉であろう。師もなく友もなかったであろう比叡山時代の親鸞から見れば、法然門下に入室したことは、浄土の僧伽に加えられたという全身を貫くような無類の感動があったに違いない。その感動の表現が僧という署名だったのではなかろうか。

承元の法難は、法然門下の一念義に南都の聖道門が目をつけ、思想的に長くくすぶっていた問題である。ところが周知のように、松虫、鈴虫の風紀問題が引き金となって流罪が断行された。要するに、承元の法難は、思想問題と風紀問題との複合的な事件であった。親鸞以外は幸西成覚房、行空法本房を初めとする一念義と目される者たち

が、その標的になった。しかし親鸞は一念義でも多念義でもない。にも拘わらず、なぜ彼が遠流にまで処されたのか、それは風紀問題以外にないのではなかろうか（シリーズ親鸞六『親鸞の伝記――『御伝鈔』の世界』草野顕之著、筑摩書房、二〇一〇年参照）。

度重なる弾圧は、思想的には一向専修の念仏（ことに承元の法難においては一念義）、政治的には朝廷や鎌倉幕府を初めとして比叡山や興福寺等の顕密仏教の思惑、世間的には風紀問題の三つぐらいに、その焦点が絞られるであろう。親鸞はその風紀問題に、僧として真っ向から逆らう結果になったのではなかろうか。本願に生きる無戒名字の比丘、善し悪しの人間の常識を超えた生活者、その風貌を生涯貫いて、安城の御影や熊皮の御影に、その本願の行者の姿を描かせたのであろうか。だからこそ、法然門下から排除されたのだと思う。

こう考えると、親鸞の資料は真宗の伝統の中にしか伝わっていないのだから、『御伝鈔』にしかない信行両座の出来事は、覚如の創作だという結論は、早計にすぎると思われる。

いずれにしても信行両座と信心同一の問答は、若き親鸞の偉業を伝えるものかとも思われるが、それにしても唐突で、二つの出来事の意義について、私は、長い間疑問に思ってきた。それについて若き曽我量深が、『親鸞聖人御伝鈔講話』（明治四十四〈一九一一〉年四月）に次のような示唆的な文章を載せている。

親鸞聖人は御歳三十三の春、法然聖人より『選択本願念仏集』の御相伝を受けさせられた。而して此信行両座の事件は、同年の秋と伝へられ、又次段の信心一異の諍論は、三十四歳の御時と伝へられてをる。則ちこの二大事件は、聖人が『選択集』に対する御創見を示すものである。『選択集』御相伝の事実が、親鸞聖人の心霊に如何なる影響を与へたかを示す。則ちこの二大事件は、聖人の『選択集』相伝感想の表白である。而してこの二大事件によりて発表せる「信心為本」「他力回向の真信」の聖人の信念が、偶々三十五歳の北越御流罪の外縁によりて、浄土真宗御建立となったのである。

（『曽我選集』二、三四五頁）

曽我は、ここで信行両座と信心一異の諍論（信心同一の問答）は、『選択集』書写にまつわる出来事であると言う。さらに、「信心為本」と「他力回向の真信」は、『選択集』相伝の親鸞の二大感想であると示唆している。『高田正統伝』に依れば信行両座は、親鸞が三十三歳の九月二十・二十一の両日の出来事であり、信心同一の問答は、次の年の八月と伝えられている。師資相承が終わった七月二十九日から数えて、信行両座はちょうど二箇月後、信心同一は一年後であること、さらに『御伝鈔』では『選択集』書写の直後に何の説明もなく記述されていることから、これらは曽我の指摘通り『選択集』書写にまつわる出来事であろう。しかも、法然と親鸞の間で問題にされていた課題は、「信心為本」と「他力回向の真信」の二つであると曽我は指摘しているが、この示唆的な指南に私は大きな励ましをいただいた。

信行両座の概略を記せば、以下の通りである。

〔法然在世時に、浄土宗は貴賤を選ばず燎原の火のように広まった。常随昵近の弟子は三百八十人余りいたが、法然の教えの真意を理解している弟子は五、六名もいなかった。ある時善信が法然に願い出た。「私は師の教えによって浄土門に帰していなければ、出離生死の道に立つことができませんでした。それは自分の人生で何ものにも代えがたい喜びです。しかし師の教えを仰ぐ同室の友の中に、真実に報土得生の信心を得ている者が、どれほどいるでしょうか。お弟子たちが集まる時に、それぞれの信心のご意趣を伺いたいと思うのですが」。師の法然は、「それは、もっともなことです。明日、皆が集まった時に、言い出してご覧なさい」。翌日、善信は「今日は、信不退と行不退の座を両方に設けます。どちらに着くか皆さんお示しください」と進言した。その時、聖覚と信空が信の座に着いた。次に沙弥法力（熊谷直実）が遅れてきて、やはり信の座に座った。数百人の弟子がいたが、誰も一言も喋らなかった。おそらく、自力の信に迷わされて金剛の信心に昏いためであろうと思いながら、善信も信の座に自分の名を書いた。ややしばらくして、「源空も信不退の座に連なりましょう」と師が信の座に着いた。一同は法然に敬意を表す者もいれば、怪訝そうな顔をする者もいた。」

信行両座は、ほぼこのような内容である。師の法然は、善信の申し出を「此の条尤然るべし」と、たった一言で受け止めている。それは仏道の根源的な課題について、これまでに両者の間で充分な議論が重ねられてきていた裏づけではなかろうか。そうでなければこの場で、問いそのものが意味することについて、師弟の間で議論になるはずだと思われる。

この出来事で明らかなように、法然は一向専修の念仏一つを説いたのだから、師が行不退に着くと思ったとしても不思議ではない。事実、三八〇人のほとんどが、信の座には着かなかった。しかし聖覚と信空と法力と善信の四人だけは、不退を得るのは本願に帰した信心による、と見抜いていたことになる。

親鸞が不退転を言う時には、当然のことであるが至心信楽の願成就文の「即得往生　住不退転」を言う。この文は他力の信心に不退転が実現することを告げるのであるが、その際親鸞は一つの例外もなく、不退転を正定聚に読み替える。たとえば『唯信鈔文意』では、次のように述べる。

『大経』には、「願生彼国、即得往生、住不退転」とのたまへり。願生彼国は、かのくににむまれむとねがへとなり。即得往生は、信心をうればすなわち往生すといふ、すなわち往生すといふは不退転に住するをいふ、不退転に住すといふはすなわち正定聚のくらゐにさだまるとのたまふ御のりなり、これを即得往生とはまふすなり。即はすなわちといふ、すなわちといふはときをへず日をへだてぬをいふなり。

（『定親全』三、和文篇、一六一頁）

このように「即得往生　住不退転」はほかの和文でも、必ず「正定聚のくらいにさだまる」と読み替える。それは、『浄土論註』二道釈の、

易行道は、謂く但信仏の因縁を以浄土に生と願ず。仏願力に乗じて便ち彼の清浄の土に往生を得。仏力住持して即ち大乗正定の聚に入る、正定は即ち是阿毘跋致なり。（『真聖全』一、二七九頁）

という文章による読み替えだと考えられる。ここで曇鸞が易行道に立った感動とともに告げていることは、龍樹が『十住毘婆沙論』で説く阿惟越致・不退転（現生不退）と、自力無効を契機として本願に帰し、その本願によって実現される正定聚とが等しいということである。もともと不退転の語は、大乗菩薩道を背景にして使われる用語であるから菩薩の自力の修道体系（『菩薩瓔珞経』に依ると五十二位の菩薩の階位が説かれる）の中で獲得する位であるが、正定聚はそれよりも古く原始仏教のころから使われてきた言葉で、必ず涅槃に至るべき位という意味である。その正定聚が、本願に帰した他力の信心に、本願の方から実現されるというのである。

曇鸞の『浄土論註』の最も大きな仕事は、天親は『浄土論』で『無量寿経』の仏道を大乗菩薩道として表現しているが、その深意は他力の信心にあると見抜き、『浄土論』の一字一句の註釈をしながら菩薩道から凡夫の無上仏道に転回したことにある。したがって曇鸞の『浄土論註』では仏道の主体が、菩薩→凡夫、その行が五念門（止観行）→称名念仏（讃嘆門）、立脚地が不退転→正定聚、そしてその仏道全体を成り立たせる根源力が、自力→他力（本願力）へと転回されている。特にその際、大乗菩薩道の自力の修道体系が獲得する「速得成就阿耨多羅三藐三菩提（大涅槃の証得）」が、阿弥陀の本願を信じる「信仏の因縁」に、阿弥陀如来の本願力を増上縁として実現される（覈求其本釈）と説く。つまり天親が、一心→五念→五功徳の構造をもって大乗の修道体系を表し、あたかも漸教に見えていたものを、「速得成就阿耨多羅三藐三菩提」の根拠を阿弥陀の本願力に見出して、凡夫得生の頓教と

したのである。ここに、他力の信心による凡夫の無上仏道を開顕した曇鸞の真骨頂がある。

したがって、『十住毘婆沙論』の「阿惟越致」は菩薩が初歓喜地にまで登り詰めて自力で現生に獲得する不退転と説かれるが、曇鸞は龍樹の深意を汲み取って、「必定の菩薩」を、「易行品」に説かれる「儜弱怯劣」「怯弱下劣」という凡夫の自覚に目覚めた者として捉え、本願によって実現される正定聚と同義であると決定するのである。もともと『無量寿経』の必至滅度の願もその成就文も、正定聚は「国の中の人天」が得る位だから、曇鸞が易行道釈で言うように、正定聚は浄土に生まれてから得る彼土の不退である。その彼土不退の正定聚と、龍樹の説く阿毘跋致の現生不退とが別のものではないと主張しているのが、曇鸞の二道釈である。

したがって親鸞は、成就文の「それ衆生あって、かの国に生ずれば、みなことごとく正定の聚に住す」を「それ衆生あって、かのくににうまれんとするものは、みなことごとく正定の聚に住す」（『一念多念文意』）と読み替え、浄土の位を信心に先取りして現生に正定聚を得ると言うのである。死後の往生を説くと見なされていた従来の浄土教の仏道観を翻して、浄土での不退転を現生で得るところに、親鸞の仏道の最も積極的な意味がある。親鸞が不退転をすべて正定聚に読み替え、しかも現生の利益と説く了解は、龍樹の言う現生不退と浄土での正定聚が、本願成就の信心においてはまったく矛盾するものではないという、曇鸞の指南によったものである。

親鸞が七祖の伝統を踏まえて不退転を言う時、『教行信証』では、

是以て龍樹大士は即時入必定と曰へり曇鸞大師は入正定聚之数と云へり仰いで斯を憑む可し専ら斯を行す可き也、

（『定親全』一、六八頁）

と、龍樹と曇鸞を挙げて言い、『愚禿鈔』でも、

「汝」の言は行者也。斯れ則ち必定の菩薩と名く。龍樹大士『十住毘婆沙論』に曰はく、「即時入必定」となり。

曇鸞菩薩の『論』には、「入正定聚之数」と曰へり。

（『定親全』二、漢文篇、四六頁）

と、龍樹と曇鸞を挙げることからよくわかることではなかろうか。

ちなみに、曇鸞の易行道釈の文によりながら、親鸞が記した『浄土三経往生文類』の大経往生の定義を見てみたい。上記の曇鸞の易行道釈の文章とよく見比べてみよう。

大経往生といふは、如来選択の本願、不可思議の願海、これを他力とまふすなり。これすなわち念仏往生の願因によりて、必至滅度の願果をうるなり。現生に正定聚のくらゐに住して、かならず真実報土にいたる。これは阿弥陀如来の往相廻向の真因なるがゆへに無上涅槃のさとりをひらく、これを『大経』の宗致とす。このゆへに大経往生とまふす、また難思議往生とまふすなり。

（『定親全』三、和文篇、二一頁）

この文でわかるように、親鸞は、大経往生は本願力の因と果（他力回向）によって、無上涅槃の覚りを開くと述べている。つまり本願成就の信心が実現する現生正定聚の生とは、無上涅槃を開きその無上涅槃に支えられて、流転を超え浄土の位を生きるという意味を持つと言うことができるであろう。

親鸞のこの「現生正定聚」の了解でわかる通り、信行両座で問題にされている不退の課題は、信心が無上涅槃に開かれているか否かに極まる。無上涅槃にまで能入する他力の信心ならば正定聚に立つことになるが、そうでなければ邪定聚、不定聚となって不退転にはならない。要するに不退の問題は、大乗仏教の根本関心である無上涅槃に裏打ちされた人生なのか、そうでないのかが問われていることになる。

それはとりもなおさず、親鸞と法然の師資相承の時に問題となったであろう、信心が涅槃を開くという課題を意味していることになる。こう考えるとこの信行両座の決判は、『選択集』書写で問題となった「信心為本」という課題を、師の法然の了解の下に、親鸞が法然門下で実験を試みたことになる。

さてもう一つの信心同一の問答は、『歎異抄』の後序にも記されていて、よく知られた出来事である。『御伝鈔』には、事態が次のように伝えられている。

〔法然門下のある日、師の前に聖信房、勢観房、念仏房以下、たくさんの門下の人びとがいる中で、はからずも議論になったことがあった。それは「師のご信心と、善信の信心とは変わらない、ただ一つである」と言った時に、先の人びとがとがめて「善信の言っていることはまったく理由のないことであって、師のご信心と一つであるはずがない」。それに対して、「智慧才覚において師と等しいと言うのならば、まことに畏れ多いことであるが、往生の信心は、自力無効の他力の信心なのだから、どこにも私心はない。法然聖人のご信心も他力に賜った信心であり、善信の信心も他力だから、まったく変わることはない」と言ったところ、師の聖人が「知恵格別の自力の信心ならば変わることもあろう。他力の信心は凡夫の目覚めとともに、如来より賜った信心なのだから、源空の信心も善信の信心もただ一つである。信心の異なるものは、私が往生する浄土には生まれないであろう。よく心得ていただきたい」と仰せられたので、そこにいた方々も舌を巻いて黙り込み、議論は終わったのであった。〕

『歎異抄』にもほぼ同じことが伝えられているが、『歎異抄』では、この出来事を記した後に、

当時の一向専修のひと〳〵のなかにも、親鸞の御信心にひとつならぬ御こともさふらうらんとおぼへさふらふ。

（『定親全』四、三六頁）

と唯円が言うことから、その視点が信心の異なりを歎異するというところにあるために、これをわれわれは「信心同一の諍論」として読み親しんできた。しかし、親鸞の『教行信証』の思想から逆にこの出来事を見れば、信心同一もさることながら、むしろ「如来よりたまわりたる信心」というところに、思想的な核心があると見るべきではなかろうか。なぜなら、この問答の言葉が親鸞の生涯の課題となって、『教行信証』全体を貫く親鸞独自の二種回

向論に展開することになるからである。

したがってここで、法然、親鸞が問題にしていることは、真実報土にまで通達する同一の信心がなぜ実現するかであり、それは「如来よりたまわりたる信心」、本願力回向の信心だからである。これが『選択集』書写ののち、師弟の間で議論の核心になったことはすでに述べた通りである。要するに私が言いたいことは、『選択集』の課題を、他力の信心は無上涅槃を開くということと、それがなぜ開かれるのかという道理が如来の本願力回向であることの二点で、師の『選択集』の思想的な責任を担おうとするのである。このことをよく表す出来事こそ、『選択集』書写の後の信行両座と信心同一の問答である。曽我量深の指南を、私はこのように受け止める。

五　日本における『浄土論註』の系譜

このように見てくると親鸞という名を賜った三十三歳の時に、彼は、天親・曇鸞の『浄土論』『浄土論註』の本願力回向という思想に精通していたことになる。龍樹、天親はインド大乗の論師であるから、比叡山や南都の学生たちの必読書であったことは当然であるが、曇鸞の『浄土論註』は文献としてはほとんど出てこない。私がかつて、愚禿釈親鸞の名告りは流罪以降であると思っていた理由の一つは、親鸞が『浄土論註』に精通するのは流罪以後だと考えていたからである。親鸞は、三十三歳までに『浄土論註』を読み込んでいたとすると、一体いつどこで読んでいたのであろうか。

『浄土論註』の最も古い記述は、正倉院文書の書写記録である。石田茂作によれば、

往生論私記　　一巻　　天平二〇（七四八）年

往生論私記　　婆数盤豆　　一巻　　勝宝五（七五三）年
往生論記　　　　　　　　　一巻　　景雲二（七六八）年

（『写経より見たる奈良朝仏教の研究』、奈良朝現在一切経疏目録、東洋書林、一九八二年、一三〇頁）

と記されている三つが曇鸞の『浄土論註』の書写記録であるというが、現代それを見ることができないので『浄土論註』であるという確証はない。しかし正倉院のものは、天皇家の菩提寺であった東大寺に伝えられていることが多いことから、東大寺に伝わっていたものの検証から石田には何らかの感触があったのかもしれない。ちなみにこの目録には、浄土教に関する主なものとして『無量寿経』『観無量寿経』『阿弥陀経』、道綽の『安楽集』、善導の『観経玄義分』『観経序分義』『観経正宗分』『往生礼讃』『般舟讃』『法事讃』、懐感の『釈浄土群疑論』等の記載もある。

さて、『浄土論註』の記述が最初に出てくる文献は奈良時代、元興寺三論宗の智光（七〇九～七八〇頃）の『無量寿経論釈』五巻が初めとされている。この『無量寿経論釈』は現代散逸して見ることができないが、後世の浄土教徒、良源の『極楽浄土九品往生義』、源信の『往生要集』、源隆国の『安養集』、さらに親鸞以後の鎮西良忠の『論註記』、存覚の『六要鈔』等の多数の文献に引用されている。これらの引文や『安養集』の発見によってかなりの部分が復元されたが、それによると智光の『無量寿経論釈』は、おそらく『浄土論註』のほぼ全文を踏襲し、それを補う形で註釈を加えながら、『浄土論』を註解した著作であると言われている（梯信暁著『奈良・平安期浄土教展開論』法藏館、二〇〇八年）。

一方、比叡山に眼を向けると、伝教大師最澄（七六七～八二二）によって開山された天台仏教は、その実践行は『摩訶止観』に依る四種三昧の行法が定められた。そのうち第二の常行三昧は、『般舟三昧経』に依る阿弥陀仏の見仏を中心とする実践行である。最澄の弟子・慈覚大師円仁（七九四～八六四）が唐より帰朝すると、比叡山の常行三昧として法照の流れを汲む五台山の念仏三昧法を用いることになる。この念仏が常行堂の不断念仏として定着し、いわゆる山の念仏として伝統されるのである。

しかし比叡山で浄土教が教学として構築されていくには、良源（九一二～九八五）の『極楽浄土九品往生義』やその弟子源信の『往生要集』を待たねばならないが、この両書には『浄土論註』からの引文は一箇所も見ることができない。『往生要集』に『浄土論註』からの引文と見られる箇所があるが、これらは『安楽集』等からの孫引きである。これらの引文は、『浄土論註』の原文と比べると正確ではなく、多少の語句の移動がある。源信が『浄土論註』に目を通していたとすれば、それに気づいて直接引用するか、『浄土論註』について何らかの言及があると思われるので、源信が『浄土論註』を読んでいたとは思われない。

ちなみに源信は、念仏に相応する教文について、次のように記す。

正しく西方の観行并に九品の行果を明すことは、『観無量寿寿経』一巻畺良耶舎訳には如かず。弥陀の本願并に極楽の細相を説くことは、『双巻無量寿経』二巻康僧鎧訳には如かず。諸仏の相好并に観相の滅罪を明すことは、『観仏三昧経』十巻或八巻覚賢訳には如かず。色身・法身の相并に三昧の勝利を明すことは、『般舟三昧経』三巻或二巻支婁迦訳『念仏三昧経』六巻或五巻功徳直玄暢共訳には如かず。修行の方法を明すことは、上の三経并に『十往生経』一巻『十住毘婆娑論』十四巻或十二巻龍樹造羅什訳には如かず。日日に読誦せんには、『小阿弥陀経』一巻羅什訳には如かず。偈を結びて総して説くことは、『無量寿経優婆提舎願生偈』或『浄土論』名或『往生論』名世親造菩提留支訳一巻には如かず。修行の方法は多く『摩訶止観』十巻及び善導和尚の『観念法門』并に『六時礼讃』各一巻に在り。問答料簡は多く天台の『十疑』一巻導綽和尚の『安楽集』二巻慈恩の『西方要決』一巻懐感和尚の『群疑論』七巻に在り。往生の人を記するは多く迦才師の『浄土論』三巻并に『瑞応伝』一巻に在り。

其の余は多しと雖も要は此に過ぎず。

（『真聖全』一、九一三頁）

このように源信の『往生要集』には『浄土論註』の名を見ることができない。このころの南都や比叡山の状況について、梯信暁は次のように述べている。

曇鸞の『論註』は、智光（七〇九～七八〇ころ）が『無量寿経論釈』を著す際に下敷にしているので、奈良時代の南都では流布していたことが知られる。しかし比叡山には伝えられなかったようで、『九品往生義』や『往生要集』をはじめ十世紀の天台宗典籍には、智光の『無量寿経論釈』は用いられるが、曇鸞の『論註』への言及は全くない。

（『奈良・平安期浄土教展開論』二六〇頁）

さて、平安朝も後期に入って、一〇七〇年ころに宇治の平等院一切経蔵で源隆国を中心にして『往生要集』の読み合わせが行われ、『往生要集』を補足するために浄土教文献が集められた。それが源隆国の『安養集』であるが、この中に『浄土論註』を認めることができる。この書には「南泉房大納言与延暦寺阿闍梨数人共集」と記されて、比叡山の学僧がこの編集に関わっていたと思われることから、このころに『浄土論註』は比叡山にもたらされた可能性もある。しかし親鸞以前に、もし伝わっていたと仮定しても、読まれた形跡はほぼ認められない。もし万が一目を通したとしても、自力無効という宗教体験がなければ、『浄土論』の註釈として、その内容を理解することは容易ではなかったのではなかろうか。

次に文献として『浄土論註』を引文しているのは、永観（一〇三三～一一一一）の『往生拾因』である。この書には、『浄土論註』の名で二回にわたって引文されている。永観は、三十代のころ光明山寺に籠って勉学を重ねた東大寺三論宗の学僧であるが、晩年は京都の禅林寺（永観堂）で浄土教の布教をした。光明山寺とは奈良と京都の間にある東大寺の別所であり、平安末期から浄土教の道場として栄えた学問寺である。永観は主にここで勉学を積んだ学僧である。

その次に『浄土論註』が引文されているものとして、平安時代末期の学僧であった中ノ川実範（一〇八九？～一一四四）の『念仏式』を挙げなければならない。彼は初め興福寺で法相を学び、また醍醐寺で密教を学んでいる。そののち横川の明賢のもとで天台を学び、晩年は永観と同じように光明山寺で勉学を続けた学僧である（佐藤哲英著『念仏式の研究』百華苑、一九七二年）。

実範が横川で師事したといわれる明賢については、何もわかっていない。ただ、法然門下の長西が作ったもので八八二巻の経論釈を網羅した目録である『浄土依憑経論章疏目録』（『長西録』）の中に『浄土論』の註釈書として、

往生論註二巻五十三丁　曇鸞
同論疏五巻。九十七丁于粿鈔一巻見。〔考一本無見已下六字〕　智光南都元興寺。三論宗
同論五念門私行儀一巻　明賢山僧谷アサリ
同論五念門行式一巻　実範中ノ川寺

（『大日本仏教全書』一、三四四頁）

と、上記の四書が並び挙げられている。ここにいわれる『浄土論五念門行式』一巻が、先に述べた実範の『念仏式』のことである。師であった明賢の『浄土論五念門私行儀』（以下『私行儀』）と実範の『浄土論五念門行式』（以下『念仏式』）が並べられていることから、実範の『念仏式』が師明賢の『私行儀』を受けたものであろうことは推測できる。『念仏式』には『浄土論註』の引文が確認されるが、明賢の『私行儀』の方は現存していないために、引文があるかどうかは不明である。もし引文があれば、このころ比叡山の横川に『浄土論註』があった証明となるが、現代では確定することはできない。

ちなみに、多くの伝記で法然が南都遊学の際に、この中ノ川実範に会ったと記述されている。しかし、実範が亡

郵便はがき

料金受取人払郵便

京都中央局
承認

3543

差出有効期間
平成27年1月
10日まで

(切手をはらずに
お出し下さい)

6008790

110

京都市下京区
正面通烏丸東入

法藏館 営業部 行

愛読者カード

本書をお買い上げいただきまして、まことにありがとうございました。
このハガキを、小社へのご意見またはご注文にご利用下さい。

お買上 **書名**

＊本書に関するご感想、ご意見をお聞かせ下さい。

＊出版してほしいテーマ・執筆者名をお聞かせ下さい。

お買上 **書店名**	区市町	**書店**

◆新刊情報はホームページで　http://www.hozokan.co.jp
◆ご注文、ご意見については　info@hozokan.co.jp

13. 7. 1. 50000

ふりがな ご氏名		年齢　　歳　男・女
〒□□□-□□□□	電話	
ご住所		
ご職業 (ご宗派)	所属学会等	
ご購読の新聞・雑誌名 (ＰＲ誌を含む)		

ご希望の方に「法藏館・図書目録」をお送りいたします。
送付をご希望の方は右の□の中に✓をご記入下さい。　□

注 文 書

月　　日

書　　名	定　価	部　数
	円	部
	円	部
	円	部
	円	部
	円	部

配本は、○印を付けた方法にして下さい。

イ. **下記書店へ配本して下さい。**
(直接書店にお渡し下さい)

(書店・取次帖合印)

書店様へ＝書店帖合印を捺印の上ご投函下さい。

ロ. **直接送本して下さい。**
代金(書籍代＋送料・手数料)は、お届けの際に現金と引換えにお支払下さい。送料・手数料は、書籍代 計5,000円 未満630円、5,000円以上840円です(いずれも税込)。

＊お急ぎのご注文には電話、ＦＡＸもご利用ください。
電話 075-343-0458
FAX 075-371-0458

(個人情報は『個人情報保護法』に基づいてお取扱い致します。)

くなった時に法然は十二歳だから、実際に会ったとは思われない。それにしても、実範の名が何度も挙げられることから、彼の流れを汲む光明山寺の弟子たちと会ったのではないかと考えられる。事実、そのうちの何人かは、のちに法然の弟子となっている。

その次に『浄土論註』が引文されるものは、珍海（一〇九一～一一五二）の『決定往生集』である。彼は、東大寺三論宗の学僧である。法然は東大寺での講義である『無量寿経釈』で、

次に感師智栄等に依て、善導之義補助せば、是に七有。一には智栄、（中略）五には日本の源信、六には禅林、七には越洲。（中略）六に禅林とは、即ち当寺の権律師永観也。即善導道綽の意に依て、往生十因を作て、永く諸行を廃して、念仏の一門に於、十因を開す。豈に但念仏の行に非ずや。七に越洲とは、亦同く当寺の三論の碩徳越洲の珍海也。是れ亦た同く決定往生集一巻を作て、十門を立てゝ、往生の法を明す。其の中に亦た善導の前の文に依て、傍に諸行を述と雖も、正くは念仏往生を用る。爰に知ぬ、往生の行業に於、専雑の二修を論して、雑行を捨てゝ、専ら正行を修する事は、天竺震旦日域、其伝来尚し。云云
（『昭法全』八六頁）

と、東大寺の先達である永観と珍海の伝統を挙げて、善導の『観経疏』の専雑二修の教えによって、雑行を傍らにし念仏往生に立った伝統であることを指摘している。また、『御説法事』の中で、

此朝ニハ元興寺ノ智光頼光、本宗ヲステテ浄土門入、智光往生論ノ疏ヲ造レリ、近クハ永観、往生ノ一門ニ入テ、往生十因ヲ作レリ。此等モ猶本宗ノ意ニテハ往生ヲ沙汰セス、皆本宗ヲ捨テテ浄土ニハ入也。
（『昭法全』一二二五頁）

と述べて、三論宗の伝統の中で浄土に帰した人として智光と永観を挙げている。この二つの引文で法然が指摘しているように、南都の智光、永観、珍海の伝統が善導の『観経疏』の教えによって専修念仏に立ったと述べているが、

この智光、永観、珍海の三論宗の伝統が全員、曇鸞の『浄土論註』を引文しているのである。

以上のように、親鸞以前で『浄土論註』を引文しているのは、智光の『無量寿経論釈』と、永観の『往生拾因』と、珍海の『決定往生集』という南都三論宗の伝統と、源隆国の『安養集』と中ノ川実範の『念仏式』である。

時代が下って親鸞と同時代になると、親鸞の『教行信証』はもちろんのこと、隆寛の『具三心義』や『散善義問答』等にしばしば『浄土論註』が取り上げられる。さらに、金沢文庫に所蔵されている『論註疑芥』とか『論註上巻釈』と呼ばれるもの、さらには『浄土論注要文抄』という著作は、諸先輩の詳しい研究の末に、法然門下の長西の書いたものであることがほぼ確定されている。これらの書にも『浄土論註』が引文されていることから、親鸞と同時代で曇鸞の『浄土論註』を引文するのは、親鸞、隆寛、長西の三名である。

そのいずれもが法然門下である。法然は、焼失した東大寺の再建にあたって勧進主として推挙されていて、『浄土論註』を伝えてきた系譜である東大寺との関係が深い。また、東大寺で三部経講義等をしたことから、三論宗の学僧とも交流が深かった。さらに中ノ川実範の流れを汲む学僧も法然門下にはいた。その関係で法然は、東大寺系の学僧から『浄土論註』を入手していたのではあるまいか。

周知のように『選択集』の二門章には、『浄土論註』の二道釈の引文がある。この文は、道綽の『安楽集』からの引文であるという先達もいるが、『安楽集』の二道釈は「龍樹菩薩云く」と記し龍樹の文として引用していて、『浄土論註』の二道釈と比べると言葉遣いに正確さを欠く。その点、法然の引文は曇鸞の『浄土論註』を実に正確に引用していることから、私には、なぜ『安楽集』からの引文であるというのか理解に苦しむ。加えて、『御説法事』には、
コノ二門ヲタツル事ハ道綽一師ノミニアラス、曇鸞法師モ龍樹菩薩ノ十住毘婆沙論ヲ引テ、難行易行ノ二道ヲ

タテタマヘリ。

（『昭法全』二二四頁）

と、龍樹、曇鸞、道綽の次第を正確に押さえて、浄土の一門のみが凡夫の仏道であることを説いている。また『御説法事』の別の箇所では、道宣の『続高僧伝』と迦才の『浄土論』を取意して、曇鸞の伝記（『昭法全』二一三頁）を詳しく記している。さらに『選択集』にも、浄土門の系譜の中に曇鸞（『真聖全』一、九三四頁）が記されているように、しばしば法然浄土教の系譜として曇鸞の名を認めることができる。したがって、法然が、曇鸞の『浄土論註』を読んでいなかったとは思えない。おそらく法然は東大寺で伝統されていた『浄土論註』を、いつのころか手に入れていたのではなかろうか。そして、先述した親鸞、隆寛、長西の三名が『浄土論註』を引文し、それが全員法然門下であることから、法然から『浄土論註』を読むことが勧められたのではないか。親鸞も例外ではなく、吉水に入室してすぐに、『浄土論註』を読むことを勧められたと推測する。二十九歳の入室から師資相承の三十三歳までには、あしかけ五年の時がある。親鸞ほどの学僧であれば、五年の時は、『浄土論註』を理解するためには充分であると思うのである。

六　『観経・阿弥陀経集註』

さらに、親鸞が法然門下で『浄土論註』の学びを深めていたということを『観経・阿弥陀経集註』に見てみたい。『観経・阿弥陀経集註』は、長く西本願寺の蔵に保存されていたものであるが、昭和十八（一九四三）年の寺宝調査で親鸞の真蹟と認定され、昭和二十七（一九五二）年に国宝に指定されたものである。三十六枚の料紙が継ぎ合わされ、そのうち二十八枚に『観無量寿経』を、八枚に『阿弥陀経』を書写して、その余白には、表から裏にかけて七祖の中でも特に善導を中心とする註釈が抄記されている。このような性格から、これは親鸞の自修のための覚書、ないしは手控えのようなものではないかと推測されている。

その筆跡から、親鸞の壮年期のものであろうと言われているが、その年代が確定されているわけではない。ただ善導の引文類の中には、『観経疏』を中心に『往生礼讃』『観念法門』等の引文はあるが、『般舟讃』の引文が一箇所もない。この『般舟讃』は、正倉院文書の書写記録に認められ、善導の著作としてその名が知られていたため、法然が探し求めていたが得ることができず、没後、建保五（一二一七）年に仁和寺の宝蔵から発見された書物である。それは親鸞が四十五歳の時であるから、『般舟讃』の引文がないということは、四十五歳以前に書かれたものであろうが、越後配流から関東移住後すぐに書かれたとも考えられないから、この『観経・阿弥陀経集註』は親鸞の吉水時代の修学の覚書であると推定されている。この推定が正しいとすると、吉水時代に法然の講義を聴いたノートのようなものであろうが、この中にすでに『浄土論』『浄土論註』の引文が見られる。

煩をいとわずに挙げてみたい。まず、『観無量寿経』の表書きの水想観に、善導の『観経疏』から、『讃』に云く。「安楽国は清浄にして、常に無垢の輪を転ず。一念及び一時に、諸の群生を利益す。諸の仏功徳を讃ずるに、分別の心有ること無し。能く速に功徳の大宝海を満足せ令む」（『定親全』七、註釈篇一、六七頁）という文が記されてある。これは、善導の『浄土論』からの取意の文であり、内容としては、『浄土論』の偈文の菩薩荘厳の取意が前に挙げられ、その後に不虚作住持功徳の偈文が挙げられている。この文の次第は、『浄土論』とは前後が入れ替わっている。おそらく凡夫をして菩薩のような教化の志願を生きるものにする根拠は、不虚作住持功徳の仏の本願力にあり、如来の智慧海に支えられていることを示すものであろう。

次に挙げられるのは、『観無量寿経』の裏書きの、『観経疏』「玄義分」から報土の五乗斉入を説く所に、

天親の『浄土論』に・女人及根欠・二乗種不生と云る　（『定親全』七、註釈篇二、二三頁）

と『浄土論』の大義門功徳が挙げられる。そこには、偈文の言葉に囚われるのではなく、すべてのものが斉しく往生し平等に仏に成るという天親の深意を理解すべきであるという善導の了解が述べられる。『観無量寿経』には下三品の往生が説かれるから、二乗の種も往生するのは当然である。女人・根欠はすでに浄土にいるのだから、小乗の証果も阿弥陀の浄土で大乗の証果に転じられる、と善導は五乗斉入を『浄土論』のこの偈文と経典によりながら論証するのである。

さらに裏書きに、善導の『往生礼讃』からの引文であるが、

又・天親の・『浄土論』云如し若・彼の国に生と願こと有らむ者は・五念門を修せしむることを勧む五門・若・具しぬれば・定て・往生を得む何者をか・五為る一者（以下略）　（『定親全』七、註釈篇二、四五～四六頁）

と言って、善導の『浄土論』の五念門の了解が述べられている箇所が引かれている。ここでは、一に身業・礼拝門、二に口業・讃嘆門、三に意業・観察門、四に作願門、五に回向門と、善導の了解に従って、『浄土論』の五念門の順番とは、作願、観察が前後入れ替わっている。ここは『観無量寿経』で最も大切な善導の三心釈の註釈の中に、『浄土論』の五念門を引文している箇所である。したがって、『観無量寿経』の三心のうち至誠心・深心に、身業・礼拝門、口業・讃嘆門、意業・観察門を当て、次の回向発願心に作願門、回向門を当てようとする善導の意図が窺える。いずれにしてもこのような了解は、善導が称名念仏一つに立って、五念門を衆生の実践行と考えていたからだと思われる。すなわち善導は、礼拝・讃嘆という衆生の回心に、阿弥陀の浄土荘厳を観察して、往生浄土（作願）の仏道に立つ、そこに自然に教化（回向門）が備わると了解していたのであろう。

だとすると吉水門下の親鸞は、『浄土論』の五念門を、善導に倣って衆生の実践行であると了解していた可能性

が高い。しかし、『教行信証』「証巻」の結釈では「宗師（曇鸞）は大悲往還の回向を顕示して、ねんごろに他利利他の深義を弘宣したまえり。仰ぎて奉持すべし、特に頂戴すべし」と、甚深の敬意をもって他利利他の深義を仰ぎ、「特に頂戴すべし」と感佩されているのである。これは、第一章で述べたように、越後流罪を契機として、五念門が衆生の実践行から親鸞独自の法蔵菩薩の行の了解へと転じられたということであり、その転回点が他利利他の深義であったと思われる。

この他利利他の深義は、『浄土論註』最後の覈求其本釈にある。そこは、以下のことを曇鸞が決定する箇所である。利他と他利とはその意味が大きく違う。利他は他を利益する、他利は他から利益されるという意味であって、人間には利他はない他利しかないのだから、利他は仏力を指すのである。したがってこれまで説いてきた五念・五功徳（自利利他）のすべては、覈に其の本を求めると阿弥陀如来の本願力を増上縁とするのである、と。

親鸞はこの曇鸞の指南によって、自利利他（五念門・五功徳門）の全体が、衆生の実践行から完全に法蔵菩薩の行と、了解し直されたのである。親鸞が立った往生浄土の仏道の根拠が、如来の二種回向によると了解し直された時、法然との出遇いが改めて徹底されたのであろう。おそらく吉水の門下で衆生の行であると理解していた五念門が、流罪の苦労の中で愚に帰って『浄土論註』の深意に到達し、そのすべてが法蔵菩薩の行であると感佩して、「禿の字を以て姓とし、流罪以後、愚禿親鸞と書いた」（『歎異抄』の流罪記録）のではなかろうか。その時親鸞は、法然から賜った仏道のすべてを阿弥陀の本願力に返し切って、一切の自力の気負いから解放されて肩の荷を下ろし、『無量寿経』が救わんとする群萌の一人に帰ったのであろう。

ここで問題となっている利他行が、衆生の実践行から法蔵菩薩の行へと展開するには、『浄土論』→『浄土論註』→『教行信証』へ、つまり天親の出第五門の菩薩行から、曇鸞の『浄土論註』の還相の菩薩の註釈さらに他利利他の深義等を経て、親鸞の『教行信証』の如来回向の了解までの思想系譜がある。『浄土論』『浄土論註』は基本的に、五念門は衆生の実践行として説かれるから、出第五門も還相の回向もどちらも衆生の利他の実践行である。しかし曇鸞は、天親の五念門行の本は阿弥陀如来の本願力にあると見抜いて、衆生の利他行の根拠は阿弥陀如来の本願力であると註釈する。それが先に述べた、覈求其本釈と他利利他の深義である。その曇鸞の了解をさらに展開させて、親鸞は、衆生の実践性を完全に払拭して五念五功徳のすべてが法蔵菩薩の行であるとし、往還の二種回向を如来の回向へと転回させたのである。しかしよく考えれば、衆生の実践行から法蔵菩薩の行へという転回は、いかにも大きな思想的な跳躍ではなかろうか。その大跳躍のエネルギーが、人間には本当の教化・利他（出第五門の菩薩行・還相回向）はありえないという実践の悲しみであろう。

親鸞は、承元の法難に連座して余儀なく都を逐われ、初めて田舎の生活者の中に身を置いた。そこでは、考えるとか思想する以前に、ともかく生活し何とか命をつながなければならなかった。人間の観念が入り込む隙間のない、厳粛ないのちの事実ともいえる場であった。個人の努力や教化の実践などとは無関係な、どう働きかけても動かしようのない宿業の大地である。人間的なもののすべてが山にこだましては消えてゆく。その悲しみが蓄積され大きな跳躍のエネルギーとなって、その宿業の大地にこそ身を捨てた法蔵菩薩の大悲を感得した、五念・五功徳は衆生の実践行ではなくて法蔵菩薩の十劫の修行であったと、阿弥陀如来の大悲を、群萌の一人として感佩したのではなかろうか。人間の実践性を払拭し切って如来の回向に思想的に着地した親鸞を、慇懃に導いた教言こそ、曇鸞の他利利他の深義であったと思われる。

この問題を『無量寿経』に返すと、第二十二・一生補処の願をどう読むかに関わる問題ではなかろうか。『無量寿経』下巻の最初には、第十一・必至滅度の願成就文、第十七・諸仏称名の願成就文、第十八・至心信楽の願成就文が説かれる。そのすぐ後に三輩章が続いて説かれるが、ここは親鸞が「化身土巻」で、「この願成就文は、すなわち三輩の文これなり。『観経』の定散九品の文これなり」と言うように、第十九・修諸功徳の願成就文と読んでいる。さらにその後には「東方偈」が説かれて、第二十二・一生補処の願成就文が説かれる。

ここまでは、『無量寿経』上巻の発起序に説かれる釈尊と阿難との出遇いの、根源的な意味を本願の成就として教える経言である。憬興が言うように『無量寿経』下巻を「衆生往生の因果」と見るならば、第十七、第十八願を衆生往生の因、第十一、第二十二願を衆生往生の果と見ることになろう。そう了解すると、第二十二願は一生補処の菩薩として普賢の徳を備え、三宝のないところで教化を尽していく菩薩。つまり天親の『浄土論』に説かれるように、善男子善女人が五念五功徳の行を修めて、菩薩荘厳に説かれる無三宝処へ往生する菩薩に成っていくことになる。親鸞は、愚禿という名告りをあげるまでは、憬興の了解に従って、自身が菩薩に成っていくと了解していたのではなかろうか。

法然の著作や講義類に目を通すと、親鸞が『教行信証』で取り上げる真仮八願については、法然が何らかの形で言及していることから、『教行信証』の構想は法然門下での浄土教の研鑽が本になっているであろうことは推測できる。しかしただ一つ、法然は第二十二願についてはどこにも述べていない。親鸞は『無量寿経』下巻、『浄土論註』の三願的証によってこの第二十二願を「証巻」で問題にするが、法然門下で学んでいた時には、師の法然はこの願については何も応えなかったか、あるいは『浄土論註』に学びなさいと言ったのではなかろうか。この願をどう読むかが、若き親鸞の思想的な大問題であった。この問題を決定的に解くことになったのが、流罪の地越後であり、その突破口こそ曇鸞の他利利他の深義であったと、私は推測するのである。

さて改めて『観経・阿弥陀経集註』に論を戻せば、裏書きの『観無量寿経』の像観の「是心作仏　是心是仏」の

了解のところに、

『註論』云。

問曰。『観無量寿経』に言はく。諸仏如来は是れ法界身なり、一切衆生の心想の中に入。心に仏を想ふ時、是の心即是三十二相・八十随形好なり。是の心作仏す、是の心是れ仏なり。諸仏正遍知海は心想従り生す。是の義云何ぞや。答曰。（中略）譬へば火は木従出で、、火木を離ことを得ざる也、木を離れざるを以の故に則能く木を焼く、木火と為る木を焼は即是火となるが如し也。諸仏正遍知海は心想従生ずとは、正遍知は真なり正なり、法界の如にして知る也。法界無相なるが故に諸仏無知也。無知を以の故に知らざること無し也。無知にして知る者を、是を正遍知といふ也。是に知ぬ、深広にして測量す可ず、故に海に譬る也。

（『定親全』七、註釈篇一、五五～五七頁）

と、ただ一箇所曇鸞の『浄土論註』からの引文がある。この引文は実に正確で、のちの親鸞の加点本と違わないことから、この時すでに親鸞は直接『浄土論註』を読んでいたと思われる。

この箇所は、『観無量寿経』の華座観と真身観の間に挟まれている像観の「是心作仏　是心是仏」という重要な言葉についての了解である。この前に説かれる華座観は、阿弥陀仏の因力としての本願を説き、後に説かれる真身観は果力としての光明が説かれて「一一の光明遍く十方世界を照らす。念仏の衆生を摂取して捨てたまわず」という『観無量寿経』の核心的な摂取不捨という言葉が出てくる。その二つの功徳に挟まれた像観に、阿弥陀仏と衆生の心想との関係が説かれているために、浄土門のみならず観察を宗とする聖道門においても『観無量寿経』を読む時には、決定的に問題となる箇所である。おそらく親鸞も、比叡山時代から問題にしてきた箇所であろうと推測される。

この曇鸞の註釈で特徴的なところは、火と木の喩えで言うように、仏と衆生とは単純に一つでないことである。火の仏と木の衆生とはまったく違ったものであっても、相応という形で究極的には火が木を焼き尽すところに、聖道門とは異質ともいえる浄土教独特の如来の了解がある。のちに親鸞は『教行信証』「信巻」で、

光明の云く、是心作仏す是の心是れ仏なり是の心の外に異仏無ますとのたまへり已上

（『定親全』一、一四〇頁）

という善導の文を解説するために、曇鸞の『浄土論註』の先の引文から「火と木の譬」の文だけを引用するのは、この喩えが浄土教の衆生と仏の関係を見事に表しているからであろう。

ともあれ吉水時代の親鸞が『浄土論註』を正確に引用していることから、すでに述べたように、法然の門下に入ってすぐに『浄土論註』を読んだのではないか、という私の推測を助けるものではなかろうか。

さて最後に水想観の裏書きに、『浄土論』の偈頌が挙げられる。

又天親の『讃』に云く。彼の世界の相を観に、三界道に勝過せり、究竟して虚空の如し、広大にして辺際無し。此れ即総じて彼の国の地の分量を明す也。

（『定親全』七、註釈篇一、七〇頁）

これは善導が『往生礼讃』において、『浄土論』の清浄功徳と量功徳の偈頌を一つにしたものである。曇鸞は浄土の荘厳功徳の総相として清浄功徳一つを挙げる。しかし親鸞はこの善導の了解に従って、『教行信証』や『入出二門偈』『尊号真像銘文』で、この二つの功徳を浄土の総相とするのである。

さてこのように見てくると、『観経・阿弥陀経集註』の『観無量寿経』の表書きの水想観に『観経疏』から『浄土論』の菩薩荘厳の取意と不虚作住持功徳の偈文が、また裏書きに『浄土論』の大義門功徳の偈文が、さらに『往生礼讃』の善導の五念門の了解が記され、また像観に曇鸞の『浄土論註』の身業功徳の文が、さらに水想観の裏書

きに『観経疏』から清浄功徳と量功徳を一つにした『浄土論』の偈文が引用されている。このうち、天親の偈文と五念門の了解は、すべて善導の『観経疏』と『往生礼讃』の文をそのまま写したものである。しかし、曇鸞の『浄土論註』の文だけは、親鸞が正確に『浄土論註』から引文したものであることから、吉水門下で親鸞が確かに『浄土論註』を読んでいたという証左になるであろう。

またこのことから思われるのは、法然は『選択集』の中で「三経一論」を指示しながら、『選択集』はもちろんのこと、『往生要集』の講義、「浄土三部経」の講義あるいはそのほかの講義において、もっぱら道綽・善導の教学によっており、『浄土論』『浄土論註』にはほぼ言及されていないということである。『選択集』に『浄土論註』の二道釈が引文されるが、それも道綽の聖浄二門の決判に関しての引文であって、曇鸞の思想そのものを問題にしているわけではない。今まで見てきただけでも、善導の『観経疏』『往生礼讃』には『浄土論』の引文が多数あるにも拘わらず、法然が善導教学に立った講義の中でそれに触れないのは、あえて避けたとしか思えない。

おそらく法然は、聖道門の教学によって浄土の仏道を理解しようとするような門弟たちもすべて抱えながら、浄土宗の独立を果たし遂げなければならなかった。それが時代の要請でもあり、彼が担った責任でもあった。そのため『選択集』では、善導によって選択本願の念仏の法一つを掲げたのである。

それに対して、『無量寿経』による上三祖は、称名念仏というより「聞其名号　信心歓喜」という信心の質を、究極的に問題にしなければならなくなる。それをやれば、信心同一の問答で明らかなように、必ず法然門下が分裂する。法然はそのことのすべてを承知しており、その上で腹に納めた優れた仏者だったのである。彼は片州濁世の極悪深重の衆生を憐愍して、浄土宗を独立させ、苦悩に喘ぐ人びとに何としても念仏を手渡さなければならないと、その責任を一人担った。そのために選択本願の念仏一つを掲げて、あえて信心を問わなかったと考えられる。そのような理由から『浄土論』『浄土論註』の教学を避けたのではなかろうか。

しかし、法然が積み残した問題は、やがて一念多念の問題として顕在化し、門下が分裂して激しい戦いとなっていくのである。一念の異義とは、「その名号を聞いて、信心歓喜し、乃至一念せん」という回心の体験に執着して、一念の念仏で救われると主張することである。これでは体験主義に陥って、仏道がそれ以降の歩みとして継続せず、現実を包めなくなる。それに対して多念の異義とは、一回なら十遍、十遍なら百遍さらには百万遍へというように、念仏が人間の相対的な量の問題に転落し、他力の仏道が人間の努力に変質する問題性を孕むのである。

このように一念多念の問題とは、「順彼仏願故」に立脚した本願の信が生き生きとした絶対の命を失って、人間の相対分別に転落して観念化（一念義）するか、知らないうちに世俗化して外道化（多念義）することに由来する。この問題を責任を持って引き受けようとしたのが、親鸞の『教行信証』ではなかろうか。各巻の標挙に本願文を掲げて全体を本願の論書とするのは、相対的な分別や観念化さらには世俗化として現れる自力の問題性を、本願による明晰な目覚めによって徹底的に破り、それによって浄土真宗という仏道を顕示しようとするためであろう。それらの問題は、詳しくはほかの機会に譲りたい。

ここでは、もう一度われわれの眼を吉水時代の親鸞に戻したい。要するに、親鸞は吉水時代にすでに、道綽・善導を中心とする下四祖の観経教学に徹した法然の講義を聴きながら、そのノートの記述から、浄土教を『無量寿経』と『浄土論』『浄土論註』の視点から問い直そうとする試みを、始めていたのではなかろうか。それだけでも瞠目の思いを持つが、その歩みは、彼の生涯を貫いて進められたのである。

建長八（一二五六）年、親鸞が八十四歳の時に著された『入出二門偈』は、『教行信証』に著されている仏道の質を決定するような意味を持つ大切な偈文であるが、天親、曇鸞、道綽、善導の四人の祖師を讃仰している。しかも、天親の浄土の荘厳功徳を表す所では、「かの世界を観ずるに辺際なし。究竟せること広大にして虚空の如し」と浄土の総相から始まる。その浄土の内景は、「女人根欠二乗の種、安楽浄刹には永く生ぜず。如来浄華の諸の聖衆は、法蔵正覚の華より化生す」と『浄土論』の大義門功徳と眷属功徳の偈文が引かれ、その後に『浄土論註』の解説が付されている。最後に、「かの如来の本願力を観ずるに、凡愚遇うて空しく過ぐる者なし」と浄土の荘厳功徳が、不虚作住持功徳で締められている。

こう見てくると、晩年に書かれた『入出二門偈』の親鸞の浄土の了解は、『観経・阿弥陀経集註』に引かれていた善導の『浄土論』の引用に倣っていることは一目瞭然であろう。ここに吉水門下での親鸞の『浄土論』『浄土論註』の修学が、晩年に至るまで続けられ、『教行信証』や『入出二門偈』として結実していると見ることができるのである。

第三章　『選択集』と『摧邪輪』

一　『摧邪輪』の親鸞への影響

すでに述べたように、日本仏教史上に残る法然の大きな仕事は、これまで寓宗であった浄土宗を聖道門から独立させて、片州濁世の凡夫に大乗の自覚道を広く手渡すことにあった。法然は、四十三歳の時に善導の文によって浄土教に回心し、その後吉水の地でひたすら教化の生涯を送るとともに、浄土宗独立の宣言書として『選択集』を著した。しかし承元の法難の赦免ののちすぐに、（建暦二〈一二一二〉年一月二十五日）八十年の生涯を終えて浄土に還帰した。

その弟子親鸞が、

本師源空世にいでゝ　　弘願の一乗ひろめつゝ
日本一州こと〴〵く　　浄土の機縁あらはれぬ
智慧光のちからより　　本師源空あらはれて
浄土真宗をひらきつゝ　　選択本願のべたまふ
（『定親全』二、和讃篇、一二七頁）

と和讃するように、法然は、流転輪回をかさねる凡夫に選択本願の念仏一つを捧げて、ひたすら弘願一乗の智慧海に目覚めることを勧めたのである。それは、これまで比叡山や高野山や奈良を中心とする、天皇家や公家などの貴族のものであった仏教を、市井の庶民に開放したという意味を持つ。これを親鸞は、釈尊が『無量寿経』で群萌を救うために本願の教えを説いたように、日本全体に浄土真宗を弘めた大悲のお仕事であったと、法然を讃えるのである。

その浄土宗独立の宣言書である『選択集』は、聖道諸宗との思想的な軋轢をおそれて、その巻末に、

庶幾はくは一び高覧を経ての後、壁の底に埋みて、窓の前に遺すこと莫れ。恐らくは破法の人をして、悪道に堕せ令めざらんが為也。（『真聖全』一、九九三〜九九四頁）

と記されている。にも拘わらず、法然が入滅してすぐの九月に平基親の序を付して弟子たちの手によって開版された。そして法然が恐れていたように聖道門の思想的な反発を買い、開版から三箇月もたたない建暦二（一二一二）年十一月二十三日に、華厳宗の明恵房高弁の手によって『於一向専修宗選択集中摧邪輪』（『摧邪輪』）が書かれ、『選択集』が菩提心論を中心とする大きな批判を受けることになる。それは親鸞が四十歳の時であり、ちょうど越後で承元の法難が赦免されたころであった。

親鸞は『教行信証』の後序の記述から窺われるように、承元の法難に連座した弟子の一人として、さらに法然から『選択集』の思想的な課題を託された弟子として、その思想的な責任を担い、群萌の救いのために『教行信証』を書くことになる。流罪が許され、ほどなくして越後から関東に移り住むことになるが、おそらく『教行信証』の構想が始まっていたであろうこの頃、時を同じくして『摧邪輪』が京の都で公にされた。京から遠く隔たってはいても、その噂はすぐに親鸞の耳に届いたであろうし、取り寄せて読みふけったであろうことは、想像に難くない。

『教行信証』「化身土巻」に、

三時教を按れは如来般涅槃の時代を勘に周の第五の主穆王五十一年壬申に当れり其の壬申従我か元仁元年甲申に至まて二千一百八十三歳也、（中略）已に以て・末法に入て六百八十三歳也、（『定親全』一、三一四頁）

と、親鸞が末法に入ってからの年代を計算している。その基点になる年が、「我が元仁元年」と記されていることから、親鸞が五十二歳のこの頃に、『教行信証』の全体の構想が完成していたのではないかと推測されている。

この年は、師法然の十三回忌に当たる年であるが、比叡山から「延暦寺大衆解」と呼ばれる奏状が出され、後堀河天皇の宣旨によって、またも専修念仏が禁止された。承元の法難を引き起こした「興福寺奏状」とこの「延暦寺大衆解」との間には、十八年の歳月が流れていても、その内容はほとんど変わっていない。法然の『選択集』は依然として誤解の渦中にあった。親鸞は、その現状こそが末法のまっただ中であることの証拠と受け取り、この年を末法算定の基点としたのではなかろうか。

はたしてこの三年後の嘉禄三（一二二七）年には、比叡山の学僧・定照が、法然の弟子・隆寛の下に『弾選択』を送りつけた。それに反発して、隆寛が著した『顕選択』の言葉が比叡山の怒りを買い、『選択集』の版木が奪われて山門の講堂の庭で焼き捨てられた。その上、隆寛、成覚、空阿弥陀仏の三名が遠流に処されるという嘉禄の法難が、またも引き起こされたのである。親鸞が五十五歳の時のことであった。

法然在世のころからくすぶり続けていた聖道・浄土の戦いは、『摧邪輪』が書かれたころから、聖道門からは『選択集』の非難書が頻繁に出され、浄土門からはそれへの反駁書が出されて、思想的な戦いとして激化していく。それがやがて、親鸞が五十五歳の時の嘉禄の法難にまで発展していくことになる。その時期はちょうど、親鸞が『教行信証』を構想していく思想的な発酵期から、全体の構想がほぼ完成する醸成期に当たることを考えると、親鸞の『教行信証』に明恵の『摧邪輪』からの影響がないと考える方が不自然ではなかろうか。

しかし、これまでの『教行信証』研究史の中で、親鸞の『教行信証』と明恵の『摧邪輪』との思想的な関連性について詳しく論証したものを、私はほとんど知らない。もちろんいくつかの論文等はあるにしても、それが『教行信証』全体の思想体系の中で、構造的に論じられることはなかった。それはおそらく、江戸時代の偉大な講師であった香月院深励が、

広文類一部は全く『摧邪輪』を会通の為めの製作と云ふ者も有れども。今云く広本は真宗興行の製作で開宗立教の御製作なり。故に広文類一部が彼の破を会通すると云ふ様なる小さい事ではない。一天無二の真宗興隆の御選述なり。（『教行信証講義集成』六、三六九頁）

と言っていることから、それ以降の研究者は、『教行信証』研究の視野から、『摧邪輪』を欠落させたのではなかろうか。もちろん、香月院が言うように、『教行信証』は『摧邪輪』の疑難に直接答えたのではなくて、『法華経』を中心とする大乗の諸宗に対して、『無量寿経』の真理性を公開した本願の論書である。しかし親鸞も時代の課題を生きた人なのだから、『摧邪輪』を無視するのはあまりにも乱暴ではなかろうか。ここでは今まであまり取り上げることがなかった明恵の『摧邪輪』と『選択集』、さらには親鸞の『教行信証』との思想交渉について考えてみたい。

二　『選択集』

『選択集』の表題は、「南無阿弥陀仏　往生之業　念仏為本」と記されており、法然の思想はこの表題に凝集的に著されていることは、すでに述べた通りである。選択本願の行である称名念仏が、一切の衆生を救う絶対の行であ

ると主張する法然の思想は、善導の『観経疏』の一文に依って決定された。法然が回心したと伝えられる善導の文章には、

一心に弥陀の名号を専念して、行住坐臥、時節の久近を問はず、念念に捨てざるは、是を正定の業と名く。彼の仏願に順ずるが故に。

（『真聖全』一、五三八頁）

と説かれている。したがって、法然が救われた称名念仏は、この文による限り「順彼仏願故」という選択本願への絶対の信順がなければ成り立たない。『選択集』は、専修念仏の実践による往生浄土の仏道が掲げられて、大乗仏教の全歴史を本願の念仏一つに帰結させるが、その立脚地こそがこの「順彼仏願故」である。

この文章に触れて回心した法然は、次のように述懐する。

かなしきかな〱、いかゞせん〱。こゝにわがごときは、すでに戒・定・慧の三学のうつは物にあらず、この三学のほかにわが心に相応する法門ありや。わが身にたへたる修行やあると、よろづの智者にもとめ、もろ〱の学者にとぶらふしに、おしふる人もなく、しめすともがらもなし。しかるあひだ、なげき〱経蔵にいり、かなしみ〱聖教にむかひて、てづから身づからひらきて見しに、善導和尚の『観経の疏』にいはく、「一心専念弥陀名号、行住坐臥不問時節久近、念念不捨者、是名正定之業、順彼仏願故」といふ文を見えての ち、われらがごとくの無智の身は、ひとへにこの文をあふぎ、もはらこのことはりをたのみて、念念不捨の称名を修して、決定往生の業因にそなふべし。たゞ善導の遺教を信ずるのみにあらず、又あつく弥陀の弘願に順ぜり。「順彼仏願故」の文ふかくたましゐにそみ、心にとゞめたる也。

（『真聖全』四、六八〇～六八一頁）

「かなしきかなかなしきかな、いかがせんいかがせん」という法然の悲痛な叫びから始まるこの述懐は、師を求め学者を求めて、仏道が自分の身に頷けることをひたすら願ったがそれが叶わず、善導の「一心専念弥陀名号」の教

えに遇って、ついに戒・定・慧の器ではない「われらがごとくの無智の身」が決定されたことが述べられている。それは、人間の自力で人間を救うことはありえないという、自力無効の目覚めである。であればこそ、阿弥陀如来の方から選択された称名念仏によるほかに、無智の身の救いはない。「「順彼仏願故」の文ふかくたましいにそみ、心にとどめたる也」と言うように、法然は選択本願の念仏によって往生浄土の仏道に立ち、本願に住持された広大無辺際の世界に目が開かれたのである。

このように、法然の言う「順彼仏願故」という信念は、彼がいみじくも述懐している通り、学者の学問や聖道門の修学の中にはない。人間の分別や学問、さらには人間の努力の延長に「帰本願」があるのではないからである。法然・親鸞の回心を窺っても、真実教に遇うという懺悔の実験によって体得するほかに、わかりようがないのである。最近は、回心の体験性を問題視し、回心の体験を無視した親鸞研究が横行しているが、親鸞や法然は体験としての回心を主張しているのではない。その体験を引き起こす根源的な阿弥陀如来の本願の道理を根拠にして、一切衆生が救われる仏道を明らかにしようとしたのである。体験はどこまでも個人の制約を逃れることはできまい。しかし、その体験の深い道理を、『無量寿経』の釈尊の経説である本願の成就に教えられ、その本願の成就に立って、いつでもどこでも誰にでも実現する本願の仏道の普遍性を明らかにしたのである。したがって、回心の体験がわからないということは、阿弥陀如来の本願に対する実感がないために、本願と言っても結局は人間の分別に転落して、その仏道了解が観念化することになるであろう。

さて、法然の在世時から、浄土門への批判はすでに始まっていた。明恵の『摧邪輪』に代表される聖道門の発想は、自力の分別に立つ現代の知識人にも共通するものである。要するに、阿弥陀の本願がわからないということは、無意識の人間肯定に立って、何事も理想主義の夢に向かうことになる。人間の自力への信頼が切れない努力主義、向上主義、理想主義は人間である以上、誰もが持つ運命的なものであろうが、それは現実の自己と世界とを包むことができずに、いつも事実と乖離する。事実と夢の隙間は、必ず空しいニヒリズムを引き起こす。なぜならそのすべてが、自力の分別が作り出す幻影にすぎないからである。

法然や親鸞は、自力の分別が作り出す幻影が、本願の智慧に破られて分別以前の事実そのものに引き戻された。だからこそ、事実を事実として生きられない人間の愚かさが却って知らされて、「煩悩具足の凡夫、火宅無常の世界は、よろずのこと、みなもって、そらごとたわごと、まことあることなき」と、無明存在であることを表明した。その自己の名告りを、法然は「愚痴の法然房」と言い、親鸞は「愚禿」と名告ったのである。

法然はそのような愚の立場から、大乗の智慧を実現する絶対の行として選択本願の念仏を顕揚する。それが『選択集』である。『選択集』は全体が十六章から成っているが、巻末には、「仍て今、慭に念仏の要文を集め、剰へ念仏の要義を述ぶ」と述べられる。そして各章には、依り所とする経・論・釈から念仏に関する要文が引用され、それをもとに私釈が加えられている。したがって全体は、釈尊の経典や先覚の論釈にその典拠があることを明記して、当時の仏教界に慎重な姿勢を示しながら、念仏の要義を述べるのである。

その体裁は十六章それぞれに標章が立てられ、次に要文が挙げられて、私釈が加えられる。その論述の次第は、すべてに共通である。煩瑣ではあるが全体が見渡せるように、各章の標章と経・釈とを挙げてみたい。その際、章題は存覚の『選択註解鈔』(『真聖全』五)に依ることにする。

第一章　教相章

道綽禅師、聖道・浄土の二門を立てて聖道を捨てて正しく浄土に帰するの文

『安楽集』

第二章　二行章
善導和尚、正雑二行を立てて、雑行を捨て正行に帰するの文
『観経疏』（「散善義」）、『往生礼讃』

第三章　本願章
弥陀如来、余行を以て往生の本願と為したまわず、唯念仏を以て往生の本願と為したまえるの文
『大経』『観念法門』『往生礼讃』

第四章　三輩章
三輩念仏往生の文
『大経』『観念法門』『往生礼讃』

第五章　利益章
念仏利益の文
『大経』『往生礼讃』

第六章　特留章
末法万年の後、余行悉く滅して特に念仏を止めたまうの文
『大経』

第七章　摂取章
弥陀の光明、余行の者を照らさずして、唯念仏の行者を摂取したまうの文
『観経』『観経疏』（「定善義」）、『観念法門』

第八章　三心章
念仏の行者、必ず三心を具すべきの文
『観経』『観経疏』（「散善義」）、『往生礼讃』

第九章　四修章
念仏の行者、四修の法を行用すべきの文
『往生礼讃』『西方要決』（慈恩）

第十章　化讃章
弥陀の化仏来迎のとき、聞経の善を讃歎せずして、唯念仏の行を讃歎するの文
『観経』『観経疏』（「散善義」）

第十一章　讃嘆章
雑善に約対して念仏を讃歎するの文
『観経』『観経疏』（「散善義」）

第十二章　念仏付属章
釈尊定散の諸行を付属したまわず、唯念仏を以て阿難に付属したまうの文
『観経』『観経疏』（「散善義」）

第十三章　多善根章
念仏を以て多善根と為し、雑善を以て小善根と為るの文
『阿弥陀経』『法事讃』

第十四章　証誠章
　六方恒沙の諸仏、余行を証誠せず、唯念仏を証誠したまうの文
　『阿弥陀経』『観念法門』『往生礼讃』『観経疏』(「散善義」)、『法事讃』『五会法事讃』(法照)

第十五章　護念章
　六方の諸仏、念仏の行者を護念したまうの文
　『阿弥陀経』『観念法門』『往生礼讃』

第十六章　名号付属章
　釈迦如来、弥陀の名号を以て、慇懃に舎利弗等に付属したまうの文
　『阿弥陀経』『法事讃』

『選択集』の全体は、以上のように構成されている。

法然は第一章の教相章で、

　初に正しく往生浄土を明すの教といふは、三経一論是也。三経といふは、一には『無量寿経』、二には『観無量寿経』、三には『阿弥陀経』也。一論といふは、天親の『往生論』是也。或は此の三経を指して、浄土の三部経と号す也。（『真聖全』一、九三一頁）

と言うように、全体を一瞥してすぐわかることは、浄土の三部経に依りながら書かれていることである。ちなみに、第一章～第六章までの六章は『無量寿経』に依り、第七章～第十二章までの六章は『観無量寿経』に依り、第十三章～第十六章までの四章は『阿弥陀経』に依って論を進めている。もっとも第一章の教相章と第二章の二行章は全体の総章という意味を持つ所で、第一章では道綽の『安楽集』に依りながら、聖道の仏教に選んで浄土の一門を立

て、第二章では善導の就行立信の文によって念仏の一行を立てて、浄土宗の立教開宗を宣言している箇所である。この二章が『無量寿経』のみに依ると見ることはできないかもしれないが、いずれにしても『選択集』全体は、この浄土の三部経に依っており、それぞれの経典が十回以上にわたって引用されている。

さらに気づくことは、全体が善導の釈書で埋められていて、その引文が二十回以上、そのほか道綽、法照、慈恩などとなっている。それは、法然自身が『選択集』の中で、

善導和尚は、偏に浄土を以て、而も宗と為して聖道を以て宗と為さず。故に偏に善導一師に依る也。

（『真聖全』一、九九〇頁）

と言い、さらに、

是於貧道、昔茲の典（善導の『観経疏』）を披閲して粗〻素意を識り、立どころに余行を舍て〻云に念仏に帰しぬ。

（『真聖全』一、九九三頁）

と、善導一師の教えによって、自力の混ざった余行を廃して選択本願の念仏一つを立てる、と言うように、『選択集』は廃立という方法によって著された。それは法然の、学問としての仏教の帰結ではなくて、「立ちどころに余行を捨てて、ここに念仏に帰しぬ」という実践実験の仏道として、浄土宗の独立を宣言したのである。

したがって『選択集』全体は、まず法然の実存を賭けた教相判釈によって浄土宗を立て、余行を捨て本願の念仏一行を選び取り、その絶対性を主張する。さらに、本願の念仏に頷くことができる衆生の機根に言及して、善根薄少の火宅を出ることのない凡夫であると言う。さらにその凡夫が、念仏を実践するにはどうすればよいか、その根拠となる経釈を詳細に確かめている。最後に選択本願の念仏の功徳と、阿弥陀如来の本願の功徳によって、諸法が滅尽したのちも、仏道の無量寿のいのちを伝え続けることが述べられている。

このように『選択集』の全体は、廃立という方法によって浄土宗の独立を宣言し、選択本願の念仏こそが、末代の凡夫の唯一つの救いを実現する法であることを論証した書である。ここではその内容については、これ以上論究せずに、のちに『摧邪輪』との関係を通して詳しく尋ねてみたい。

三　『摧邪輪』の批判点

この『選択集』に対して激しい反駁を加え、聖道・浄土の長い思想戦の発端となって、親鸞の『教行信証』に大きな影響を与えるのが、明恵の『摧邪輪』である。初めに少し概観してみたい。

承元の法難を誘発した「興福寺奏状」は、解脱房貞慶が起草したことは、第一章ですでに述べた。明恵（一一七三～一二三二）と貞慶（一一五五～一二一三）とは平安仏教の最後の優れた学僧と言ってもよいであろう。『摧邪輪』を書いた明恵は親鸞と同じ歳で、幼くして高野山で学び、華厳宗復興の志を立てて東大寺に入った。建永元（一二〇六）年、後鳥羽上皇から栂尾の地を賜ると、華厳宗興隆の道場として高山寺を開創した。彼の学力と学識の深さは群を抜き優れていて、『選択集』が開版されたのち、二箇月あまりで（建暦二年十一月二十三日）、『摧邪輪』上・中・下の三巻を書き上げるが、そのちょうど七箇月後の建暦三年六月二十二日には、『摧邪輪荘厳記』一巻を書いて、『選択集』に徹底的に反駁を加えるのである。

『摧邪輪荘厳記』の劈頭に、明恵自身が『選択集』の問題点をすべて整理しているように、『摧邪輪』は十三の失を挙げ『摧邪輪荘厳記』は三つの失を挙げ、両書で都合十六種の過失を挙げて法然を批判する。『摧邪輪』の十三の失と明恵が主張するものは、一には菩提心を以て往生極楽の行と為ざる過、二には弥陀の本願の中に菩提心無しと云う過、三には菩提心を以て有上小利と為る過、四には『双観経』に菩提心を説かず、幷びに弥陀一教止住の時に菩提心無しと云う過、五には菩提心は念仏を抑うと云う過、六には聖道門を以て群賊に譬うる過、七には群賊の譬えの中に於て自らの過失を隠す過、八には浄土に三悪趣有りと云う過、九には浄土従り没して穢土の悪趣に堕すると云う過、十には往生宗の中の観仏三昧と念仏三昧の別体を執する過、十一には「光明遍照」の経文を謬解する過、十二には仏果の一切の功徳は名号の功徳に及ばずと云う過、十三には能立の一宗、成ぜざる過、已上十三種の過失の中に、初めの六過は本『輪』中に大段を立てて之を破す。後の七過は義便に因りて之を散破す。文に臨みて見る可し。

（『浄土宗全』八、七七四頁）

と、五までが菩提心に関する失、六、七が聖道門を群賊悪獣に喩える失、それ以降が浄土の了解についての失、さらに念仏の了解についての失、最後が一宗を立つる失となっている。

また『摧邪輪荘厳記』にはこれに三つの過失を加えて、次のように言う。

今、此の『記』の中に三種を加うというは、謂く、一には摂取不捨の名義を謬解する過、二には念仏を以て本願と名けて『観経』の説・不説を謬解する過、三には十声・十念の義を謬解する過也。此れを加えて十六の過失と為る也。

（同右）

このように、明恵は両書で合わせて十六の項目を立てて『選択集』を批判する。後の『摧邪輪荘厳記』に挙げられた過失は、『観無量寿経』の第九真身観の「念仏衆生摂取不捨」という重要な文を巡る問題点であるが、これはすでに『摧邪輪』で議論されていることの補説である。したがって、『摧邪輪』に挙げる十三失のうち、初めの七過に明恵の批判の中心がある。その焦点をさらに絞れば、彼自身が言うように、

一菩提心を撥去する過失。此の過は処処に言を吐けり。教義倶に分明也

二聖道門を以て群賊に譬うる過失。此の過は、一の言陳の下の意許を勘えて、之を出す。（『浄土宗全』八、六七五頁）

という二失が反駁の核心である。『摧邪輪』の初めの五過が「菩提心を撥去する過失」に関する批判で、次の六、七の過が「聖道門を以て群賊に譬うる過失」に関する批判である。いずれにしても『摧邪輪』と『摧邪輪荘厳記』は、『華厳経』の自力の菩提心に立って、選択本願の他力の仏道を表す『選択集』を批判するのであるから、自力と他力という立脚地の異質性から、その主張はかみ合わずに大きな思想戦へと発展していくことになった。さてこれからは『摧邪輪』の批判を尋ねて、親鸞の『教行信証』へ、どういう影響を与えたかについて考えてみたい。

四　菩提心撥無の過失

まず明恵は「第一に、菩提心を以て往生極楽の行とせざる過」に焦点を定めて、『選択集』第三章本願章の、次の文に注目する。

第十八の念仏往生の願とは、彼の諸仏土の中に於て、或は布施を以て往生の行と為るの土有り、或は持戒を以て往生の行と為るの土有りと云々。忍辱・精進・禅定・般若、之を出す。乃至或は菩提心を以て往生の行と為るの土有り。○即ち今、前の布施持戒乃至孝養父母等の諸行を選捨して、専ら仏号を称するを選取する故に、選択と云う也。（『浄土宗全』八、六七八頁）

最初に明恵は、そもそも仏教において菩提心とはどういう意味かを善導の『観経疏』と元暁の『遊心安楽道』に依って尋ね、「一縁発心、二解発心、三行発心、四体発心」と菩提心が完成されていくには四種の段階があるが、

浄土宗の菩提心はその中の最も初歩的な「縁発心」であると主張する。さらに、道綽の『安楽集』から引文として、

浄土論に拠るに云く、「今発菩提心と言うは正しく是れ願作仏心なり、願作仏心とは即ち是れ度衆生の心なり。度衆生の心とは即ち衆生を摂取して有仏の国土に生ずる心なり」と。今既に浄土に生まれんと願ずるが故に、先ず須く菩提心を発すべき也。

（『浄土宗全』八、六七九頁）

と、『摧邪輪』の中では、ただ一箇所『浄土論註』の引文が出てくる。しかし、この文は『安楽集』からの孫引きであって、源信の『往生要集』の中にもまったくこれと同文が出てくることから、第二章で述べたように、源信も明恵も、『浄土論註』の原文は読んでいないと思われる。

『安楽集』では道綽が、衆生の発菩提心は、菩薩の大菩提心に相応する心であるから、一には自性清浄を知り、二には八万四千の諸波羅蜜を行じ、三には大慈悲心を本として衆生を済度するという、自利利他の三徳を備えていると、説いている。その発菩提心を『浄土論註』では、願作仏心（自利）・度衆生心（利他）と説くという文脈の中で、先の文が引文される。

しかし道綽が引用するこの文は、『浄土論註』では善巧摂化章の文であり、もともとは菩薩の巧方便回向について述べる文章である。したがって、この引文の後に続く回向の名義の方に曇鸞の力点があるが、道綽はそこを引用から落としている。その箇所は『浄土論註』では、次のように述べる。

若人無上菩提心を発ずして、但彼の国土の楽を受こと間無きを聞て、楽の為の故に生を願ずるは亦当に往生を得ざるべき也。是の故に「自身住持の楽を求ず一切衆生の苦を抜かむと欲ふ」と言が故にと。「住持楽」といふは、謂く彼の安楽浄土は、阿弥陀如来の本願力の為に住持せ所れて受楽間無き也。凡そ回向の名義を釈せば、謂く己れが所集の一切の功徳を以て一切衆生に施与して共に仏道に向むるなり。

（『真聖全』一、三三九〜三四〇頁）

この文の意味は明らかなように、まず、自力による為楽願生が否定されている。そして本願力によって浄土に生まれた菩薩が、阿弥陀の住持力によってみずからの功徳を一切衆生に回向して共に仏道に向かえしめるという、本願力回向を示唆している文である。要するに、この前に説かれる願作仏心・度衆生心の箇所は、自力の菩提心ではなく本願力回向の心であると明示していることになる。『安楽集』から孫引きしたために、明恵は後半の回向の名義の文は知らなかった。しかし、本願力回向が『浄土論註』全体の眼目であることから、明恵の引文よりも回向の名義の方に力点があることは、『浄土論註』を精読していればただちにわかることである。

曇鸞の『浄土論註』では、

王舎城所説の『無量寿経』を案ずるに、三輩生の中に行に優劣有と雖も、皆無上菩提の心を発せざるは莫し。

（『真聖全』一、三三九頁）

と言って、願作仏心・度衆生心の文、次に回向の名義の文という次第になっていることから、『無量寿経』の三輩章に説かれる無上菩提心は、本願力回向の心であると決定しているのが、一連の文の曇鸞の意図である。

親鸞は『教行信証』「信巻」で、

横超は斯乃願力回向の信楽是を願作仏心と曰ふ願作仏心即是横の大菩提心なり是を横超の金剛心と名る也

（『定親全』一、一三三頁）

と、他力の信心を「願作仏心」「横の大菩提心」という言葉で明恵に応えながら、彼が『安楽集』から孫引きした「願作仏身・度衆生心」に続く回向の名義までの『浄土論註』の文のすべてを掲げている。ここの親鸞の文脈をよく読むと、明恵が引文した『安楽集』からの「願作仏心・度衆生心」の文を引き受け、『浄土論註』の原意に返しながら、返す刀で明恵の立っている自力を足下から切っている。要するに、親鸞は明恵の言う「願作仏身・度衆生心」は、彼が言うような自力の菩提心ではなくて、阿弥陀如来の本願力回向による「横の大菩提心」（他力）であると言うのである。『浄土論註』に精通していた親鸞ならではの、見事な手法ではなかろうか。

さてふたたび明恵の批判に返ってみよう。この『選択集』の本願章の文に対して、彼が最も批判している核心は、「正しく破する所は第十八の念仏往生の願の中の菩提心を捨つるの文、是なり」（『浄土宗全』八、六八二頁）と言うように、第十八・念仏往生の願が、「専ら仏号を称するを選取する」と法然が主張するところにある。「布施持戒乃至孝養父母等の諸行を選捨」するのみならず、菩提心までも否定して称名念仏一つを立てる法然を「邪言を作す」「大賊なり」と批判する。

その理由を明恵は、

法蔵比丘、「光顔巍巍威神無極」等の頌を説き已りて、世自在王仏に白して言さく。「唯然なり世尊、我れ無上正覚の心を発せり。願わくは仏我が為に広く経法を宣たまえ。我れ当に修行して仏国清浄荘厳無量の妙土を摂取すべし」等と云云。已上『双観経』。此の中に言う所の無上正覚心は即ち是れ菩提心也。（『浄土宗全』八、六八五頁）

と、阿弥陀如来の浄土は、法蔵菩薩の無上正覚心、すなわち、菩提心によって建てられたものであると言い、さらに、

明らかに知んぬ、浄土は因果皆菩提心を体と為す。若し爾らずば、浄土成立す可からず。（同右）

と、法蔵菩薩の菩提心を選捨するのなら浄土そのものが成り立たないではないかと、法然の菩提心廃捨を逆手に取って浄土教の根本義について批判する。

さらに明恵は、次のような重要な発言をする。

是を以て四十八願の中、処処に又「発菩提心」の言有り。汝が引く所の第十八願の中に云く、「至心信楽欲生我国」と云云。明らかに知んぬ、内心は是れ正因也。往生の業は、唯口称に限ること非ざる也。設い深く菩提心の行相を解せん時、至心信楽の文、必ずしも菩提心に非ずと言うと雖も、若し口称の外に内心を取らば、内心を以て正因と為す可し。口称は即ち是れ助業也。内心に於て浅深の差別有り。応に浅を以ては末と為し、深を以ては本と為すべし。其の深きは即ち是れ菩提心なる可き也。然らば菩提心最も浄土の正因と為す可し。

（『浄土宗全』八、六八七頁）

それは概説すれば以下のようになるだろう。

〔念仏が衆生の往生の業となるためには、称名念仏（乃至十念）よりも、その前に説かれている「至心に信楽して我が国に生まれんと欲うて」という衆生の内心（信心）の方が重要である。その意味では、法然が第十八願を「念仏往生の願」と呼ぶが、その深い願意は「至心信楽」が誓われている文である。この内心が伴わない念仏は空念仏となって、往生の業にはならない。したがって、内心こそが往生の正因であって、口称は助業である。念仏を信じる内心を、必ずしも菩提心と言うわけにはいかないが、信心は最も初歩的な縁発心であるから、やがて「一縁発心、二解発心、三行発心、四体発心」と段階を経て、菩薩の菩提心にまで育てられる。したがって『無量寿経』の第十八願に説かれるのは法然の言う称名念仏ではなくて、菩提心こそ浄土の正因とすべきである。〕

この明恵の主張で実に興味深いことは、彼が第十八願を、親鸞に先だってすでに「至心信楽の文」と読んでいることである。親鸞は、この明恵の指摘を受けて、法然のように『観無量寿経』に立って第十八願を「念仏往生の願」と読むのではなく、『無量寿経』の信心の眼で「至心信楽の願」と願名を付けたのではなかろうか。

『選択集』は第一願・無三悪趣の願から第四・無有好醜の願までを挙げて、これは浄土に生まれてから得る功徳であるから、衆生が浄土に生まれるために最も大切な第十八・念仏往生の願を王本願として、この一願のみを主張する。善導の「一心専念弥陀名号」の文で回心した法然は、念仏往生の願を「一向専念弥陀仏名」と主張するが、『無量寿経』の本願成就文に立って本願文を読む親鸞は、師の一願建立を本願成就文に従って、第十七・諸仏称名の願を行に、第十八・至心信楽の願を信にと、行信の二つに分けて了解する。法然の「ただ念仏して、弥陀にたすけられまいらすべし」という教えを聞信した親鸞が、本願の伝統を表す諸仏称名の願と、それを信受する至心信楽の願との二つに分けることは、すでに第一章で尋ねた通りである。

行信とは、一般的には宗教心や信心と了解される概念であるが、それを本願の伝統を表す行と、それを領受する己証の信に分けたところに、仏道がそこから溢れ出る礎石としての宗教心の、親鸞独自の了解がある。換言すれば、親鸞の本願の信心とは、どこまでも衆生の実相を明らかにする己証と、それを照らし出す本願の伝統の、二つに開かれている心である。一つは、「教巻」「行巻」の本願の伝統を開き、もう一つは、「信巻」「証巻」「真仏土巻」「化身土巻」の己証を開く心、それが親鸞の主張する宗教心（行信）である。曽我量深が『教行信証』を伝承の巻と己証の巻との二つで了解するのは、そこに理由があると思われる。

その際、至心信楽の願名は、これまでは親鸞が独自に付けた名であると了解されてきた。しかし先の引文でわかるように、明恵が『摧邪輪』で主張する願名をそのまま受けている。さらに、『教行信証』では別序を設け「信巻」を別開して、己証（内心）としての信心を詳細に述べ、しかもその核心は、人間心を内に深く超えた如来の本願力回向の信心にあることを証明するのである。それは親鸞が、明恵の主張する内因としての信をそのまま受けながら、自力（人間心としての内因）と他力（阿弥陀如来の本願力）の違いを浮き彫りにして、浄土真宗なる仏道は如来二種の回向によることを明らかにしたのである。ただし、法然が『三部経釈』（『昭法全』一六三頁）や『十七条御法語』（『昭法全』四六九頁）ですでに「至心信楽」「至心信楽之心」と言及しているので、願名の由来は法然門下の修学に根拠を見ることができるかもしれない。いずれにしても、親鸞の独創でないことは確かであろう。

さて、明恵は本願章の批判を終わるに当たって、みずからの立場を明確にし、善導の『往生礼讃』の文を引いて、次のように言う。

「識颺り神飛びて観成就し難ければ、名字を専称せ令む」と言う。此れは念心を成就せ令めんが為也。引く所の『文珠般若』の文に云く、「即ち念の中に於て、彼の阿弥陀仏及び一切の仏を見ることを得」等とは、称名に由りて必ず念心成就す。此の念の中に於て、仏を見ることを得る也。（中略）然れば則ち元暁の釈の如く、菩提心を以て往生浄土の正因と為る事、両師又共同す可し。更に異義有る可からず。「同発菩提心」等の善導の釈、豈に此の意に非ず耶。能く、能く之を思う可し。

（『浄土宗全』八、六九一～六九二頁）

ここで彼が言うように、善導が称名念仏を唱道するのは念心（内心）を成就するためである。その称名念仏によって観仏三昧を成就するためである。念仏三昧は観仏三昧を目的として勧めるのであるから、善導と元暁の念仏義は同じものであると、善導が自力の観仏三昧の立場に立っていることを主張している。このように明恵は、善導を当時の聖道門の学僧たちに倣って、法然とは違って、観仏三昧を中心とする自力にあると、主張するのである。

このことは、法然が『阿弥陀経釈』の中で、次のように嘆いている通りであろう。

善導所立の往生浄土の宗に於、経論有と雖讃仰するに之人無し、疏書有と雖習学するに之倫無し。是以相承血脈の法に疎く、面授口訣の義に乏し。

（『昭法全』一四六頁）

要するに日本仏教の伝統の中には、自力無効に立って善導を了解する者が一人もいなかったのである。法然の『選択集』が誤解される元は、聖道門の自力の立場で善導の『観経疏』を読もうとする点に極まる。したがって『教行信証』では、『選択集』の誤解の元が『観経疏』の聖道門的立場からの了解にあると見定めて、善導の文を『観経疏』の三心釈を中心に丁寧に当たりながら、『選択集』の誤解の元を正そうとするのである。『教行信証』では、『選択集』はたった二文しか引用されていない。それは当時『選択集』が聖道門に認知されていなかったし、広く認知されていない書を多用して、仏道の真理性を論証することは不可能であるからではなかろうか。『教行信証』で善導の文が多いのは、『選択集』の誤解の元を正すための引文と見るべきであろう。

さて、第二番目に明恵は、「弥陀の本願の中に菩提心なしと言う過を破す」と言って、『選択集』三輩章の文に着目し、法然を批判する。

法然は、「上来定散両門の益を説くと雖も、仏の本願に望むるに、意は衆生をして一向に弥陀仏名を専称せしむるに在り」という善導の文によって『無量寿経』三輩章の文を了解し、次のように主張する。

上輩の中に、菩提心等の余行を説くと雖も、上の本願に望むるに、意は唯衆生をして弥陀仏名を専称せしむるに在り。而も本願の中には更に余行無し、三輩共に上の本願に依るが故に、「一向専念無量寿仏」と云う也。

（『浄土宗全』八、六九二頁）

と、法然は称名念仏一つを標榜する。それに対して、明恵は次のように反駁をする。

此に言う所の「一向専称」とは、菩提心に依りて起こす所の行業也。若し菩提心を離れては、一向専称の義、成ず可からざる也。是の故に、『双観経』に三輩一向専念の義を説く中に、皆菩提心を以て体と為す。即ち『経』に云うが如し。「発菩提心、一向専念無量寿仏」上輩の文也。「当発無上菩提之心、一向専念無量寿仏」中輩の文也。「当発無上菩提之心、一向専意乃至十念念無量寿仏」等と云云。下輩の文也解して曰く。発菩提心、是れ仏道の正因、是れ体声也。専念弥陀は是れ往生の別行、是れ業声也。汝が体を捨てて業を取るは、火を離れて煙を求むるが如し。咲う可し、咲う可し。（『浄土宗全』八、六九二〜六九三頁）

この文でわかるように明恵は、『無量寿経』の三輩章には、上輩、中輩、下輩とすべてに、菩提心を発すと書かれている。「一向専称」とは、菩提心によって成り立つのであって、菩提心を捨てて称名を取るのは、火のない所に煙を求めるような滑稽なことであると、法然を批判する。

さらに明恵は、この『無量寿経』の三輩章はすべて「発菩提心」が誓われている。だから、第十九の願意は「発菩提心、修諸功徳」にあると見抜いて、次のように言う。

然るに本願の中に更に菩提心等の余行無しと言わば、何が故ぞ第十九の願に云く、「発菩提心、修諸功徳」等と云云是れ豈に本願に非ず乎。（『浄土宗全』八、六九三頁）

と、ここでも彼は、願名をめぐって重要な発言をする。この第十九願は、浄土教では「来迎引接の願」とか「臨終現前の願」と呼ばれる願であるが、ここでは「発菩提心、修諸功徳」と明恵は指摘している。この願名を親鸞はそのまま『教行信証』に採用するが、それは後で改めて言及することにしたい。

『摧邪輪』の明恵の批判の文脈に返ると、この後に『釈浄土群疑論』の第六を引いて、懐感がこの第十九願を引いて中品下生に聖衆来迎を説かないのは、この願に発菩提心が説かれているにも拘わらず菩提心を発さないために、仏の来迎がないと述べる。『薬師経』の中に、同じように来迎がないと説かれるのを、至心発願がない人だからであり、さらに『菩薩処胎経』に「懈慢国の中に生」まれると説かれて来迎を説かないのも、至心発願の人でないからであると言う。つまり、至心発願の人には必ず仏の来迎があると主張し、至心発願の有無が見仏を決定する。それによって法然の菩提心廃捨について反駁するのである。そして、この主張を踏まえて明恵は、解して曰く。此の中に既に「至心発願」を以て判じて大菩提心の行人と為す。明らかに知んぬ、「至心信楽」の言は専ら大菩提心を以て、先と為す可し。『双観経』の三輩皆菩提心を以て、往生の正因と為る事、解釈又顕然也。若し爾らば本願に非ずと云い、余行の名を立つる甚だ以て不可也。（『浄土宗全』八、六九四頁）

と、第十九願に「至心発願」が誓われるのは、三輩章が大菩提心の行人を指すからであると言うのである。そして第十八願に「至心信楽」が誓われるのは、阿弥陀仏の本願は菩提心を第一とするからであると述べる。明恵がここで第十八願を持ってくるのは、当然、本願成就文の「乃至一念」とこの三輩章の下輩の「乃至一念」の語を、法然が称名念仏と主張するのに対して、そうではなくこの「乃至一念」はどちらも菩提心を表すと反駁しているからである。

法然がこの三輩章の文に注目するのは、今言ったように下輩章に「乃至一念」が説かれるからである。

若し深法を聞きて歓喜信楽して、疑惑を生ぜず、乃至一念、彼の仏を念じて、至誠心を以て、其の国に生れんと願ぜん。此の人終に臨みて、夢のごとくに彼の仏を見たてまつらん、亦往生を得ん。功徳智慧、次で中輩の者の如くならん也。（『真聖全』一、九四八頁）

この「乃至一念」を称名念仏であると主張するのが法然である。それは『無量寿経』の下輩章に相当する『観無量寿経』の下品下生では、「汝、若し念ずるに能わずば、無量寿仏と称すべし」という重要な文があるが、その文と合わせ見て、法然はこの「乃至一念」を、当然、称名念仏と主張する。

しかし明恵は、第十八願の「乃至一念」の了解と同じ論法で、内心としての信心がなければ、法然の念仏は空念仏である。第十八願のところで言っていたように、ここも三輩章の「乃至一念」の語の前にある「歓喜信楽」の方が重要であると主張して、この下輩章でも発菩提心の優位を主張する。明恵は、この三輩章に発菩提心が説かれるのも、それこそが往生の正因だからである。法然の言うように、菩提心を廃捨して称名念仏のみを立てるのは、大いなる誤りであると批判する。

親鸞は「化身土巻」の冒頭で、

謹て化身土を顕さは仏は『無量寿仏観経』の説の如し真身観仏是也、土は『観経』浄土是也、復・『菩薩処胎経』等の説の如し即懈慢界是也、亦『大無量寿経』の説の如し即疑城胎宮是也、（『定親全』一、二六九頁）

と、第十九願、第二十願の浄土として、『菩薩処胎経』の懈慢界や『無量寿経』の疑城胎宮を挙げることから、明恵の『摧邪輪』の、『釈浄土群疑論』や『菩薩処胎経』の議論は当然意識していると思われる。この『釈浄土群疑論』や『菩薩処胎経』の議論は、源信の『往生要集』で取り上げられており、法然の『往生要集』の四回の講義のうち、最も歳の若い時になされた最初の講義では言及されるが、のちの三回の講義では省かれる。さらに法然のそのほかの講義でも、この問題にはほとんど触れられない。第二十願は、浄土門流内の信心の問題であって、法然は浄土宗独立の責任を感じ始めたころから、内部が分裂しかねない問題を避けたのではなかろうか。この第二十願の問題について親鸞は法然門下のころからよく知っていたが、「正信偈」の源信讃で「専雑執心、浅深を判じて、報化二土正しく弁立せり」と詠われることから、法然よりも源信に詳しく教えられたと推測される。

さらに親鸞は、「化身土巻」で、この第十九願の願名について、

既にして悲願有ます修諸功徳の願と名く復臨終現前の願と名く復・現前導生の願と名く復来迎引接の願と名く亦・至心発願の願と名く可き也、（『定親全』一、二六九～二七〇頁）

と言う。第十九願は浄土教では、もともと「臨終現前の願」とか「現前導生の願」、さらには「来迎引接の願」と呼ばれていた。したがって親鸞が言うこれらの願名は、法然から伝統された願名であるが、「修諸功徳」や「至心

発願」は懐感や明恵、さらに浄影寺慧遠などの自力の仏者が使う言葉である。

これまでの『教行信証』の解説書は、「また……と名づくべきなり」と親鸞が書く時には、彼の独創の願名であるとしてきている。したがって「至心発願」は、親鸞独自の願名であると言われてきたが、これまでの論証でわかるように、「至心発願」や「至心信楽」はすでに『摧邪輪』の中で明恵が述べており、親鸞はそれをそのまま引き受けて願名にしたと考えられる。

さらに親鸞は「化身土巻」で、この第十九願について、

此の願成就の文は即三輩の文是也、『観経』の定散九品の文是也、

（『定親全』一、二七一頁）

と、『無量寿経』の三輩章や『観無量寿経』の定散九品の文を、明恵や懐感が言うように第十九願の成就文と受け止めている。その上で第十九願は、確かに修諸功徳や至心発願が誓われるが、それが自力の菩提心だから疑城胎宮（方便化土）に止まると、彼らとはまったく正反対の主張をする。ここに、『摧邪輪』の批判を全面的に引き受けながら、自力の妄執を切り、真実報土に導こうとする親鸞の本願の智慧が輝いていることを思う。

ちなみに『選択集』では、第十八願の成就文にある「乃至一念」と、それに続いて説かれる三輩章の「乃至一念」を、共に称名念仏と読み取るために、第十八・念仏往生の願と第十九願には明確な区別が見られない。念仏往生の願一つを王本願と主張するから、第十九願もそれに包むのである。それに対して、真実の願と方便の願を建て真化を見ているところに、親鸞の思想的な独自性を読み取るべきであると思われる。(1)

さて次に明恵は、第五利益章の文に注目して、「此れより第三に、菩提心を以て有上小利と為る過を破す」と言う。第五利益章において法然は、以下の文を掲げる。

念仏利益の文。

『無量寿経』の下に云わく。「仏弥勒に語りたまわく。其れ彼の仏の名号を聞くことを得ること有りて、歓喜踊躍して乃至一念せん。当に知るべし、此の人は大利を得と為す。則ち是れ無上の功徳を具足するなり。」と。○善導の『礼讃』に云わく。「其れ彼の弥陀仏の名号を聞くことを得ること有りて歓喜して一念に至せば皆彼に生ずることを得ん。」と。（『浄土宗全』八、七〇三～七〇四頁）

一つ目の文は『無量寿経』において、いわゆる弥勒付属の文と呼ばれる箇所である。釈尊が、念仏こそ無上の功徳としての大利を得るから、念仏を修行せよと、弥勒に『無量寿経』を付属する文である。その弥勒付属の一念を、法然は善導の『往生礼讃』の文言によって、称名念仏と決定するのである。明恵はこの文に対して、次のように言う。

決して曰く。引く所の『寿経』幷に『礼讃』に、既に「歓喜踊躍」の言有り。何ぞ菩提心を簡ばん乎。設い委しく菩提心の行相を解せん時、此の文、解発心・行発心等を指すに非ずと雖も、「歓喜踊躍」の文は何ぞ縁発心に非ざらん。倩ら文の意を案ずるに、「乃至一念」を大利と為す。一仏の名号優曇も喩うるに非ざるが故に、「歓喜踊躍」も亦大利と為す。（中略）当に知るべし、此に言う所の一念、大利を成ずる所以は、歓喜踊躍の心に依りて、等起せ所るが故也。彼此和合して語意、倶に勝劣無し。（中略）然るに菩提心を以て有上小利と為し、称名を以て無上大利と為すとは、天を以て地と為す、地を以て天と為す也。何ぞ其れ顚倒せる乎。（『浄土宗全』八、七〇四頁）

明恵の言う意は明らかであろう。これまでと同じように、「歓喜踊躍」は解発心、行発心等のような立派な菩提心ではないが、縁発心であるからやがて堅固な菩薩の菩提心に成長していくのであって、どうして称名念仏を取って菩提心を捨てるのか。「乃至一念」の念仏が大利かどうかは、それこそ「歓喜踊躍」によって決定される。要するに、踊躍歓喜のない念仏など空念仏である。したがって念仏一つを立てて、菩提心を廃捨するなどは、天と地が顚倒するほどの誤りであると主張する。これはすでに述べた第十八願成就文の「乃至一念」の論法と同じ趣旨であることがわかるであろう。ここまでが『摧邪輪』の上巻である。少し煩瑣であるが、続けて中巻の批判も見おきたい。明恵は、『選択集』特留章の文に注目して、「此れより第四、『双観経』に菩提心を説かずと云い、并に弥陀一教止住の時に菩提心なしという過を破す」と言う。

特に彼が注目した文は、『選択集』の以下の文である。

末法万年の後、余行悉く滅して特に念仏を留むるの文。

『無量寿経』下巻に云わく。「当来の世に、経道滅尽せんに、我慈悲を以て哀愍して、特に此の経を留めて、止住せしむること百歳なり。其れ衆生有りて、此の経に値わん者は、意の所願に随いて、皆度することを得可し」。

（『浄土宗全』八、七〇五頁）

この文に続く法然の私釈の意味は、ほぼ次のようである。

〔釈尊が大悲をもって末法万年ののちに『無量寿経』を止住したいと説くのは、究極的には念仏一つを止住したいと説くからである。なぜなら『無量寿経』には菩提心の言葉はあっても、それが行じられる相は説かれていない。ほかの経典には菩提心の行が説かれてはいるが、末法万年にはそれらのすべてが先に滅していて、その時には念仏しか残らないからである。〕

この法然の見解に対して、明恵は次のように反駁する。

決して曰く、汝が知る所の菩提心とは、其の体是れ何物ぞ乎。此の経に四十八願を説く、豈に菩提心に非ず耶。

（中略）此れ菩提心に非ずと言わば、四十八願、其の体是れ何等とか為ん乎。若し弥陀如来の自らの菩提心を説くと雖も、未だ因位の行者の菩提心を説かずと言わば、諸経論の中に菩提心を明すには、過去現在の諸仏菩薩の発心を説きて、凡夫行者に勧進せり。仏仏道同なるが故に。此の外に更に異轍無し。

（『浄土宗全』八、七〇五〜七〇六頁）

この文の明恵の意図は次のようになる。

〔法然が言う阿弥陀如来の本願とは、菩提心ではないのか。阿弥陀の本願が諸仏菩薩を発心させ、凡夫にまで伝わっていくのではないか。本願が菩提心でないのならば、仏道のすべては、消え失せてしまう。本願が菩提心であることを否定して、念仏などありえない。〕

こう明恵は訴えるのである。さらに明恵は、次のように言葉を足す。

良に以みれば、阿弥陀の大願の中に「発菩提心、修諸功徳」等と云えり。若し菩提心無くば、往生浄土の行は立し難からん。此れに依りて弥陀の願力を、増上縁と為て、此の経典を留めて、衆生をして発菩提心を勧め令むる也。

（『浄土宗全』八、七二〇頁）

明恵は、阿弥陀の本願にも第十九願に「発菩提心、修諸功徳」が誓われているのであるから、本願力によって『無量寿経』が法滅時に残ったとしても、あくまで発菩提心のために残るのであると、一貫して菩提心を主張するのである。このようにこれまでと同じように法然の主張とは食い違っている。

次に明恵は、「此れより第五に、菩提心は念仏を抑うと云う過を破す」と言って、『選択集』第十二念仏付属章の文を引用する。

『集』に曰く、釈尊、定散の諸行を付属せずして、唯、念仏を以て、阿難に付属するの文。

『観無量寿経』に云わく。「仏阿難に告げたまわく。汝、好く是の語を持て。是の語を持てとは、即ち是れ無量寿仏の名を持てとなり」と。

同じき経『疏』に云わく。「仏告阿難汝好持是語という従り以下は、正しく弥陀の名号を付属して、遐代に流通することを明かす。上来定散両門の益を説くと雖も、仏の本願を望まんに、意は衆生をして一向に専ら弥陀仏の名を称せしむるに在り」と。（『浄土宗全』八、七二二頁）

法然が念仏一つを付属すると主張するこの文に対して、明恵は非難を重ねていくが、もともと法然は『選択集』の第六特留章に、次のように記している。

是を以て釈迦の慈悲、特に此の経を以て止住すること百歳する也。例せば彼の『観無量寿経』の中に、定散の行を付属せずして、唯孤り念仏の行を付属したまふが如し。是即ち彼の仏願に順ずるが故に、念仏の一行を付属する也。（『真聖全』一、九五五頁）

つまり、同じ『観無量寿経』の念仏付属の文でも、法然が念仏付属を決定する立脚地は「彼の仏願に順ずる」という信念にある。しかし明恵はそこには着目せずに、非難の論を展開していく。それは言うまでもなく、阿弥陀の本願力への無知に起因するが、それは必ず自力の理想主義に立った批判となっていくのである。そして、ここから『無量寿経』と『観無量寿経』の両方にわたる問題に移っていくことになる。

明恵の反論に戻ろう。明恵は表向きには称名念仏を付属しているように見えるが、その実、菩提心の方が重要なのだから、内心（菩提心）と称名の両方が完備した念仏（念仏三昧）を付属していると主張していく。

明恵は、まず称名念仏は定善の行か散善に属する行かを問うて、散善の行であると言う。しかし善導は、称名は念仏三昧であると『観経疏』で言っているが、その理由を明恵は次のように述べる。

念仏三昧の名を立つることとは、是れ定善に名づくる也。然れば称名とは、是れ念仏三昧の加行也。称名の位は是れ散善と為すと雖も、根本に従いて名を立てて、念仏三昧と云う也。是の故に其の根本に従いて之を言えば、定善に摂する也。（『浄土宗全』八、七二二～七二三頁）

明恵は、称名は本来散善であっても、善導が念仏三昧と言っているように、定善の観仏三昧に摂して理解している。要するに、最も重要な観仏三昧に導くために念仏三昧があり、さらにそれに導くために称名念仏がある。だから称名念仏も、念仏三昧・観仏三昧と言って定善に収めると、主張するのである。このことを証明するために、善導の『往生礼讃』等には『文殊般若経』等を引いて称名を定善の加行としていると主張し、また『観無量寿経』の像観、真身観等の称名念仏を念仏三昧と名づけていると言う。そして、

若し善導の解釈の如くならば、口称三昧を以て行と為ん人は、必ず堅固寂静の心を以て本と為す可し。（中略）口称と心念と和合しぬれば、往生浄土の行、決定することを得。此の一心の念仏を以て、善導は決定往生の業と為す。（『浄土宗全』八、七二五頁）

と、口称と心念が和合した一心の念仏こそ念仏三昧であり、それは観仏三昧と矛盾するものではなく、だからこそ決定往生の業となると、聖道門の主張する観仏三昧に善導を引きずり込もうとするのである。ここで繰り返し明恵の主張するように、称名よりも観仏三昧の方が優れた行であるということは、普通に考えれば理解しやすく、人間の常識的発想であると言える。「雑行を棄てて本願に帰す」という回心による本願への帰依がなければ、必ずこのような理想主義的な了解になるのである。これが法然門下以外の、当時の聖道門全体の善導理解であることは、よく腹に入れておかなければならないであろう。

明恵は、もしそうならば、なぜ善導は第十八願の中に称名念仏を先とするのかを問うて、

答う。前に説くが如し、「至心信楽」と言う、即ち是れ真心相応の称名也。汝は亦三心具足の義を許す、爾らば是れ念仏三昧也。若し此の心と相応せずば、念仏三昧の義は成ぜざらん。若し此の義を失して、唯、「持無量寿仏名」の文字を守らば、何が故ぞ『疏』の第一巻に釈して云く、「此の経は観仏三昧を宗と為す、亦念仏三昧を宗と為す」と云云
（『浄土宗全』八、七三一頁）

と答えている。つまり明恵の主張は、第十八願は「至心信楽」が誓われているのだから、信心と離れない念仏は念仏三昧であるというものである。そして、それは観仏三昧と別ではなく、汝（法然）もまた善導の至誠心・深心・回向発願心の三心を具足した念仏を説いているではないか、と主張するが、善導、法然の立脚地となっている深心釈への着眼は皆無である。そうであるから、明恵は『観無量寿経』の三心を自力の菩提心と理解し、さらに第十八願の信心もそれと同じように自力の信心と理解するのである。

さらに、『摧邪輪』の下巻で明恵は、「聖道門を以て群賊に譬うる過失」を問題にするが、そこでは『選択集』の法然の『観無量寿経』の三心についての私釈は、すべて引文から落としている。特に重要な二種深信の、

次に深心とは、謂く深信の心なり。当に知るべし、生死の家には疑を以て所止と為し、涅槃の城には、信を以て能入と為す。故に今二種の信心を建立して、九品の往生を決定する者也。
（『真聖全』一、九六七頁）

という重要な文を、明恵は完全に無視している。だからこそ、法然が三心を具すという三心は、自力の菩提心であると誤解している。したがって当然明恵には自力無効の自覚が決定的に欠落していたと考えられる。法然の主張といつも食い違う決定的な原因は、人間の自力に立つか、自力無効の自覚を通して本願力に立つか、の立脚地の違いであることがよくわかるであろう。明恵が『観無量寿経』の三心釈、特に二種深信を『摧邪輪』に引文しないことから、親鸞は『教行信証』「信巻」で、三心釈に丁寧な読み替えをしながら自力から本願力への転回点として長く

引用するのは、そのためであると思われる。

さて明恵は、三心具足の称名念仏に立つ善導は、『観無量寿経』を一経両宗の経典であると言っている。つまり善導も、念仏三昧と観仏三昧は別ではないと見ていたと、主張する。いかにももっともな議論に聞こえるが、必ずこのような議論の背景に観仏三昧こそが『観無量寿経』の眼目であるという前提があり、それを主張するところに明恵の自力の立場が浮き彫りになっている。さらにそれを補足するかのように、明恵は、

若し観仏を以て念仏と為さば、二名倶に勝劣無し。此の義に依りて、或いは単に観仏を以て念仏と為る有り、或いは単に念仏を以て観仏と為る有り。

（『浄土宗全』八、七三五頁）

と三心（菩提心）が具足していれば、念仏も観仏も同じことであると言う。そして明恵の論は次のように続く。

善導和尚、称名を以て行と為して三昧を発す可き乎。此の理無きが故に、此の『観経』を往生宗に於いて秘要と為す。最も念仏三昧を説く可し。其の三昧とは、即ち像観・真身観等也。（中略）然るに汝が『集』に、観仏を楽うは弥陀の本願に乖き、釈尊の付属に違すと言うは、甚だ以て不可也。既に題に「観無量寿経」と言いて、「念無量寿経」と言わず。爾らば経の題目をして弥陀の本願に相違せ令むる也。

（『浄土宗全』八、七三七頁）

善導が称名念仏を説くのは、念仏三昧こそが眼目だからである。その念仏三昧の核心は、像観・真身観の観仏三昧にある。したがって善導は、観仏三昧を包んで念仏三昧を説き、その二つを内に包みながら称名念仏を説くのである。『観無量寿経』と言って『念無量寿経』と言わないのは、称名念仏に念仏・観仏の両三昧を包むという理由によるからである。このような議論を根拠にして、第五の過に対する結論に導こうとするのである。

その結論を明恵は、次のように言う。

称名を付属するは、即ち念仏三昧を付属する也。若し三昧を付属すと云わば、此の三昧は菩提心を以て体性と為る也。（中略）今、言う所の念仏三昧、菩提心を以て体性と為すと雖も、三昧の位に於いては念心勝用有るが故に、念仏と云う也。

（『浄土宗全』八、七三七〜七三八頁）

『無量寿経』『観無量寿経』ともに釈尊が念仏を付属するのは、阿弥陀如来に遇うという念仏三昧を付属するためであるが、念仏三昧を成り立たせる菩提心、または仏を念じる内心の方を重視して念仏を付属した、と主張する。要するに明恵が言う念仏は、仏を憶念し仏を見る念仏三昧・観仏三昧の念仏であり、善導・法然と伝統されてきた本願の称名念仏とは異質である。

ここまでで、「一 菩提心を撥去する過失」に対する明恵の菩提心批判が五項目にわたって繰り広げられて、『摧邪輪』の中巻が終わる。もう一つの「二 聖道門を以て群賊に譬うる過失」については、『観経疏』の「二河白道の譬」の了解についての批判であって『観無量寿経』の問題であり、それは『摧邪輪』の下巻で取り扱われることになる。したがって明恵の『摧邪輪』は、上巻、中巻とそのほとんどが菩提心論で費やされるが、その批判をよく見ると『選択集』の第三章・本願章、第四章・三輩章、第五章・利益章、第六章・特留章（第十二念仏付属章の文は、特留章と重なっている）の『無量寿経』に依って称名念仏を立てるところに集中している。つまり菩提心論といっても一般的な菩提心論ではなくて、法然の『無量寿経』理解の批判となっていることに注意しなければならない。

親鸞が『無量寿経』を了解する場合は、釈尊と阿難との出遇いを通して「出世本懐」が説かれる上巻の発起序と、下巻の本願成就文を中心に、四十八願の中で特に真仮八願に注目する。下巻の最初には、まず上巻の発起序の出遇いの普遍的な意義を説く本願成就文として、第十一願成就文、第十七願成就文、第十八願成就文の三願の成就文が説かれる。その後には、その出遇いから展開する仏道が、第十九願成就文、第二十二願成就文、さらに別選悲化段を通して、智慧段の第二十願成就文と、下巻はすべて本願の成就文を説きながら展開する。

第一章ですでに述べたように、親鸞の仏道は法然との出遇いに始まる。したがって親鸞は、徹底して『無量寿経』下巻の本願成就文に立脚して『無量寿経』を聞思するのであるが、ただその仏道全体を恵む本願の名号、つまり第十二・光明無量の願、第十三・寿命無量の願の二願については、上巻にその成就文がある。下巻の成就文は、われわれ衆生に実現する仏道が説かれており、上巻の無量寿・無量光の成就文は法の成就であることから、従来のように、「真仏土巻」は「証巻」から開かれてわれわれが本当に往生していく浄土というような、機に引き寄せた理解は、『無量寿経』に則っていないのではなかろうか。『無量寿経』の親鸞の聞思に従うと、「真仏土巻」はすべての巻を成り立たせる扇の要であると理解すべきであると思われる。

さて親鸞は、『無量寿経』の聞思によって、上巻に説かれる第十二、第十三願成就文と、下巻に説かれるすべての成就文に着目して、四十八願の中で真実六願と方便の二願を選び取る。さらにそれぞれの願を標挙に立てながら、『教行信証』を構成していく。「教巻」は願文を挙げないが、『教行信証』全体が『無量寿経』に基づく本願論だから、「大無量寿経　真実の教・浄土真宗」と標挙する。「真実の教」という意味から直接には「教巻」の標挙であるが、「浄土真宗」という意味から『教行信証』全体に掛かる標挙と了解できよう。以下、「行巻」は第十七・諸仏称名の願、「信巻」は第十八・至心信楽の願、「証巻」は第十一・必至滅度の願、第二十二・還相回向の願、「真仏土巻」は第十二、第十三、無量寿・無量光の願、「方便化身土巻」は第十九・至心発願の願、第二十・至心回向の願と標挙するのである。これは完全に『無量寿経』下巻に挙げられる成就文と、上巻の無量寿・無量光の成就文である。要するに、親鸞の『教行信証』は、釈尊と阿難との出遇いを突破口にした『無量寿経』の聞思における、『無量寿経』の本願論という性格を顕著に持っている。それについては、章を改めて詳説し、『教行信証』全体の構成を考えていきたい。

それに対して法然の『無量寿経』理解は、『選択集』で明らかなように、『無量寿経』の「乃至一念」という語に着目して了解しようとしている。まず第三本願章では、王本願としての念仏往生の願を挙げ、その成就文が、

「諸有衆生、其の名号を聞きて、信心歓喜せんこと、乃至一念せん。至心に回向せしめたまへり。彼の国に生れんと願ぜば、即ち往生を得、不退転に住せん」と。（『真聖全』一、九四六頁）

と挙げられる。

さらに第四三輩章では、下輩章の、

仏阿難に告げたまはく。其れ下輩は、十方世界の諸天人民、其れ心を至して彼の国に生れんと欲ふこと有らん。仮使ひ諸の功徳を作すこと能はざれども、当に無上菩提の心を発して、一向に意を専にして、乃至十念、無量寿仏を念じて、其の国に生れんと願ずべし。若し深法を聞きて歓喜信楽して、疑惑を生ぜず、乃至一念、彼の仏を念じて、至誠心を以て、其の国に生れんと願ぜん。此の人終に臨みて、夢のごとくに彼の仏を見たてまつらん、亦往生を得ん。功徳智慧、次で中輩の者の如くならん也。（『真聖全』一、九四八頁）

という文を挙げる。

そして最後の第五利益章では、『無量寿経』流通分で釈尊が弥勒菩薩に念仏を付属する時の、次の文を挙げる。

仏弥勒に語りたまはく。其れ彼の仏の名号を聞くことを得て、歓喜踊躍して、乃至一念せんこと有らん。当に知るべし、此の人は大利を得と為す。則ち是無上の功徳を具足するなりと。（『真聖全』一、九五一～九五二頁）

このように法然の『無量寿経』理解は、王本願の第十八願の成就文と、三輩章の文と、流通分の文の三箇所を挙

げる。なぜなら『無量寿経』のこの三箇所には共通して、「乃至一念」の語が挙げられているからである。法然が、この「乃至一念」の語に注目して『無量寿経』を了解しようとする手法は、何も『選択集』に限ったことではない。たとえば、『三部経大意』（『昭法全』二九頁）、『無量寿経釈』（『昭法全』八七頁）、『御説法事』（『昭法全』二〇三・二一八頁）、『逆修説法』（『昭法全』二六六頁）等の『無量寿経』に関する了解の箇所はすべてこの引文になっている。しかも法然は、ここに引かれる「乃至一念」は、すべて第十八願成就の「乃至一念」と同じものであると読んでいる。

それはたとえば、『三部経大意』の三輩章の箇所では、

第十九ノ臨終現前ノ願成就ノ文也。発菩提心等ノ業ヲシテ三輩ヲワカツト云トモ、往生ノ業ハ通シテ皆一向専念無量寿仏ト云ヘリ。是則彼ノ仏本願ナルカ故也。其仏本願力、聞名欲往生、皆悉到彼国、自致不退転ト云文アリ。

（『昭法全』二九頁）

と述べ、三輩章の文は表向きには第十九願の成就文であるが、「東方偈」の第十八願の成就を表す「自致不退転」の文と並べて引文することから、より根源的な意味は第十八願の成就と見ていることになる。

さらに『無量寿経釈』で、法然は流通の文を次のように述べる。

此の経の三輩の中に助念及び諸行を説き、後に流通の中に、之を廃して唯念仏を明す。其の次第観経に似たり。（中略）善導の釈に云。仏告阿難汝好持是語従已下は、正く弥陀の名号を付属して、遐代に流通することを明す。上来定散両門の益を説くと雖、仏の本願に望れば、意衆生をして一向専ら弥陀仏の名を称しむるに在り。

（『昭法全』九一頁）

『観無量寿経』は機に即して広く定善・散善を説くが、流通分で釈尊が、阿難に「汝好くこの語を持て」と無量寿仏の名を説く。それは、善導が「上よりこのかた定散両門の益を説くといえども、仏の本願の意を望まんには、衆

生をして一向に専ら弥陀仏の名を称せしむるにあり」と言うように、如来の本願は、念仏一つを説くからである、と法然は言うのである。つまり『無量寿経』の三輩章は、『観無量寿経』では上品上生から下品下生に当たり、『観無量寿経』で広く定散・二善の自力の行が説かれるのは、第十八願成就の他力の念仏一つに導くためであると説くのである。このように法然は、『無量寿経』の「乃至一念」を善導によりながら、すべて「一向専称弥陀仏名」と行の一念と読み通すのである。ここに、称名念仏一つで浄土門を独立させようとした法然の独自性と責任がある。

明恵は、広い学識によってこの点を鋭く突いてくる。すでに尋ねたように、本願成就文の「乃至一念」をたとえ念仏と捉えたとしても、因願は「至心に信楽して我が国に生まれんと欲うて、乃至十念せん」と誓い、成就文には「信心歓喜、乃至一念」と説かれているから、「至心信楽」や「信心歓喜」という内心（信心）が押さえられていなければ、法然の言う念仏は空念仏になると批判する。そして、だからこそ念仏よりも菩提心の方が大切だと主張して、第十八願を「至心信楽の文」と言うのである。

さらに明恵は、三輩章の「乃至一念」については、三輩にすべて「発菩提心」が誓われているのだから、これを「専念弥陀仏」と読むのは法然の偏執であると言う。そもそもこの三輩章の因願と考えられる第十九願には、「至心発願」が誓われ、第十八願には、「至心信楽」が誓われると指摘して、「至心信楽」も「至心発願」もどちらも菩提心が誓われているのだから、菩提心を往生の正因とすべきことを主張するのである。

また、最後の弥勒付属の「乃至一念」は、その前に「歓喜踊躍して」という言葉があり、一念の念仏が大きな利益をもたらすのは、歓喜踊躍の心によるからであると明恵は言う。だから往生の正因は、菩提心にあるのであって、念仏を大利とし菩提心を小利とするのは、天と地を逆さまにするようなものであるのに、『選択集』がどうしてそういう顚倒を犯すのかと、明恵は「一向専称弥陀仏名」を主張する法然を、激しく非難する。

親鸞はこの明恵の主張を全面的に受け入れて、第十八願を「至心信楽の願」と読み、第十九願を「至心発願の願」と読む。しかし明恵の言う自力の菩提心に対しては徹底的にそれを認めず、如来回向の他力の信心に大涅槃が証得されると説いて、自力と他力の質の違いを「信巻」で「横の大菩提心」という言葉で明確にする。それによって親鸞は、自力の菩提心に立つ明恵を足下から切るのである。

五　行の一念釈、信の一念釈

私は長年不思議に思っていたことがある。それは『教行信証』の「行巻」「信巻」に共に「行の一念釈」「信の一念釈」が置かれていることである。親鸞は、法然門下の一念多念の争いに責任を感じ、一つには、その課題を解くために『教行信証』が書かれたということがある。にも拘わらず、『教行信証』で最も大切な「行巻」「信巻」に「一念釈」を置けば、親鸞があたかも一念義であるかのように誤解されるのではないか。このような疑問である。長年この疑問が解けなかったが、『摧邪輪』をよく読むとこの疑念が氷解する。明恵は、法然の「乃至一念」を単純な口称の念仏のみで理解しているが、法然の「一心専念弥陀名号」は、自力無効を通した「順彼仏願故」という本願の信心に裏打ちされている。したがって「乃至一念」と言っても、本願の信と離れない称名念仏である。その意味ではこの「乃至一念」は、行信にわたる問題であり、親鸞は明恵の批判に応えるために「行の一念釈」「信の一念釈」を設けたのではなかろうか。少しく『教行信証』で確かめてみたい。

まず、「行巻」で親鸞は、

凡そ往相回向の行信に就いて行に則一念有り亦信に一念有り行の一念と言は謂わく称名の遍数に就て選択易行

の至極を顕開す

（『定親全』一、六八～六九頁）

と述べて、『教行信証』の一念釈は、一念多念の一念ではなくて、行信にわたる「乃至一念」の釈であることを明確にしている。その証拠に「かるがゆえに『大本』に言わく」とこの文を受ける形で、法然が挙げたように『無量寿経』流通分の弥勒付属の「乃至一念」の文を引文する。したがって明恵が問題にしている弥勒付属の「乃至一念」を、親鸞は、行の一念と見ていることになる。そしてその後に、善導の「下至一念」（「散善義」）、「一声一念」（礼讃）、「専心専念」（「散善義」）という語に注目して、智昇の『集諸経礼懺儀』深心釈の文を引文して、次のように言う。

深心は即是真実の信心なり自身是煩悩を具足せる凡夫善根薄少にして三界に流転して火宅を出てずと信知す今弥陀の本弘誓願は名号を称こと下至十声聞等に及ふまて・定て往生を得しむと信知して一念に至に及まて疑心有こと無し故に深心と名くと

（『定親全』一、六九頁）

これは善導の『往生礼讃』の文であるが、あえて『集諸経礼懺儀』からそれを引文している。智昇の深心釈は、善導の言う称名念仏が「下至十声聞等」と説かれて、十声の念仏と聞（聞其名号）の自力無効の信心が離れないと説くのである。もともと善導の『往生礼讃』の深心釈には、この「聞」の一字がない。善導の「下至一念」「一声一念」「専心専念」という言葉は、念仏は信心と離れないことを言うのであるが、それを証明するために、「下至十声聞等」という言葉がある智昇の『集諸経礼懺儀』から、『往生礼讃』の文を引用したのであろう。

親鸞は、その後のご自釈で弥勒付属の一念とこれまでの引文を説明して、次のように述べる。

経に・乃至と言ひ釈に下至と曰へり乃下其の言異なりと雖も其の意・惟一也、復乃至とは・一多包容の言なり大利と言ふは小利に対せるの言なり無上と言は有上に対せるの言也、信に知ぬ大利無上は一乗真実の利益也、小利有上は則是八万四千の仮門也、釈に専心と云へるは即一心なり二心無を形す也、専念と云へるは即一行なり・二行無きことを形す也、今弥勒付嘱の一念は即是一声なり・（中略）則是南無阿弥陀仏也、

（『定親全』一、六九～七〇頁）

この親鸞の引文とご自釈は、明恵が批判している弥勒付属の一念の文が、一心という他力の信心に裏打ちされた行の一念を表す丁寧な了解を示すものである。釈尊が『無量寿経』を弥勒に付属するためには、信心を付属するわけにはいかないから、どこまでも形として表される念仏を付属する。しかし、その念仏は深心と離れないのである（智昇の『集諸経礼懺儀』）。また、「行巻」の展開から言えば、「大利無上は一乗真実の利益なり」と、親鸞の視野の中に、誓願一仏乗が明確に押さえられている。釈尊の教えは、この一乗真実に導く方便であるから、「小利有上はすなわちこれ八万四千の仮門なり」と、本願の仏道以外は、すべて方便（小利）であると言う。親鸞のこの一連の引文と解説をよく読めば、それほど説明しなくても『選択集』と『摧邪輪』の弥勒付属の「乃至一念」の議論が踏まえられていることは、一目瞭然であろう。

さて、智昇の『集諸経礼懺儀』の深心釈の文を、親鸞は「信巻」の善導の三心釈の後にも引用する。同じ智昇の深心釈であっても、「行巻」は「下至十声聞等」の「下至十声」の方に中心があり、「信巻」は「聞」（一心）に中心がある。しかしいずれにしてもこの文は、称名念仏と深心釈が共に説かれることから、行信に関わる文として親鸞は両方に引文する。「信巻」ではより丁寧に、次のように言う。

『貞元の新定釈教の目録』巻第十一に云く『集諸経礼懺儀』下上大唐西崇福寺の沙門智昇の撰也貞元十五年十月廿三日に准へて勘編して入ると云云『懺儀』の上巻は智昇諸経に依て『懺儀』を造る中に『観経』に依ては善導の『礼懺』の日中の時の礼を引けり下巻は比丘善導の集記云云、彼の『懺儀』に依て要文を鈔して云く二は

深心即是真実の信心なり・自身は是煩悩を具足せる凡夫善根薄少にして三界に流転して火宅を出ずと信知す今弥陀の本弘誓願は名号を称すること下至十声聞等に及ふまて・定て・往生を得しむと信知して一念に至に及ふまて疑心有こと無し故に深心と名くと。乃至其れ彼の弥陀仏の名号を聞ことを得こと有て歓喜して一心を至せは皆当に彼に生を得べしと

(『定親全』一、一一三〜一一四頁)

ここでは、唐の円照が編集した『貞元新定釈教目録』に、智昇の『集諸経礼懺儀』上下が、「貞元十五年十月二十三日」、天子の名によって大蔵経に入れられたことが述べられる。そして、善導の『往生礼讃』は、その下巻にすべて収められているので、善導の『往生礼讃』と、『集諸経礼懺儀』の中のそれとは文言に多少の違いがあるが、大蔵経の中の『礼懺』の方が公であり、広く知られているから、その『礼懺』によって『往生礼讃』を引文すると、親鸞は前もって断っているのである。さらに『往生礼讃』を『礼懺』と言い換えて、善導の礼拝・讃嘆はそのまま礼拝・懺悔であり、自力無効の懺悔に裏打ちされた礼讃であると親鸞が見ていることに注意をする必要がある。ちなみに親鸞がこの『集諸経礼懺儀』から『往生礼讃』を引文するのは、先の行の一念釈と、「行巻」の七祖の引文中、善導の十文の引文のうち『往生礼讃』の五文と、「信巻」のこの引文だけであって、行信に関わる引文のみである。後は善導の『往生礼讃』から直接引文する(「化身土巻」の『往生礼讃』の引文に『集諸経礼懺儀』の頭註があるものもあるが、今は本文中の文に限る)。

「行巻」の善導の『往生礼讃』の五文は、まず『文殊般若経』に依り一行三昧とは何かを明らかにして、観仏三昧ではなく称名念仏によって阿弥陀仏と一切仏を見るという文から始まる。この文章は、先に少し触れたが(一四三頁参照)、明恵が、善導が自力の観仏三昧に立つことを主張する際に引用する文である。この文を親鸞は逆手にとって、善導が他力の信心に裏打ちされた称名念仏に立っていることを証明していくのである。だから「弥陀世尊、

もと深重の誓願を発して、光明名号をもって十方を摂化したまう」という文を続けて引き、称名念仏による見仏とは、深広にして涯底なき弥陀の智願海の方から果たし遂げられるとするのである。衆生の往生とは、滅罪と諸仏護念と諸仏の証誠として実現されるが、それらはすべて『無量寿経』では本願成就であるから阿弥陀如来を増上縁として実現される、と説く。そしてこれらの『往生礼讃』の文が、智昇の『集諸経礼懺儀』からの引文であると注意書きがなされるのである。要するにここでの『集諸経礼懺儀』の引用は、直接明恵を意識したものではなかろうか。『摧邪輪』は自力無効の目覚めを無視するから、称名念仏は深心釈と離れないことを明確にするために、善導の『往生礼讃』より自力無効の自覚が詳説されている智昇の『集諸経礼懺儀』から引文したのであろう。

さて、先の「信巻」の『集諸経礼懺儀』の深心釈の引文の意味を明確にするために、「信巻」の親鸞の「信の一念釈」も見ておきたい。

夫真実信楽を按するに信楽に一念有り一念は斯れ信楽開発の時剋の極促を顕し広大難思の慶心を彰す也、

（『定親全』一、一三六～一三七頁）

是を以て『大経』に言はく諸有衆生其の名号を聞て信心歓喜せむこと乃至一念せむ至心回向したまへり彼の国に生と願すれは即往生を得不退転に住せむと

（『定親全』一、一三七頁）

と述べて、

と、「信巻」の方では、第十八の本願成就文を引文している。したがって親鸞は、弥勒付属の文は行の一念、この本願成就文の方は信の一念と見ていることになる。さらにそれに続いて、『無量寿如来会』の成就文と「東方偈」の文、さらに『無量寿如来会』の文が引文される。

又他方仏国の所有の衆生無量寿如来の名号を聞て能く一念の浄信を発して歓喜せむと言へり

又其の仏の本願の力を名聞て往生せむと欲へと言へり
又言仏の聖徳の名を聞くと

（『定親全』一、一三七頁）

この一連の引文でよくわかるように、親鸞は、成就文の「乃至一念」が『無量寿如来会』では「一念浄信」と説かれ、さらに「東方偈」等では「聞」として確認されている。それは先の、『集諸経礼懺儀』の「聞」とそれに続く文の「一心」が念頭にあって、このような引文の次第になったのではなかろうか。さらに「行巻」と同じようにその後、善導の「一心専念」「専心専念」（「散善義」）の語に注目して、次のように自釈する。

然に『経』に聞と言ふは衆生仏願の生起本末を聞て疑心有こと無し是を聞と曰ふ也、信心と言は則ち本願力回向の信心也、歓喜と言は身心の悦予の貌を形す也乃至と言は多少の言摂する也一念と言は信心二心無きか故に一念と曰ふ是を一心と名く一心は則清浄報土の真因也（中略）真実信心即是金剛心なり金剛心即是願作仏心なり願作仏心即是度衆生心なり（中略）是の心即・是大菩提心なり

（『定親全』一、一三八〜一三九頁）

このご自釈の意味はすぐわかるように、「聞其名号　信心歓喜　乃至一念」の本願成就文の解説である。善導の「一心専念」「専心専念」の語に注目しながら「聞」に「疑心有ることなし」という言葉が使われるのは、「無有疑心」が『集諸経礼懺儀』『往生礼讃』の言葉だからであろう。さらに聞は、信の一念であるという解説は、『集諸経礼懺儀』の「下至十声聞等」を受けていることは明らかである。また、「信巻」の智昇の引文の最後は、「かの弥陀仏の名号を聞くことを得ることありて、歓喜して一心を至せば、みな当に彼に生まるることを得べし」となっているが、ここでの一心は『往生礼讃』では一念となっている。その一念となっている『往生礼讃』の文は、『選択集』の念仏利益章に引文されていて、明恵はそれを問題にしているのだから、親鸞はそれを充分承知の上で、智昇の『集諸経礼懺儀』を引き、ご自釈で一念を一心と言い換えているのである。これらのことを考えると、このご自

釈が、智昇の先の『集諸経礼懺儀』の文を、直接受けてなされていることが読み取れる。

さらにその一心が、等覚の金剛心であり、明恵が『浄土論註』から唯一引文する「願作仏心・度衆生心」の文を合わせ引いて、本願力回向の信の一念こそ、内心としての大菩提心であると答えるのである。(2)

このように表向きには、弥勒付属の行の一念と本願成就文の信の一念とは明確に区別ができることから、弥勒付属の方を「行巻」に、本願成就文を「信巻」に配当して一念釈を施している。しかし親鸞は行と信を別のものと捉えていないことから、法然の言う「乃至一念」（行）の根源にはいつも本願成就の信心が働いていることを示している。要するに親鸞は、明恵が法然の「乃至一念」を口称念仏と了解しているが、そうではなく、彼の主張する内心と離れない念仏であると答えたのである。その証明のために、「十声一声聞等」と「一心」とが文中にある『集諸経礼懺儀』を引文したのであろうと思われる。

さて論を元に戻して、菩提心撥無の失についてまとめておきたい。そもそも『摧邪輪』は、法然が『無量寿経』の本願成就文と三輩章の文と弥勒付属の文にある「乃至一念」を、善導の了解によって、すべて称名念仏と読み通したところに、批判の核心があった。その意味では『摧邪輪』は単なる菩提心論というよりも、法然の『無量寿経』理解に対する批判である。確かに明恵が言うように、『無量寿経』は「聞其名号　信心歓喜」と聞名を説いており、称名念仏よりも、信心を説く経典である。『無量寿経』に立つ上三祖の、龍樹は「信方便の易行」を説き、天親は「世尊我一心」を説き、曇鸞は「信仏の因縁」を説くことから、『無量寿経』は信心を説くという明恵の言い分は正しいであろう。したがって明恵は単なる菩提心論を問題としているのではなくて、称名念仏のみを立てて内心（菩提心）を廃捨するのは、法然が口称に囚われた偏執であると非難しているのである。明恵の主張は、『無量寿経』の特質から見ればまったく的はずれではない。しかし『無量寿経』は、明恵の言う自力の菩提心を説くのではなくて、自力無効を潜った他力の信心を説く経典である。その分岐点は『観無量寿経』の三心の深心にある。それは、極論すれば善導を観仏三昧に立った仏者と見るか、称名念仏一つで救われた凡夫の仏者と見るかの違いである。要するに、自力無効の凡夫の自覚がその分かれ目となる。

親鸞は、明恵の第一から第五までの「菩提心を撥去する過失」に、「信巻」の「横の大菩提心」と『浄土論註』の回向の名義の引文を中心にして、本願力回向の信心と応えたのである。それはすでに、第一番目の疑難で述べたので簡単にまとめるが、それが明恵の菩提心論全体に対する総括であると思う。

親鸞は「信巻」三一問答で、衆生の信心は願心の回向成就であることを突き止め、問答の前に引用していた善導の二河白道の譬喩の「能生清浄願往生心」を、三一問答を踏まえて自力とは異質である「能生清浄願心」と読み直し、「金剛の真心を獲得するなり」と喩える。さらに「横超断四流」という善導の言葉を引き、「然るに菩提心について二種あり。一には竪、二には横なり」と言って、

横超は斯乃願力回向の信楽是を願作仏心と曰ふ願作仏心即是横の大菩提心なり是を横超の金剛心と名る也横竪の菩提心其の言一にして其の心異なりと雖入真を正要と為真心を根本と為邪雑を錯と為疑情を失と為る也、欣求浄刹の道俗深く信不具足の金言を了知し永く聞不具足の邪心を離る応き也、（『定親全』一、一三三頁）

と自釈して、竪の自力の菩提心に対して横超の他力の金剛心を大菩提心と主張する。このご自釈の後に、『論註』に曰わく、王舎城所説の『無量寿経』を案ずるに、三輩生の中に行に優劣ありといえども、みな無上菩提の心を発せざるはなし」と言って、願作仏心・度衆生心の文、続いて明恵が読んでいない回向の名義の文を引文する。少し煩瑣にも思えるが、重要な文であるので引文しておきたい。

若し人無上菩提心を発せずして但彼の国土の受楽間無きを聞て楽の為の故に生と願せむ亦当に往生を得ざるべ

き也、是の故に言ふこゝろは自身住持の楽を求めず一切衆生の苦を抜むと欲ふか故にと住持楽は謂く彼の安楽浄土は阿弥陀如来の本願力の為に住持せ所れて受楽間無き也、凡そ回向の名義を釈せは謂く已れか所集の一切の功徳を以て一切衆生に施与したまひて共に仏道に向へしめたまふなりと（『定親全』一、一三四頁）

人間の方からは為楽願生しかないが、それを見抜いた阿弥陀如来の本願力回向の願生心によって、一切衆生を仏道に向かえしめたまうと、他力の無上菩提心を教えている。これによって法然の言う「乃至一念」は、他力の信と離れないものであり、その信心を浄土教では本願力回向の大菩提心というのである、と親鸞は述べているのである。そして、「此れ乃ち具縛の凡愚・屠沽の下類、刹那に超越する成仏の法なり」と、『阿弥陀経義疏』を引文し、さらにその後、先に尋ねた信の一念釈へと展開するのである。

この「信巻」の一連の流れを見ていると、『浄土論註』の文と已証の三一問答を中心にして、明恵の誤解を破ろうとしていることが見えてくる。もちろん、三一問答は親鸞の已証として親鸞教学の核心になる問題だから、これだけの意味に止まらないことは充分承知している。ただ『摧邪輪』との対決という限定を通して真に普遍的なものを明らかにするというのが、仏教の手法であることから、このような一面もあるという問題提起である。

さてここまでが法然の『無量寿経』理解の批判であり、これ以降は『摧邪輪』の下巻にあるが、法然の『観無量寿経』理解を批判する箇所を見ていく。

六 聖道門をもって群賊悪獣に喩える過失

明恵は『選択集』第八三心章を取り上げて、

大文第二に、聖道門を以て群賊に譬うる過失を破せば、此の一の過相は、『集』の一文に就いて、言に陳ぶるの下の意許を勘えて之を出す。其の『集』の文如何。

『集』に曰く、念仏の行者必ず三心を具足す可きの文。（『浄土宗全』八、七五三頁）

と言い、特に、法然の次の言葉に反駁する。

○私に云く、○又此の中に一切の別解・別行・異学・異見等と言うは、是れ聖道門の解行学見を指す也。其の余は即ち是れ浄土門の意なり。文に在りて見る可し。明らかに知りぬ、善導の意、亦此の二門を出でざる也。回向発願心の義、別の釈を俟つ可からず、行者応に之を知るべし。（同右）

と、白道を進む旅人を悪道に喚び返す群賊悪獣（善導の二河白道の譬に説かれる）について、法然は「一切の別解・別行・異学・異見等と言うは、是れ聖道門の解行学見を指す」と断定したことに、明恵は激怒する。要するに法然は、聖道門を群賊悪獣であると断定したのである。明恵はそれを論破するために、『選択集』が取り上げる『観経疏』の文から、「別解・別行」に関する文を丁寧に五箇所拾い上げる。煩瑣になるが、それをすべて挙げてみよう。

①『疏』に云く、「又深心の深信とは、決定して自心を建立して、教に順じて修行して、永く疑錯を除きて、一切の別解・別行・異学・異見・異執の為に之退失傾動せ所れざる也」と。（『浄土宗全』八、七五三〜七五四頁）

②又『疏』に云く、「問うて曰く。凡夫は智浅く、惑障処深し。若し解行不同の人、多く経論を引き来たりて、相好んで難証して、一切の罪障の凡夫、往生することを得ずと云うに逢わば、云何が彼の難を対治して信心を成就して、決定して直ちに進んで怯退を生ぜざらん也」と。（『浄土宗全』八、七五四頁）

③又云く、「一切の異見・異学・別解・別行人等の為に之動乱破壊せられず」等と。（同右）

④又云く、「若し解行不同の邪雑人等有りて、来りて相惑乱を成して、種種の疑難を説きて、往生を得ずと遵わん」等と。(同右)

⑤又火河・水河の喩えを出して合喩する処に云く、「或いは行くこと一分二分するに、群賊等喚び回すと言うは、即ち別解・別行・悪見人等、妄りに見解を説きて迭に相惑乱し、及び自ら罪を造りて退失するに喩うる也」と。(同右)

この五箇所を本にして、彼は次のように言う。

今、此の五処に出す所の「別解・別行人」とは、即ち是れ一人也。其の一人とは、即ち別解・別行の悪見人也。雑して正見人を出すには非ざる也。(中略)是の故に『疏』の一処には「解行不同の邪雑人」と云い、一処には「別解・別行・悪見人等」と云う。余の三処には、「邪悪」の字無しと雖も、一処には「退失傾動」と云い、一処には「不得往生」等と云い、一処には「動乱破壊」等と云うは、即ち是れ邪雑悪見人の所為を出す也。(同右)

明恵の言い分はすぐわかるように、善導が『観経疏』の①③⑤の文で「別解・別行人」と言っているのは、法然が言うようにすべての聖道門を指しているわけではなく、一人を言っているのである。一人とは、④邪雑人・⑤悪見人のみを指すのである。つまり善導の言う「別解・別行人」は、正見の仏者に選んで、特に邪雑人・悪見人を指しているのである。だから邪悪の語がないそのほかの①②③の箇所では、その邪悪によって①「退失傾動」②「不得往生」③「動乱破壊」等の事態になると善導は言っているのであって、「別解・別行人」がすべて聖道門であるなどとは言っていないと、明恵は主張する。善導が「別解・別行・悪見人等」と言うのは、悪見人をその根本としており、「別解・別行」そのものが誤りであると言うわけではない。ただ「別解・別行」の邪説を信じる因によって、悪見等の果を生じる。だから善導は「悪見を指して障碍と」（『浄土宗全』八、七五五頁）しているのである。だから善導がここで言う「別解・別行」とは、悪見人の「邪解、邪行、邪学、邪見」を指しているのである。もしそうでなければ善導は、「一切の顕密二宗を指して群賊」（同前）と言っていることになる。法然が「邪悪能別の言を置かずに」（同前）、つまり、正見と邪悪の区別をせずにすべての聖道門を群賊悪獣に喩えるのは「甚だ以て不可なり」（同前）と明恵は法然を批判する。もし法然の言う通りなら「阿弥陀如来の往生経を除きて以外は、一切の顕密の三宝を以て群賊と為す」（同前）ことになるではないか。それは善導の説と異なるばかりか、「釈尊の怨敵」であると明恵は主張するのである。

この後、明恵は善導の『観経疏』の文をいくつも引用しながら、法然への批判を重ねる。善導は『観経疏』で、仏説以外の菩薩の教えを信じてはいけないと言っているが、それは教について了と不了義を立て、了義教によれと勧めるのであって、菩薩の論をすべて信じてはいけないと決めつけているわけではない。『法華の文句』に、四依の菩薩は如来の使いとして、後世に釈尊の教えを伝えると、述べられている。もしそうでないと言うなら、法然が善導の教えを信ずることもおかしいではないか。だから「解行不同の邪雑人」とは、菩薩全体を指すのではなくて、不了義の「浅教を執する人」を指している。それを善導は悪見人と言っているのであって、別解・別行だからといって、聖道門の正見人を指すわけではないと、明恵は主張するのである。

さらに『十住毘婆沙論』に、声聞・辟支仏（二乗）を超えるために精進して十地を修めよと説かれるが、大乗に立つからこそ二乗の果を問題にすることができる。それと同じように凡夫の仏道を説く浄土教は、聖道円満の法門によって成り立つのである。

況んや浄土門は、是れ大乗教の一門也。若し聖道円満の法門無くば、豈に浄土門の立することを得ん乎。能く

能く之を思う可し。　（『浄土宗全』八、七五七頁）

と、明恵はどこまでも聖道門が本道であり、浄土門はそれがなければ成り立たないと主張するのである。ここまでが①から⑤の善導の『観経疏』の文を、法然が誤解にもとづいて聖道門を群賊悪獣に喩えたと、明恵が論難する趣旨である。

七　みずからの罪を隠す過失

さらに明恵は『観経疏』の⑤の文に注目して、たたみ掛けるように法然を激しく批判する。

彼は、まず次のように言う。

善導の合喩の文中には、自他の障碍を出して群賊の喚び回すに喩えたり。即ち文に云うが如し。「或いは行くこと一分二分するに、群賊等喚び回すと言うは、即ち別解・別行・悪見人等、妄りに見解を説きて迭に相惑乱し、及び自ら罪を造りて退失するに喩うる也」と。文此の中に二句有りて二種の障碍を出す。一には他人の悪見の為に障碍せ被る。文に云うが如し。「別解・別行・悪見人等、妄りに見解を説きて迭に相惑乱」すという、是れ也。二には往生人、自ら罪を造りて罪業の為に障碍せ被る。文に云うが如し。「及び自ら罪を造りて退失す」という、是れ也。行人の自ら罪業を造りて、往生を得ざる。此れ亦群賊に喚び回さ被るが如き也。「及び」の言は即ち相違の釈也。上は即ち他、下は即ち自、即ち自他相違の義也。　（同右）

善導が、二河譬で言う「群賊等喚び回す」に、二つの意味がある。一には「別解・別行・悪見人等」の他人に喚び回されること、二には「及び」という語が示すように、自分の内面の罪を指して、喚び回すと喩えている。「及び」とは、他人「及び」自分と、自他を分ける言葉である。にも拘わらず法然は、「及び」という言葉を無視して、別解・別行のみを取り上げ聖道門にすべての罪をなすりつけて、みずからの罪を隠すつもりか。それはあまりにも無智であり、そんな者がなぜ『選択集』を書くのか。念仏者を統率してその罪を隠すつもりなら偏頗の過失であり、善導の説とも異なる。法然は念仏者の導師どころか悪知識であるから、一切の念仏者は、法然から離れるべきであると激しくなじる。さらにそれに続けて善導の文を挙げ、

「深信とは、仰ぎ願わくは一切の行者等、一心に唯、仏語を信じて身命を顧みず決定して依行すべし、仏の捨て遣めたまうをば即ち捨て、仏の行ぜ遣めたまうをば即ち行ずべし、仏の去ら遣めたまう処をば即ち去れ。是れを仏教に随順し、仏意に随順すと為す、是れを仏願に随順すと名く、是れを真仏弟子と名く」と（中略）善導の釈に云うが如し。仏の行ぜ遣むる処とは、専ら大菩提心に在り。汝は之を撥去す。仏の捨て遣むる処、仏の去ら遣むる処、善導の捨て遣むる処、善導の去ら遣むる処、更に一法として汝が断菩提心の邪見に過ぎたるは有る可からず。是の故に善導の解釈を信ぜん人は、先ず汝を捨離す可き也。（『浄土宗全』八、七五八頁）

と、法然を罵る。『十輪』等の諸経典に、大邪見の過を誡めている。法然のような邪見は衆生の悪知識であり、仏法の怨賊であるから、善導を信じる者は決して法然に随ってはならない。善導の三遣三随順の文にある「仏の行ぜ遣むる処」とは、「専ら大菩提心にあ」ると明恵は、断定するのである。しかし言うまでもなく、この三遣三随順の文は善導の深心釈に続く了解を示すものであって、最も重要な点は、自力無効の自覚を通して「仏願に随順す」るというところにある。自力無効がわからなければ、本願がわからない。本願がわからないから三随順を自力の菩提心と捉えざるをえない。ここに明恵の大いなる誤りがある。それを楷《ただ》すかのように、親鸞は『愚禿鈔』で、善導の三遣三随順の文が二種深信の内容であることを、「散善義」に依りながら確認をしている。

さらに明恵は、重ねて次のように言う。

『選択集』に言う所の「一切の別解・別行・異学・異見等とは、是れ聖道門の解行・学見を指す也」とは、五処の別解行の文に於いて、第一番の文を指す也。全く後の群賊に譬うる文を指すに非ず。然るに汝は雑乱して義を取りて此の難破を致す、還りて自狂を成ずるに非ず乎、如何。（同右）

法然が『選択集』で言う「一切の別解・別行・異学・異見等とは、是れ聖道門の解行・学見を指す」という文を百歩譲って認めたとしても、それは先の善導の『観経疏』の①〜⑤の文で言えば、①の文のみに相当する。なぜなら①の文は、『観経』の三心の「教に順じて修行して、永く疑錯を除きて、一切の別解・別行・異学・異見・異執の為に退失傾動せられざるなり」と続くのだから、この文を浄土門に対して聖道門を指すと理解するのなら理解はできる。しかし、そのほかの文で別解・別行と言うのは群賊を指すのだから、①の文と同じように別解・別行が聖道門であると断定し、群賊悪獣と難破するのは、法然の雑乱であり自狂であると明恵は批判する。このように群賊悪獣をめぐっては、まず法然が「及び」という言葉を無視してみずからの罪を隠し、しかもそれをすべて聖道門になすりつけたことに対する怒りであることがわかる。

この後の『摧邪輪』は、これまでの議論を踏まえて、法然が一宗を立てたことについて激しく疑難する。善導は念仏を往生の行としても、それによって別宗を立てたのではない。それにも拘わらず「汝が所立の如きは、唯、浄土三経を以て所依と為し、善導一師を以て高祖と為し、称名を以て宗義と為して、一宗を立つ、甚だ以て不可なり」（『浄土宗全』八、七六三頁）と言う。たとえば、華厳宗や法華宗は、『華厳経』や『法華経』を本としても、釈尊のすべての経典や菩薩の論によって一宗を立てる。一切経・論によらない宗などありえないと、法然を批判する。

さらに、明恵は『選択集』を次のように断罪する。

夫れ、仏の正法は是れ一味にして終に菩提に帰す。汝が邪法は是れ別法にして、菩提心を隔つるが故に、正道に相応せず、終に菩提に到らざらん。仏弟子は是れ一味にして、終に涅槃に帰す。汝が門弟は是れ別衆にして、別解行人を隔つるが故に、終に涅槃に帰せざらん。其の過、豈に破僧罪に同ぜざらん乎。

（『浄土宗全』八、七六四頁）

明恵は、法然とその門弟たちは破僧罪であると論難する。そこには、法然はすでに入滅したにも拘わらず、そののちも称名念仏の教えが燎原の火のように広まることに対して、彼の戸惑いと危機感が浮き彫りになっている。のちの嘉禄の法難で、法然の墓を暴いて死骸に斬りつけることを企てた聖道門の怒りは、死してなお説法し続ける法然への怨《うらみ》であろう。それを明恵は、次のように表現している。

近代の愚童少女等、宗を立て群を成して、口に専修の文を誦して、心に専念の誠無し、上慢を以て心と為し、貢高を以て思と為して、読誦の大乗行人を凌蔑し、秘密真言の持者を軽哢す、其の過幾爾ぞ乎。

（『浄土宗全』八、七六五頁）

「近頃の愚かな女子どもらは、口々に称名して慢心を抱き、真言や天台の大乗の出家者を軽んじて馬鹿にしている、その破法の罪がどれほど重いか」と嘆く。さらにまた、次のようにも言う。

汝が邪言を信ずるに依りて、愚童少女の経巻を廃するは、彼の陂池江河の枯竭するに非ず乎。此の邪法の増長して、国主若し之を信ぜば、大海の正法は即ち滅せん。護法の聖衆は国を捨て、世間に依怙無からん。

（『浄土宗全』八、七六八頁）

「法然の邪法を信じる愚か者どもが大乗の経典を退けるのは、ちょうど正法が滅する時に池や河や泉が枯れるようなものである。もし国王が信ずることになれば、正法は滅尽するであろう。法を護ろうとする者たちは、国を捨て絶対に世間に肩入れしてはならない」と嘆き、彼は焦りを顕わにする。そして最後に、次のように言う。

菩提心を撥去する、已に三蔵の法門に違せり。此の邪印、印せ所るが故に、汝の『集』は是れ仏法に非ず。長老復須く誦習すべからず、亦余の比丘に教うること莫れ、須く捨棄すべき也。

（『浄土宗全』八、七七二頁）

明恵は『選択集』に対して仏法にあらずと嘆き、捨てよと訴えて『摧邪輪』を閉じていくのである。

八　群賊悪獣への親鸞の応答

さて、群賊悪獣の問題に返って親鸞に聞いてみよう。親鸞は『教行信証』「信巻」、三一問答で本願力回向の信心を尋ね終わってから、それを踏まえて前に引文した二河譬を改めて論ずる。そのご自釈では、

真に知ぬ二河の譬喩の中に白道四五寸と言ふは白道は白の言は黒に対する也、白は即是選択摂取の白業往相回向の浄業也黒は即是無明煩悩の黒業二乗人天の雑善也、道の言は路に対せるなり道は則是本願一実の直道大般涅槃無上の大道也、路は則ち是れ・二乗三乗万善諸行の小路也、四五寸と言は衆生の四大五陰に喩ふる也、能生清浄願心と言は金剛の真心を獲得する也、本願力回向の大信海なるか故に破壊す可ずのを金剛の如と喩也、

（『定親全』一、一三〇～一三一頁）

と、「本願一実の直道、大般涅槃無上の大道」の白道に対して、黒は「無明煩悩の黒業、二乗・人天の雑善」「万善諸行の小路」と言う。『教行信証』は三一問答で他力の真実を証明しそれを踏まえて、自力と他力を黒白に対比して説いているのである。

それに対して『愚禿鈔』では衆生の求道の歩みに着目しているために、

白は則ち是れ六度万行定散也、斯れ則ち自力小善の路也。黒は則是れ六趣・四生・二十五有・十二類生黒悪道也
（『定親全』二、漢文篇、九九頁）

と言って、白に自力の小路の仏道を、黒に迷いの黒悪道を、当てている。その白道で自力無効の三定死を通して発遣と招喚の声を聞き、「能生清浄願往生心」という「如来回向の信楽」を発起すると、説かれている。しかし、「四五寸」は『教行信証』『愚禿鈔』とも同じように、「四の言は四大毒蛇に喩うるなり。五の言は五陰悪獣に喩うるなり」と説いて、衆生の罪の重さに喩えている。また『愚禿鈔』で群賊悪獣は、「群賊は別解・別行・異見・異執・悪見・邪心・定散自力の心なり」と、明恵が言うように一応他人の別解・別行と言うが、最後に「定散自力の心なり」と群賊である所以を自力の心と指摘して、明確に明恵の自力の菩提心を批判している。しかし一方で「悪獣は、六根・六識・六塵・五陰・四大なり」と、明恵の「及び自ら罪を造りて退失す」という指摘に従って、親鸞は了解していると言えよう。このような親鸞の説きぶりは、明恵の批判に配慮しながら、しかし自力と他力を明確にして、明恵と法然・親鸞の立脚地の違いを明らかにし、他力の信心にしか大般涅槃道は実現しないことを明確にしていると、見ることができよう。

ここまで尋ねてきてわかるように、第一に、明恵の菩提心撥無の批判は、法然が『無量寿経』の「乃至一念」の箇所を、善導の『観無量寿経』の了解に従ってすべて称名念仏と読むところに批判の中心があった。それは「順彼仏願故」という信念に立って選択本願の念仏を掲げる法然と、自力の立場から観仏三昧を主張する明恵との違いであった。第二に、その誤解の核心は、善導の三心釈、ことに二種深信の無理解と無視とがあった。要するに明恵は『観無量寿経』を、浄影寺慧遠や天台智顗や嘉祥寺吉蔵らの自力に立った『観経疏』の了解によって理解し、善導の『観経疏』をもそれに従って理解していた。それは法然門下と一部の浄土系の仏者を除いて、当時の大多数の考

え方を代弁するものであった。

親鸞はほかの法然門下が採ったように、法然の『選択集』の文を多用して、法然を擁護するという方法を採らなかった。なぜなら法然の『選択集』は、当時の仏教界でまったく認知されていなかったからである。『教行信証』の『選択集』の引文は、総結三選の文と「正信偈」に引文されている深心釈の文の二文のみである。これまでの『摧邪輪』の批判を見てきてよくわかることは、『選択集』を誤解する根源は、善導の『観経疏』を自力の仏道と読むところに起因している。したがって『教行信証』は、明恵が無視した三心釈を中心にして、善導の文に丁寧に読み替えをしながら引文する。善導と曇鸞の引文は『教行信証』の二つの高嶺をなしているが、善導の方は概《おおむ》ね『選択集』の誤解を解くために善導の『観経疏』に返して引文したものと考えられる。曇鸞の方は『教行信証』を書く方法に関わるものと、背骨となる二種回向に関するものと考えられることから、同じ高嶺でも、二師の引文の意図に注意する必要があるのではなかろうか。

さて、今一つ注意をしなければならないことは、親鸞が『選択集』の真実義を明らかにするために書かなければならなかった『教行信証』の方法論に関することである。明恵の菩提心論は単なる菩提心論というよりも、『観無量寿経』に立って『無量寿経』を理解しようとする法然の方法に対する批判であった。明恵の『摧邪輪』の批判を受けて、親鸞が明らかにしなければならなかったのは、法然のように『観無量寿経』に立って称名念仏を明らかにするという方法ではなくて、「浄土三部経」の中でも、特に真実教である『無量寿経』に立って『無量寿経』の真理性を顕揚するという方法である。親鸞の『教行信証』は、『無量寿経』下巻の本願成就文に立って、上巻の因願を推究するという方法を採っている。それは、人間と人の世の愚かさをどこまでも見抜かれながら、如来の大般涅槃に帰っていく仏道である。凡夫であることを一点の誤魔化さずに、本願力によって必ず仏に転成する仏道であり、そこには人間的な一切のものを排除する不宿のはたらきによって、本願の真理性を住持していく仏道である。その全体を成り立たせるものは何と言っても、善導の明確な自力無効の目覚めである。『観無量寿経』を拝読すれば、自力無効に導くための釈尊の大悲の教えであるから、深心釈がいかにも目標のように読めるが、『無量寿経』はそうではない。自力無効の目覚めによって立つことになった本願の仏道が、そこから始まるのである。回心によって始まる本願の仏道を、仏力と願力の相互成就によりながら生涯歩み尽すということの全体が第十八願に包まれて大般涅槃を超証せしめられるということなのである。

『教行信証』を書く親鸞の方法論がいかにも難しく、なぜこんな方法を採らなければならなかったのか、長い間の解けない問いであったが、一つは今まで尋ねたように、『選択集』に対する聖道門の批判に応えるための方法であろう。さらに思われることは、生きた仏道を、解説や分別やアカデミズムを破ってそのまま明らかにするには、人間をはるかに超えた本願の道理に完全に返し切るほかにはなかったのであろう。当時の人びとにわかろうがわかるまいがそれをはるかに超えて、親鸞の思想的な射程距離は長いと思われる。蓮如・清沢満之・曽我量深のような、のちの天才的な人びとにそれを託したのではなかろうか。

ともあれ『教行信証』を書いていく親鸞の方法論は、第一章で言及したように、法然門下での修学、天親・曇鸞の学びに収斂することができよう。法然の思想は『選択集』がすべてであると決めつける学者が多いが、法然の思想は広くて大きい。浄土宗を独立させるために称名念仏一つを立て、第十八願を王本願として、すべてをそれに収斂したものが『選択集』である。法然の思想の全体からすれば、浄土宗独立の大事業を果たすために、一切を承知しながらそれに専中したのであって、『選択集』は法然の思想の先鋭化したものであると理解すべきである。法然そのひとは親鸞が限りなく尊敬したように、本願に生き本願に命を捨てた仏者であった。法然の本願の了解の広さと深さは彼の著作を読めば明らかである。つまり、親鸞が本願論として『教行信証』を書いたのは、要するに法然を見たからである。そこに『教行信証』を書く親鸞の初心がある。そして、その方法論を天親・曇鸞に学んだところに、親鸞の独自性があると思われる。

註

（1）　ただし法然は、『選択集』以外の著作では、第十九願は方便の願と明言している。その意味で『選択集』の方が、法然の思想を称名念仏一つに先鋭化した書である。

（2）　ただし、前述したように、明恵は直接『論註』を読んでいないであろうために『安楽集』からの孫引きであると考えられる。

第四章　『無量寿経』の論書

一　第十八・至心信楽の願成就文

明恵の『摧邪輪』が『選択集』を批判した決定的な理由は、本願に対する無理解に尽きるが、大きな視点で言えば、『選択集』が『観無量寿経』に立って『無量寿経』を了解した点にあった。したがって親鸞の『教行信証』は、『無量寿経』に立ってその真理性を明らかにする責任を担ったのである。しかし親鸞は、『無量寿経』全体を解説したり、説明したりする方法を採らなかった。求道の要求から言っても、第一章で尋ねたように『無量寿経』の仏道は、真実教との出遇いから始まる。その出遇いの体験を通して、帰することになった本願力によって仏道を歩まされるのである。その本願の仏道を説くのが『無量寿経』である。親鸞は求道の体験に即して、「教巻」に、『無量寿経』発起序の釈尊と阿難との出遇いの文を引用するが、その出遇いを中心とする本願のみに着目する。親鸞は、それ以外のところから『無量寿経』を読もうとはしていないと思われる。

まず「教巻」では次のように、阿難が本願の念仏との出遇いの感動を述べる。

今日世尊諸根悦予し姿色清浄にして光顔巍巍とましますこと明なる鏡浄き影表裏に暢るか如し威容顕曜にして超絶したまへること無量なり未た曾て瞻睹せす殊妙なること今の如くましますをは　（『定親全』一、一一頁）

ここでは偉人としての釈尊ではなく、如来の智慧を体現して、無碍光によって阿難の無明の闇を照破した釈尊の智慧を讃える言葉から始まる。阿難はその釈迦如来としての徳を五徳現瑞として讃え、さらに釈尊と去来現の仏仏相念の世界を讃嘆して、「何が故ぞ威神の光、光いまし爾る」と、如来の智慧の由来を問う。要するに阿難は仏説との出遇いの感動の中から、人間の闇を照破した無量光と、去来現を貫く無量寿という本願の名号の本義を問うたのである。それに対して、「諸天の汝を教えて来して仏に問わしむるか、自ら慧見をもって威顔を問えるか」と、釈尊の方から阿難に問いかける。常識では、無量寿・無量光という如来がわかるのは如来しかいない。であれば大乗の菩薩道では八地以上の等覚の金剛心を体現した菩薩でなければ如来の覚りはわからない。未離欲の仏弟子である阿難が、突然釈尊を如来と仰ぐのだから、釈尊の方から阿難の問いを確かめるのである。それに対して阿難は「諸天の来りて我を教える者、あることなけん。自ら所見をもって、この義を問いたてまつるならくのみ」と答えるのである。その答えを確かめた釈尊は、

善哉阿難問へる所甚た快し深き智慧真妙の弁才を発して衆生を愍念せむとして斯の慧義を問へり如来無蓋の大悲を以て三界を矜哀したまふ世に出興する所以は道教を光闡して群萠を拯ひ恵むに真実の利を以てせむと欲してなり
（『定親全』一、二〜三頁）

と、この『無量寿経』こそが、一切の群萠を拯い必ず仏に成るという出世本懐経であることを宣言する。その意味を取って言えば、次のようになるであろう。

〈阿難、あなたの意識には上らないかもしれないけれども、凡夫を代表して世界中の群萠が救われる道を今問うているのです。これまでは仏果としての覚りを得て仏に成る道しか説いてこなかったけれども、今日、阿難の問いによって、初めて世界中の凡夫であっても阿弥陀如来の本願によって仏道に立つ道を説くことができる。この『無

量寿経』こそ、一切衆生が本願の名号によって仏に成るという、出世本懐の経典である。」

この釈尊と阿難との出遇いを発起として『無量寿経』では、仏果の覚りを得る仏道ではなく、一切の衆生を仏にしたいという阿弥陀如来の因の本願を説き、その本願によって一切の凡夫が、必ず仏に成る仏道が、初めて説き出されることになるのである。

『無量寿経』上巻ではその本願の教えが説かれることになるが、まず勝因段では、世自在王仏に遇った国王が、その説法を聞いて「無上正真道の意を発しき。国を棄て、王を捐てて、行じて沙門と作り、号して法蔵と曰いき」と世自在王仏と沙門法蔵との出遇いから説かれる。さらに沙門法蔵は「光顔巍巍　威神無極　如是焔明　無与等者」と、世自在王仏のお顔はヒマラヤのように気高く、そのお姿の崇高さは極まりがなく、その智慧の光は、この世を超え優れた出世間の智慧であると、「嘆仏偈」を詠い、あたかも釈尊と阿難との出遇いの深い意味を教えているかのようである。

沙門法蔵はこの感動を、

願はくは仏、我が為に広く経法を宣べたまへ。我当に修行して仏国を摂取し清浄に無量の妙土を荘厳すべし。我をして世に於て速に正覚を成じ、諸の生死勤苦の本を抜か令めたまへ。（『真聖全』一、七頁）

と述べて、五劫の思惟を通してその願いを四十八願にまで具体化し、それを説く。さらに四十八願が説き終わって、すぐに間髪を入れず、「三誓偈」（「重誓偈」）が説かれる。そこでは、

我建超世願　必至無上道　斯願不満足　誓不成正覚
我於無量劫　不為大施主　普済諸貧苦　誓不成正覚
我至成仏道　名声超十方　究竟靡所聞　誓不成正覚
（『真聖全』一、一三～一四頁）

と、「超世」と「貧苦（凡夫）を救う」と「名声十方に超えん」の三つが重ねて誓われる。「超世」は大乗仏教であればすべての仏道の目標であるから、菩薩の総願として誓われる内容であるが、「凡夫の救い」と「本願の名号による救い」は、阿弥陀如来独自の別願である。おそらく釈尊は、沙門法蔵が四十八願で誓う内容は、この三つに収斂されると教えているのではなかろうか。

憬興はこの『無量寿経』を、

如来広説有二。初広説如来浄土因果即所行所成也。後広顕衆生往生因果即所摂所益也。

（『大正蔵』三七、一四七頁C）

と、上巻の方は法蔵菩薩の五劫思惟と四十八願と、その成就である浄土の荘厳功徳が説かれるために「如来浄土の因果」を説くと言う。それに対して、下巻はその浄土にどうすれば衆生が往生することができるのかという「衆生往生の因果」が説かれると言う。その下巻の最初に、三つの本願成就文が掲げられていることは、すでに述べた通りである。釈尊と阿難との出遇いが三つの本願成就文によって確かめられ、この本願成就文によって初めて本願の仏道に立つこととなるのである。

繰り返すが、下巻の本願成就文ではまず最初に、必至滅度の願成就文が説かれる。

其れ衆生有りて、彼の国に生ずれば、皆悉く正定の聚に住す。所以は何ん。彼の仏国の中には、諸の邪聚及び不定聚無ければなり。

（『真聖全』一、二四頁）

と、釈尊は阿難に、本願の名号に帰した内実を、まず大乗仏教の目標である大般涅槃を超証すべき正定聚に立ったと教える。大般涅槃とは出世間の如来の覚りの智慧海を表すのだから、正定聚に立つとは、「三誓偈」で言えば最初の「超世」を意味する。したがって念仏に帰した第一の感動は、何と言っても世を超えた如来の真実の智慧に遇って、涅槃に至る者になったということである。ここに流転を超えて大乗の仏道に立ったという感動がある。

次に釈尊は阿難に、これまで説いてきたように人間の能力や資質や努力の修行によって覚りを得る道ではなく、本願の名号を説く師の教えを深く信ずることによって正定聚に立つという（仏）道を、次の諸仏称名の願成就文と至心信楽の願成就文で告げる。

それは、次のように教えられている。

十方恒沙の諸仏如来、皆共に無量寿仏の威神功徳、不可思議なるを讃歎したまふ。諸有衆生、其の名号を聞きて、信心歓喜せんこと、乃至一念せん。至心に廻向せしめたまへり。彼の国に生れんと願ぜば、即ち往生を得不退転に住せん。唯五逆と誹謗正法とをば除く。（『真聖全』一、二四頁）

第十七願の成就文は、ガンジス川の砂の数ほどの無量の諸仏たちが、阿難に先立って、阿弥陀如来の威神力がこの世で最も優れていることを讃歎して、念仏に生き念仏に命を捨てて本願の名号を讃えたということが説かれている。次の第十八願の成就文では、その諸仏の称える名号の意味を、明確に聞き取り信心を起こして、生涯、信心に生きる者になると説かれる。そしてその名号も信心も如来の回向によるものだから、本願力回向の信心によって願生すれば、阿弥陀如来の世界は信心に即開かれて、往生を得て正定聚に住すという。ただし、ただ五逆と正法を誹謗する者は除く、と。この二つの成就文には、ほぼこのような意味が託されている。諸仏称名の願成就文は、当然「本願の名号による救い」を表し、至心信楽の願成就文は修行による涅槃の獲得ではなく、凡夫のままで信心によって大涅槃を超証するのだから、「貧苦（凡夫）の救い」を表すのであろう。下巻の最初で、本願による往生浄土の仏道の実現を、釈尊は四十八願のすべてが成就したことを告げるのではなく、第十一・必至滅度の願成就文と第十七・諸仏称名の願成就文と第十八・至心信楽の願成就文の三つの成就文で告げるのは、四十八願は「超世」と「名号による救い」と「貧苦の救い」の三つに収斂されることを説いた「三誓偈」に対応するものではなかろうか。

また先の引文でもわかるように、諸仏称名の願成就文と至心信楽の願成就文とは一連の成就文であり、諸仏の称名を聞き取る衆生の信心が確立しなければ、成就文の全体が成立しない。第十八願成就文の「其の名号を聞いて」とは、諸仏の称える名号なのだから、第十七願の成就文は、第十八願の成就文に収まることになる。さらに必至滅度の願成就文に示される正定聚は、「即得往生　住不退転」のことだから、第十一願成就文も至心信楽の願成就文に収まることになる。だからこの三願の本願成就文は、第十八・至心信楽の願成就文一つにすべてが収まるのだから、『無量寿経』の本願の仏道は、第十八願成就の衆生の信心から始まることになる。「信心を彰して能入とす」と言うように、本願の名号に帰する他力の信心が確立しなければ、『無量寿経』の仏道は始まりようがないし、その仏道の全体は本願成就の教説から、他力の信心一つに収まると言っても過言ではなかろう。必至滅度の願成就文は、必ず大涅槃に至る者になるという正定聚の感動であるが、大涅槃を超証することが、大乗仏教の課題であり、目標である。『無量寿経』下巻のこの三願の成就文は、その意味から言えば、当来する果の大涅槃を説く必至滅度の願成就文から説き出されている。果から始まって第十八願成就文の因の信心に立つ、それが『無量寿経』の仏道の特質である。『論註』が教えるように、「道は通なり。かくの如の因を以てかくの如の果を得しむ、かくの如の果を以てかくの如の因を酬う。因に通じて果に至る、果に通じて因に酬う。故に名て道となす」（『真聖全』一、二八六頁）と、因の信心と果の涅槃とが本願力回向の道理によって相互に成就し合うところに、『無量寿経』の仏道があるのである。

さてこの下巻の最初の成就文で注目すべき点は、釈尊と阿難がそうであったように、また世自在王仏と法蔵菩薩がそうであったように、仏道の成就が師教との出遇いから始まることである。『観無量寿経』は自力無効の目覚め、すなわち、回心に導く経典であるために回心が目標になるが、『無量寿経』はそうではなく、回心によって立った他力の信心が仏道の出発点となる。その意味で真実教との出遇いを、本願の道理に返した仏説、それが本願成就文である。自力無効や回心と言うと、いつしか人間の体験とか経験の中で思い出に転落することになるが、本願の成就を説いた仏説は今の仏道を説くのであり、個人の体験をはるかに超えた本願の深い道理である。したがって本願成就文は、個人の体験を言うのではない。本願の名号に帰すれば、いつの時代に誰に起ころうとも、それは本願の成就という深い道理によって、凡夫を必ず仏道に立たせることになる。親鸞は、この本願成就の仏説によって、法然との出遇いの意味を教えられ、本願の伝統に召されて真仏弟子となったのである。そして人生のどんな場面でも、生涯、この『無量寿経』の本願成就文と因願とに耳を澄ませ、そこに湛えられている無限の仏説の意味を聞き取っていく仏道に立つことになるのである。

その実験の報告書が『教行信証』なのだから、すでに言及したように、親鸞の『教行信証』の思想的な立脚地は、この本願成就文にある。本願の成就がなければ、凡夫が仏説である本願の教説を分別することなどできるはずがない。親鸞はこの三願の成就文に立って、諸仏称名の因願（「行巻」）、至心信楽の因願（「信巻」）、必至滅度の因願（「証巻」）を教えられ、真実の巻の標挙として掲げて、その聞思した確かな実験結果をまとめたもの、それが『教行信証』である。その意味で『教行信証』は、仏説としての本願に相応した無我の書であり、人間の思想や学問とは一線を画した優婆提舎である。

さてここまでのことをまとめておきたい。釈尊と阿難との出遇いを発起として説き出された本願の仏道は、仏果の覚りを獲得するほかの大乗仏教に選んで、阿弥陀如来の果の覚りから説き出されて、因の本願を説く仏教である。一切衆生の成仏を誓う阿弥陀如来の本願は、衆生の能力や資質を問わずに、一切の凡夫を漏らさない。その限り

『無量寿経』の仏道こそ、阿弥陀の方から本願を建て名号一つを選んで（因）、阿弥陀如来の浄土（果）によって一切衆生を救い取るという仏の一人働きであり、仏の命が懸った出世本懐経である。衆生は、本願力によって凡夫のままで必ず仏に成る道に立たされる。その仏道の出発点が師教との出遇いであるが、その深くて広い本願の道理を、『無量寿経』上巻の「三誓偈」に対応して、下巻の最初に、必至滅度の願成就文「超世」、諸仏称名の願成就文「名号による救い」、至心信楽の願成就文「貧苦の救い」の、三願の成就文として説かれていた。この本願の成就は、個人の体験や経験をはるかに超えた仏説である。親鸞はこの成就文に法然との出遇いの意味を教えられ、ここに立って諸仏称名の願・至心信楽の願・必至滅度の願の因願を選び、それを標挙として『教行信証』を書くことになるのである。

下巻の最初に説かれる三つの本願成就文については、清沢満之の伝統に立った曽我量深を初めとする諸先輩が、生きた仏教の立脚地として特に大切にしてきた文である。私もその聞思を教えられ育まれて『教行信証』を拝読し、改めて諸先輩の択法眼の確かさに感銘を覚える。『無量寿経』の本願の仏道は、第十八願成就の他力の信に始まり、すべてはそれに収められる。したがってこの三願の成就のほかに、一切説明する必要がなかったのであろう。しかし私は、『無量寿経』の下巻を繰り返し拝読するうちに、親鸞が『教行信証』で取り上げる本願の成就文がすべて説かれていることに思い至り、『教行信証』は『無量寿経』下巻に立って、上巻の本願文を聞思した『無量寿経』の論書であることを思い知らされた。諸先輩が説明しなかったことに蛇足を加えることを恥じながら、少しく私見を述べてみたい。

二　第十九願、第二十二願の成就文

『無量寿経』下巻では、第十八・至心信楽の願成就文に続けて、三輩の文が説かれる。

仏阿難に告げたまはく。十方世界の諸天人民、其れ心を至して彼の国に生れんと願ずること有らん。凡そ三輩有り。其れ上輩は、家を捨て欲を棄て、沙門と作り、菩提心を発し、一向に専ら無量寿仏を念じ、諸の功徳を修して、彼の国に生れんと願ぜん。（『真聖全』一、二四頁）

と、上輩、中輩、下輩にわたって説かれていく。法然は下輩の「乃至一念」に注目して、本願成就の称名念仏と読むが、明恵が『摧邪輪』でそれに反発し激しい議論になったことは、すでに述べた通りである。法然は『選択集』では、王本願一つを建てるために、この三輩の文と第十八願の成就文との明確な区別はしていない。

それに対して親鸞は、「化身土巻」に第十九願を、

既に而て悲願有ます修諸功徳の願と名く復臨終現前の願と名く復・現前導生の願と名く復来迎引接の願と名く亦・至心発願の願と名く可き也、（中略）

此の願成就の文は即三輩の文是也、『観無量寿経』の定散九品之文是也、（『定親全』一、二六九～二七〇頁）

と言い、この三輩の文を第十九願の成就文と読んでいる。この第十九願について親鸞は、「化身土巻」の標挙に「至心発願の願邪定聚の機双樹林下往生」と、自力の発願と修諸功徳の機と、その証果である臨終往生の双樹林下往生を掲げるから、この三輩の文は自力の成就が説かれていることになる。仏説として第十八・至心信楽の願成就文と隣り合わせに第十九願の成就文が説かれるところに、重要な意味があるように思われる。

「化身土巻」の一つの絶頂をなすいわゆる三願転入では、それまでの三経一異の問答を踏まえて、親鸞の信仰告白がなされるが、それが次のように述べられる。

是を以て・愚禿釈の鸞論主の解義を仰き宗師の勧化に依て久しく万行諸善の仮門を出て永く双樹林下之往生を離る善本徳本の真門に回入して偏へに難思往生の心を発しき然るに今特に方便の真門を出て、選択の願海に転入せり速かに難思往生の心を離れて難思議往生を遂けんと欲ふ果遂の誓良に由有る哉爰に久しく・願海に入て深く・仏恩を知れり至徳を報謝の為に真宗の簡要を摭ふて恒常に不可思議の徳海を称念す弥、、斯を喜愛し特に斯を頂戴する也、（『定親全』一、三〇九頁）

ここでは、双樹林下往生（第十九願の往生）を離れ、難思往生（第二十願の往生）へ回入し、さらに難思議往生（第十八願の往生）に転入し、その往生を遂げんと欲うと告白される。この三願転入の了解は先達によってさまざまであるが、曽我量深は、第十九願から第十八願に転入し、第二十願の課題は転入後の問題であって、それは第十八願と合せ鏡になっていると、立体的な構造で理解する。それは曽我の『無量寿経』の深い読み込みによるのであると思う。

『無量寿経』下巻の成就文は、第十八・至心信楽の願成就文と第十九・至心発願の願成就文とが隣り合わせに説かれている。自力が自力の中にあってそれを自覚できるはずがない。あたかもわかったように言うのは分別であって、明確な目覚めは第十八願の如来の真実功徳による目覚め以外にありえない。求道の実際から言えば、第十八願と第十九願は、法と機の位相の違いは明確であっても、その成就は同時であると思われる。したがって、「雑行を棄てて本願に帰す」という明確な目覚めは、第十九願から第十八願に転入するというほかはないが、その成就が同時であることを『無量寿経』下巻の成就文の次第が、仏説としてよく教えているのではなかろうか。その仏説の実験として、先の了解を述べているのであろう。

さらに言えば第二十願の課題は、人間の意識にのぼらないほど根深い自力の執心の問題であるが、意識にのぼらないものを人間が問題にすることはできない。人生のさまざまな場面で頭をもたげる底なしの執心を見破る智慧は、第十八願成就の如来の智慧だけである。無意識・無涯底の自力の執心は、如来の課題（第二十願の課題）であって人間の課題ではない。したがって第十八願の成就がなければ、無意識の執心を問題にすることさえできないのが人の世の悲しさである。人間の問題は如来だけが問題とすることができるのであって、それを照破し尽して、第十八願を手放しで仰ぐ者にするところに、果遂の誓いの重要な意義がある。そのような立体的な構造を、曽我は第十八願の成就に立って、人間の罪を限りなく教え続ける第二十願を、第十八願と合せ鏡であると表現したのであろう。

のちに問題にするが、この第二十願の成就文は、『無量寿経』正宗分の最後に位置する教説である。煩悩具足のまま仏道に立たされた者（不断煩悩得涅槃）にとって、最後まで残るのが自力の執心である。それを生涯教え続けて、丸ごと第十八願に包み込むところに、果遂の誓いの由がある。回心後になお悩み抜いた清沢満之の求道は、この第二十願の問題であった。『無量寿経』の仏道の眼目がここにあることを見抜いた師の遺言を、弟子の曽我が身をもって証明したものが、この三往生の了解ではないかと思われる。この問題については、三毒五悪段のところで改めて尋ねてみたい。

さてこの三輩の文は、次の文で終わっていく。

仏阿難に告げたまはく。其れ下輩は、十方世界の諸天人民、其れ心を至して彼の国に生れんと欲ふこと有らん。仮使ひ諸の功徳を作すこと能はざれども、当に無上菩提の心を発して、一向に意を専にして、乃至十念、無量寿仏を念じて、其の国に生れんと願ずべし。若し深法を聞きて、歓喜信楽して、疑惑を生ぜず、乃至一念、彼の仏を念じて至誠心を以て、其の国に生れんと願ぜん。此の人終に臨みて、夢のごとくに彼の仏を見たてまつらん、亦往生を得ん。功徳智慧、次で中輩の者の如くならん也。

（『真聖全』一、二五頁）

この下輩の文は、『観無量寿経』の下々品に相当することから、法然が「乃至一念」を称名念仏と読んで明恵の激しい批判を受ける。『選択集』では、称名念仏一つを掲げて第十八願と十九願を明確に区別しないが、法然のそのほかの著作ではそれほど単純ではない。たとえば『三部経大意』では、ここの「乃至一念」が第十八願の念仏と即一つではなくて、次のように言う。

次ニ三輩往生ノ文アリ、是ハ第十九ノ臨終現前ノ願成就ノ文也。発菩提心等ノ業ヲシテ三輩ヲワカツト云トモ、往生ノ業ハ通シテ皆一向専念無量寿仏ト云ヘリ。

（『昭法全』二九頁）

法然はここを「第十九の臨終現前の願成就の文」と明確に読んでおり「発菩提心等の業をして三輩をわかつ」と、自力が説かれていることを明確に認めている。その上で善導の指南によりながら、「往生の業は通して皆一向専念無量寿仏」と言うのである。法然のこのような了解には、善導の要門から弘願への教え、すなわち第十九願から第十八願への転入が、当然背景にある。親鸞はその法然の真意をよく汲み取って、諸行往生を説くこの箇所を、『無量寿経』の第十八願に導く要門と位置づけ、第十九願の成就文と読み取る。そこには、上記のような法然・善導の指南が大きいが、究極的に親鸞は、この『無量寿経』下巻の第十一、十七、十八、十九の成就文の次第を、よく読み込んで要門と決定したのではなかろうか。

この後『無量寿経』は、十方諸仏の称讃を代表して「東方偈」が説かれる。上巻の「三誓偈」が四十八の因願の偈であるのに対して、下巻の「東方偈」は本願成就の偈であり、特にその中でも「其仏本願力　聞名欲往生　皆悉到彼国　自致不退転」の語は、第十八願の成就文として法然も親鸞も重要な文と見ている。

さてこの「東方偈」を説き終わった釈尊は、阿難に次のように説く。

仏阿難に告げたまはく。彼の国の菩薩、皆当に一生補処を究竟すべし。其の本願衆生の為の故に、弘誓の功徳を以て、而も自ら荘厳し、普く一切衆生を度脱せんと欲へるをば除く。

（『真聖全』一、二七頁）

これは、親鸞が『浄土文類聚鈔』でも還相回向の願成就文と読むように、一生補処と還相回向を内容とする第二十二願の成就文である。この成就文の後に説かれる浄土の菩薩の功徳が、易行院法海説によった『真宗聖典』（東本願寺出版部）では「別に聖衆の功徳を嘆ず」と題されて、以下のように科文が切られている。

一、一生補処を明かす。
二、光明不同を明かす。
三、身相具足を明かす。
四、智慧円満を明かす。
五、永く悪趣を離るることを明かす。
六、供仏如意を明かす。
七、聞法供養を明かす。
八、説法仏に順がうことを明かす。
九、摂化心相を明かす。
十、広く二利の徳を嘆ず。

（『真宗聖典』九八〇頁）

すぐにわかるように、最初の一生補処の功徳と並列にほかの九種の浄土の菩薩の功徳が示されている。さらに講録ではそれぞれの功徳に、細かく成就文が配当されて解説される。そうなると浄土の菩薩の十種類の功徳を細かく解説していることになるが、はたしてこの段を親鸞は、そのように読んだのであろうか。

たとえば、「五、永く悪趣を離るることを明かす」という箇所では、文中の最後に、

神通自在にして、常に宿命を識る。他方の五濁悪世に生じ、示現して彼に同ずること、我が国の如くならんを除く也。（『真聖全』一、二八頁）

と、他方の五濁悪世で教化する菩薩は浄土で仏に成ることを除くと、宿命通という場面で、第二十二願の内容を改めて確かめている。次の「六、供仏如意を明かす」でも文中の最後に、

仏を供養し已りて、未だ食せざる之前に、忽然として軽挙して、其の本国に還る。（同右）

と、ほかの国で諸仏を供養し終われば昼食までには浄土に還るという、還相の菩薩の教化が述べられる。

この浄土の菩薩の功徳を説く「供養諸仏の徳」「聞法供養の徳」「説法自在の徳」「自利利他の徳」(1)（法海の科文の六～十）の内容をよく読むと、『浄土論註』菩薩荘厳の「不動応化功徳」「一念遍至功徳」「無余供養功徳」「遍至三宝功徳」(2)と同じ内容が述べられているように思われる。『浄土論』『浄土論註』ではこの菩薩荘厳は、不虚作住持功徳から生まれ出た菩薩の荘厳功徳だからそれを挙げれば切りがないが、主なるものを四種挙げる。しかもそれは、出第五門から教化のために他方の国へ出ていく還相の菩薩の功徳だから、もともと四種の功徳名はない。これと同じように、『無量寿経』でもここは、第二十二願の一生補処と還相回向の菩薩の成就文を総標として、後の九種の浄土の菩薩の功徳は、還相の菩薩が備えている浄土の徳を述べているのではなかろうか。なぜならこれまで尋ねたように、内容的に『浄土論』『浄土論註』の菩薩荘厳に相当する箇所であり、最初に還相の菩薩の成就文が掲げられているからである。よって、それを総標として全体は還相の菩薩の功徳を説いていると考えられるのである。少なくとも、親鸞はそう読まれたのではなかろうか、なぜなら親鸞は、下巻の最初の四つの成就文とこの第二十二願

の成就文と、第二十願の成就文以外は、衆生に働きかける本願成就文と読んでいないからである。

さてこの部分に関してもう一つ注意しなければならないことがある。憬興の指摘によって、下巻は「衆生往生の因果」が説かれると理解されるが、その因と果は、何を指しているのかということである。例えば、第十七・諸仏称名の願成就文と第十八・至心信楽の願成就文を因として、第十一・必至滅度の願成就文と第二十二・還相回向の願成就文を果とする。つまり衆生が浄土に往生して滅度を得ると同時に、還相の果を得る、と見ることもできようが、それは聖道門の自力の仏者の理解であって、親鸞はそうではない。『浄土三経往生文類』で「大経往生」を「念仏往生の願因によりて、必至滅度の願果をうるなり」と定義するように、念仏往生の願を因として、その果は大涅槃の証得であって、還相の菩薩となることではない。

その決定こそが、親鸞の最大の課題であったのではなかろうか。第一章、第二章で述べたように、法然は徹底した凡夫の自覚に徹した仏者であるが、道綽・善導によるために、この還相回向の願についてはどこにも言及していない。親鸞は特に流罪以後、還相回向の願をどう読むかに悩み、『無量寿経』『浄土論』『浄土論註』によって、衆生の往生浄土を根源から支え、それを実現する如来の還相回向と読んでいく。そこに親鸞の『無量寿経』を読み通す択法眼が決定し、『教行信証』の本格的な構想へ向かうことになったと思われる。この還相の菩薩の功徳を讃える最後の教説を、『無量寿経』で確かめてみたい。

専ら法を楽求して、心に厭足無く、常に広説を欲ひて、志疲倦すること無し。法鼓を撃ち、法幢を建て、慧日を曜かし、痴闇を除く。六和敬を修して、常に法施を行ず。志勇精進にして、心退弱せず。（中略）三垢の障を滅し、諸の神通に遊ぶ。因力・縁力・意力・願力・方便の力、常力・善力・定力・慧力・多聞の力、施・戒・忍辱・精進・禅定・智慧の力、正念・正観・諸通明の力、法の如く諸の衆生を調伏する力、是の如き等の力、一切具足せり。身色・相好・功徳・弁才、具足し荘厳して、与に等しき者無し。無量の諸仏を恭敬し供養したてまつりて、常に諸仏の為に、共に称歎せらる。菩薩の諸波羅蜜を究竟し、空・無相・無願三昧、不生・不滅諸の三昧門を修して、声聞・縁覚の地を遠離せり。

（『真聖全』一、三〇頁）

この浄土の菩薩の功徳をまとめた下巻の教説と、法蔵菩薩の兆載永劫の修行を説く上巻の勝行段とを、比べてみたい。勝行段では、次のように説かれている。

不可思議兆載永劫に於て菩薩の無量の徳行を積植し、欲覚・瞋覚・害覚を生ぜず、欲想・瞋想・害想を起さず、色・声・香・味・触・法に著せず。忍力成就して、衆苦を計らず。少欲知足にして、染・恚・痴無し。三昧常寂にして、智慧無碍なり。虚偽・諂曲の心有ること無し。和顔愛語にして、意を先にして承問す。勇猛精進にして、志願倦きこと無し。（中略）自ら六波羅蜜を行じ、人を教へて行ぜ令む。無央数劫に、功を積み徳を累ぬ。其の生処に随ひて、意の所欲に在り。無量の宝蔵、自然に発応し、無数の衆生を教化し安立して、無上正真の道に住せしむ。

（『真聖全』一、一四～一五頁）

よく読むと両方の教説が、まったく同じ内容を説いていることに驚く。親鸞は流罪以後の生活の中から、自分が還相の菩薩になるのではなく、還相の菩薩に法蔵菩薩の兆載永劫の修行を読み取って、如来の還相回向と決着がついたのであろう。

これらのことから思われることは、『無量寿経』下巻の最初に説かれた三つの成就文と第十九願成就文とが衆生における本願の仏道の成就を表しているが、決して衆生の自力によって仏道が成就するのではない、ということである。どこまでも、法蔵菩薩の五劫の思惟と兆載永劫の修行とその成就である浄土によって一切衆生の仏道は成り立つ。したがって親鸞は、『浄土論』『浄土論註』に導かれて、この箇所を衆生が還相の菩薩になるとは読まないで、衆生の仏道を成り立たせる如来の根源力と読んだのである。つまり、出第五門の法蔵菩薩の大還相と読んで、『教行信証』の菩薩にはすべて尊敬語を付し、法蔵菩薩のご苦労と読み切ったのである。もちろんこの大還相は如来回向だから、この如来回向を往・還二種の本願力回向に開いたところに親鸞独自の回向論の発揮がある。

三　悲化段の教説

さて『無量寿経』下巻は、凡夫であっても本願の名号の教えとの出遇いによって仏道に立つ（必至滅度願成就文・諸仏称名願成就文・至心信楽願成就文）ことになるが、それが自力無効の目覚め（至心発願願成就文）によること、さらに名号の仏道の全体が本願力（還相回向願成就文）によって成り立つことを説いてきた。したがって一応ここまでで、「衆生往生の因果」を説き終わり、凡夫であっても仏道に立てることが明らかにされたのである。

そもそも『無量寿経』の科文の元は、善導が『観経疏』の序文義に韋提希の別選所求の経文を、次のように明らかにしたことによる。

此は弥陀の本国四十八願なることを明す。願願皆増上の勝因を発せり、因に依て勝行を起せり、行に依て勝果を感ず、果に依て勝報を感成せり、報に依て極楽を感成せり、楽に依りて悲化を顕通す、悲化に依て智慧の門を顕開せり。（『真聖全』一、四八七頁）

これによって、勝因段、勝行段、勝果段、勝報段、極楽段を『無量寿経』上巻に、悲化段、智慧段を下巻に見る。悲化段は下巻の冒頭から始まるが、特にこの衆生往生の因果が説き終わった後の、いわゆる三毒五悪段と言われる教説を別選悲化段、その後を智慧段と読み取るのが一般的である。

　したがって、第二十二願成就文の後から別選悲化段が説き出されるのであるが、ここからは仏道に立った者に説かれる教説である。なお、本論で悲化段という場合、この別選悲化段のことをさす。仏道に立っていない者はこの世をよりよく生きることのみに工夫を凝らし、この娑婆の根本問題が三毒五悪であると懺悔する心などさらさらない。この世の悲しさが三毒五悪であると見抜いている仏説に相応して、それが痛まれるところに、本願の仏道に立った証拠がある。釈尊はこの悲化段から、人間生活の三毒五悪の具体性に懇切に立ち入って、それを厭い捨て今の一念に願生浄土の道に立つことに努力精進せよ、と教誡する。本願の仏道に立ったからこそ、人間の世の五悪が痛まれ、さらにその元は三毒という人間の無涯底の煩悩にあることを見抜かれて、ますます仏説に相応して新たに願生浄土に立ち返っていくのである。そこに阿弥陀如来の大悲摂化の本願が、限りなく仰がれてくるのである。

　この悲化段から、仏説を聞く対告衆が阿難からいきなり弥勒菩薩に代わるのも、仏道に立った者に対する説法だからであろう。弥勒は「信巻」で、

　　真に知りぬ弥勒大士等覚金剛心を窮むるか故に龍華三会の暁当に無上覚位を極むべし

（『定親全』一、一五一頁）

と親鸞が言うように、等覚金剛心を得て必ず仏に成る菩薩である。本来なら説法する必要がないと思われるが、釈尊はその弥勒を呼び出して、仏に成る道の課題を説くのである。

　三毒とは、あらゆる人間業を毒害してやまない根源悪の貪欲・瞋恚・愚痴の煩悩である。その深さは無涯底で衆生の努力で断ずることは到底できない。五悪とはこの三毒を元として限りなく溢れ出す、人間業の具体性であろう。それは殺生・偸盗・邪淫・妄語・飲酒と説かれ、この五悪に人間業の一切の悪を収めて説かれている。したがってこの三毒五悪段には、人間業の流転生死の迷いの現実が克明に説き出され、その中に世間の道、すなわち五善・五

常（仁・義・礼・智・信）の道が説かれて廃悪修善の道が合わせて教えられているのである。

まず釈尊は悲化段の総誡として、次のように説く。

仏弥勒菩薩・諸天人等に告げたまはく。無量寿国の声聞・菩薩、功徳智慧称説す可からず。又其の国土は、微妙安楽にして、清浄なること此の若し。

（『真聖全』一、三〇～三一頁）

さらにそれに続けて、

何ぞ力めて善を為し、道の自然なるを念ひて、上下無く洞達して辺際無きことを著さざる。宜しく各々勤精進して努力めて自ら之を求むべし。必ず超絶して去つることを得て、安養国に往生して、横に五悪趣を截り、悪趣自然に閉ぢん。道に昇るに窮極無し。往き易くして人無し。其の国に逆違せず、自然の牽く所なり。

（『真聖全』一、三一頁）

と、急ぎ世事を捨てて、貴賤上下の差別なく願力の自然による往生浄土の仏道を求め、それに向かって「勤めて精進せよ」と勧める。そこに「力めて善をなして、道の自然なることを念」いという経文を、慧遠を初めとする聖道の諸師は、三輩章の発菩提心・修諸功徳等の善根を修することと註釈している。しかし親鸞は、「行巻」に憬興の『無量寿経連義述文賛』から、

人・聖国・妙へなり誰か力を尽さざらむ善を作して生を願せよ善に因て既に成したまへり自ら果を獲ざらむや故に自然と云ふ貴賤を簡ず皆往生を得しむ故に箸無上下と云ふと

（『定親全』一、五六頁）

と引文し、特に「因善既成」の訓点を「善に因ってすでに成じたまえり」と尊敬語に替えて読み、法蔵菩薩の五劫思惟と兆載永劫の修行によって成就された本願の名号と読み取る。この読み替えによって、釈尊の総誡の教説の「力めて善をなして」は、「善を作して生を願ぜよ」と本願力回向の名号を称えよという意味になり、「道の自然な

ることを念い」は聖道門の読む意味とは違って、願力自然の大道を意味し、念ずるとは本願他力の念仏を信ずるという意味になる。さらに「宜しくおのおの勤めて精進して、努力《ゆめゆめ》自《みずか》らこれを求むべし」は、当然のことであるが、浄土往生を求めよという釈尊の厚い勧励となる。表向きは聖道門の読むように自力の勧めに見えても、親鸞の訓点に従えば、願力自然の大道としての念仏の勧励と仰がれてくるのである。

またその後の「必得超絶去　往生安養国　横截五悪趣　悪趣自然閉　昇道無窮極　易往而無人　其国不逆違　自然之所牽」はあたかも偈文のようであり、親鸞にとって重要な経文である。「信巻」の、いわゆる重釈要義はこの文の取意である「横超断四流」から始まり、『尊号真像銘文』では、「必得超絶去」の文の一々に丁寧な註釈がなされている。この文の重要なポイントは、親鸞独自の己証である願力自然を読み取っていることにある。『無量寿経』は上下巻にわたって、自然の語が多用されることが特徴的であるが、親鸞は無為自然、業道自然、願力自然の三つの意義をそこから読み取っている。阿弥陀如来の真実報土は無為自然の浄土であるから、『無量寿経』上巻の浄土荘厳の自然の用語は、すべて無為自然の意味である。悲化段のそれはほとんどが業道自然の意味であるが、願力自然は先の五言八句の経文に親鸞が発見した独自の意義であり、親鸞の己証である。業道自然の在り方を願力自然によって転じ、無為自然の浄土で大涅槃を覚らせるという、浄土真宗の核心となる本願の一人働きを読み取るのである。その意味でこの文は、よく読み込みよく学ぶべき教説であると思う。

さらに、往生について「超絶去」と三字を加えて教え、この娑婆の流転を超え、絶ち、去ると言い、また横さまに五悪趣を截るとも教える。この横に対する竪によって親鸞は二双四重の教判を開き、横と超とを熟字して「横超は他力真宗の本意なり」といい「竪と迂とは自力聖道のこころなり」と言う。「信巻」には、二双四重の教判を、

　横超は横は竪超竪出に対す超は迂に対し廻に対するの言はなり竪超は大乗真実の教也、竪出は大乗権方便の教

二乗三乗迂廻の教也、横超は即・願成就一実円満の真教真宗是れ也、亦復横出有り即ち三輩九品定散の教化土懈慢迂廻の善也、大願清浄の報土には品位階次を云はず一念須臾の傾に速やかに疾く無上正真道を超証す故に横超と曰ふ也、

（『定親全』一、一四一頁）

と述べ、『愚禿鈔』にもそれが述べられている。したがってこの箇所は、親鸞の仏道にとって重要な意味が重なって説かれている部分であると思う。

四　清沢満之の遺言

さらに注意すべきは、この悲化段が始まる釈尊の総誡の文の中の、「宜しくおのおの勤めて精進して、努力《ゆめゆめ》自《みずか》らこれを求むべし」という言葉と、三毒段の瞋恚の結びに出てくる「努力《ゆめゆめ》修善を勤めて精進して度世を願え」という二文が『無量寿経』の眼目であると、清沢満之が指摘している点である。清沢は明治三十六（一九〇三）年六月六日にその一生を終えるが、その五日前に書いた暁烏敏宛の最後の書簡の中で、先の悲化段の教説について言及している。

原稿ハ三十日ノ夜出シテ置キマシタカラ御入手ニナリタコトト存ジマス　別ニ感ズベキ点モナヒトハ思ヒマシタガ自分ノ実感ノ極致ヲ申シタノデアリマス　前号ノ俗諦義ニ対シテ真諦義ヲ述ベタ積リデアリマス　然ルニ彼ノ俗諦義ニ就テハ多少学究的根拠モ押ヘダ積リデアリマス　詳細ハ御面晤ノ節ニ譲リマスガ大体ハ通常三毒段ト申ス所ニアル「宜各勤精神努力自求之云々」ト「努力勤修善精進願度世云々」ノ二文ヲ眼目ト見マシタノデス（ソコデアソコハ三毒段ト名ツクルノハ如何ト存ジマス　三毒段トスレバ貪瞋ノ二ツノ前後ニ今ノ二文ガアリテ

其後ニ愚痴ノ段ガアルコトニナリマス　小生ハアノ三毒段五悪段ヲ合シテ善悪段トシ其内ヲイハユル三毒段ヲ総説段トシ所謂五悪段ヲ別説段トシテ科スルガ宜敷キカト思ヒマス）尚コンナ事一二点研究シタイト思ヒマスカラ東方聖書ノ英文大経佐々木君ガ御アキデアレバ拝借シタクアリマスカラ宜敷御願下サレテ御都合出来レバ御入来ノ節御貸附ヲ願ヒマス

（『清沢満之全集』九、岩波書店、三〇五頁）

最初に清沢が言う三十日に出した原稿とは、絶筆となった「我が信念」のことであり、「自分の実感の極致」を述べたと同時に、それは真諦義を述べたものであると言う。それに対して前号の原稿とは、「宗教的道徳（俗諦）と普通道徳との交渉」を指し、それは「多少学究的根拠も押さえ」て俗諦義を述べたと言っている。「宗教的道徳（俗諦）と普通道徳との交渉」を少し見てみたい。

全体真俗二諦と云ふ教は、甚深微妙の教でありて、而も亦頗る通俗の態度がある教である。故にドーカすると其通俗の方面のみを耳に入れて其深妙なる方面を領解せざる人があることである。其詳細は一寸数言のみにては尽し難いがザット其概梗を一言すれば、仏法の大体は勿論人道より進み入り、小乗大乗顕教密教等ありとあらゆる教法を整へたる上に、尚其中に入る能はざる者の為に最後の唯一法門を以て一切衆生を一個も漏さず救済するの道が即ち仏陀大悲のあらん限りを尽したる真俗二諦の教法であるのである。故に真俗二諦の教法が世の所謂倫理道徳を超絶したるものなることは無論であるが、其俗諦門と云ふものに妙趣の存ずることは実に驚歎すべき所である。

（『清沢満之全集』六、岩波書店、一四八頁）

清沢は、この真俗二諦を単純な倫理道徳の教えではなく、どこまでも仏の教説として受け取っている。彼は激しい禁欲持戒の生活がたたり肺結核になって、血を吐きながらの求道の末に、親鸞の他力の信仰に身をもって生きる者に蘇った。したがって、仏道の核心は彼の死生の問題であることは言うまでもないが、武士の出自であった彼は、人一倍倫理的で道義の人であった。仏者としての満之は、その生涯を挙げて倫理道徳との厳しい対決に迫られた。これ以前にも、「倫理以上の根拠」とか「倫理以上の安慰」という原稿もあるが、この論考が、これまでの倫理道徳の問題の集大成であると思われる。

清沢は前記の文章に続けて、宗教と道徳の善悪論に説き及び、真宗が俗諦義を説かなければならない必然性について次のように述べる。

然らば真宗の俗諦の目的は如何なる点にあるか。其実行の出来難いことを感知せしむるのが目的である。此は既に真諦の信心を得たる者に対すると、未だ信心を得さる者に対するとの別はあれども、何れの場合にても道徳的実行の出来難いことを感知せしむる為と云ふ点に於ては同一である。（中略）信心獲得以後の者には如何なることになるかと云ふに、我等は他力の信心により、大安心を得たれども、尚習慣性となりて居る自力の迷心は断へず起り来りて止まないことである。そこで俗諦の教を聞かさるゝ時は、丁度其迷心に適当したる教であるから、直に之を実行せんとすることゝなる。然るに実行に掛りて見ると、到底其出来難いことを感知するが為に、転して他力の信仰を喜び、所謂至心信楽己れを忘れて無行不成の願海に帰すと云ふ態度に立ち帰ることである。（『清沢満之全集』六、岩波書店、一五三頁）

清沢はここで、「未だ信心を得ざる者」と「既に真諦の信心を得たる者」の二つの場合について言及している。真宗の俗諦義は、真宗の信心が獲得できていない者にとっては、その実行の「出来難い」ことを知らしめて「真諦の信心を獲得せしむる案内」（『清沢満之全集』六、岩波書店、一五四頁）となる。「しかし本統の二諦相依の真味は、第二の場合にある」と言って、信心獲得した者について最も重要な教えであると指摘している。

この『無量寿経』の悲化段の五善・五常の教えは、当然のことであるが、ここで言う第二の場合に相当する。つまり、信心を獲得していても自力を生きる身は習慣性になっているので、その教えに従ってただちに実行しようとするが、いざ実行しようとするとそれはなかなか「出来難い」ことを感知して、「至心信楽己れを忘れて無行不成の願海に帰す」と述べることに、当たると考えられる。

この清沢満之の文章を注意深く読めば、すぐに思われることは、親鸞のいわゆる三願転入と同じ思索であることである。未信の者が至心発願の願に誓われる第十九願の機に相当し、獲信の者が至心回向の願に誓われる第二十願の機に相当する。さらに「至心信楽己を忘れて無行不成の願海に帰す」と第十八願の感動が述べられる。清沢は『無量寿経』の眼目が、悲化段以下の教説にあり、「宜しくおのおの勤めて精進して、努力《ゆめゆめみずか》自らこれを求むべし」と「努力《ゆめゆめ》修善を勤めて精進して度世を願え」という釈尊の教誡を、自力を尽して真面目にこの世を生き抜き、日々新たに第十八願に誓われる願海に立ち返れ、と受け止めたのではなかろうか。そうであれば、この「宗教的道徳（俗諦）と普通道徳との交渉」という論稿は、『無量寿経』の三毒・五悪段の教説を聞きながら、親鸞の「化身土巻」の三経一異の問答を踏まえた三願転入の思索を、清沢満之独自の言葉で敷衍したものであろう。

それに対して、真諦義の思索がつづられた「我が信念」は、次のように始まる。

> 私の信念とは、申す迄もなく、私が如来を信ずる心の有様を申すのであるが、其に就て、信ずると云ふことと、如来と云ふことと、二つの事柄があります、此の二つの事柄は丸で別々のことの様にもありますが、私にありては、ソーではなくして、二つの事柄が全く一つのことであります、
>
> （『清沢満之全集』六、岩波書店、三三〇頁）

ここでは、自力無効に目覚めた信心と如来とがまったく別でないことが述べられる。『教行信証』で言えば、衆生の一心と本願の三心とが別でないことを尋ねた三一問答が、すぐに想起されるであろう。

そして第一に如来を信ずる効能、第二になぜ如来を信ずるのか、第三にその信念はどんなものであるかを詳細に述べた後に、

第一の点より云へば、如来は、私に対する無限の慈悲である、第二の点より云へば、如来は、私に対する無限の智慧である、第三の点より云へば、如来は、私に対する無限の能力である、

（『清沢満之全集』六、岩波書店、三三二頁）

と、慈悲・智慧・能力の三つの如来の働きを述べた後に、慈悲は「平穏と安楽とを得しめたまう」と言い、智慧は「無知を以て甘んずることが出来る」と言い、能力は「如来は私の一切の行為に就いて、責任を負うて下さる」と言う。私はこれを読むたびに、親鸞の三一問答の至心・信楽・欲生の思索を清沢の実感として述べたものであると思う。至心釈を踏まえて、如来の真実に遇って不実の身の妄念妄想がその立場を失うことが述べられる。また信楽釈を踏まえて、如来の大悲に包まれればこそ「今は真理の標準や善悪の標準が、人智で定まる筈がないと決着して居ります」と述べる。さらに欲生釈を踏まえて、「如来の能力は十方に亘りて、自由自在無障無碍に活動したまう。（中略）私は私の死生の大事を此如来に寄托して、少しも不安や不平を感ずることがない」と、欲生の願心に支えられた無碍道の感動を述べるのである。このように「我が信念」の清沢の思索は、親鸞の三一問答の思索を踏まえて、それを自身の信念の実感に置き換えて述べたものであると思われる。これは当然『教行信証』の「信巻」の思索だから真諦義を言うのであり、先の三願転入は「化身土巻」の思索だから俗諦義を言うのであろう。要するに他力の信心がこの世を生きていく時には、真諦と俗諦との二面を持つ。その意味で「信巻」と「化身土巻」とは、己証の信心の二面性である。

これまで尋ねたように、「我が信念」の方は、親鸞の三一問答の思索に匹敵するものであり、「宗教的道徳（俗

諦）と普通道徳との交渉」は、『無量寿経』悲化段・智慧段を中心として、三経一異の問答を踏まえた親鸞のいわゆる三願転入に匹敵する思索であると考えられる。清沢の最晩年の二つの論考が合せ鏡になって、親鸞の信心の立体的な構造を明らかにしているのであろう。

清沢は回心したのちも悩み抜いた。妻子が亡くなった際には「今年は皆んな砕けた年であった。学校はくだける。妻子は砕ける。今度は私が砕けるのであらう」と人間としての悲しさを正直に述べる。しかし、一方その苦悩の中で「万里蒼然たる如来慈光の春」と、「至心信楽己を忘れて無行不成の願海に帰す」という阿弥陀如来の世界を堂々と詠いあげた。曽我量深は、回心後も凡夫として正直に悩みながら如来の世界を生き切った清沢に、親鸞の仏道の典型を見たのである。そこに凡夫のままに必ず仏に成るという、『無量寿経』の群萌の仏道がある。象徴的に言えば、この二つの論考を清沢の遺言として、曽我は『無量寿経』を見抜く択法眼を教えられ、生涯、『教行信証』の研究に命を捧げたのであろう。要を取って言えば、親鸞が法然を本願力回向の人として顕揚したのと同じように、曽我は清沢を『無量寿経』によって親鸞の仏道を生き切った人として顕揚したのである。

それを今少し論証してみたい。曽我は、清沢満之の七回忌の記念講演である「自己を弁護せざる人」（明治四十二年六月発行『精神界』）において、「嗚呼われは想へば八年の昔、巣鴨の天地に在りて、筆なる剣を以て先生並びに現在の同人を害せんと企てつゝ、あつたのであります」と述べているように、精神主義批判を縁として清沢の亡くなる三箇月前に浩々洞に入洞した。その精神主義批判は、大きく分けて二度に及ぶが、まず一度目は、明治三十三（一九〇〇）年二月発行の『無尽灯』に掲載された「弥陀及び名号の観念」においてであった。そこでは、仏教史上において幾多に変遷した仏教観について、大きくは教権派と信仰派に分け、さらに信仰派を、直覚派と合理派に二分して定義づける。そして仏教徒は、これらのどれか一つに偏重するのでなく、教権、直覚、合理の三つが円満に解け合った、円融論としての完全なる仏教観に依らなければならない。ただし教権派については、無限の通性を直覚として自証したところに初めてその意義が明確となるため、自身は、信仰派として直覚と合理に身を置くものである。つまり、釈尊の覚りは、単なる理性主義や合理主義では捉えられるものではなく、人間の分別を破る信仰主義や直覚主義として自覚化されるものであり、その意味では、清沢満之を初めとする暁烏敏、伊藤証信の一派は信頼に値する。しかし極端な直覚主義は、主我的であり、個人的であり、独尊的になって、いつでも恩寵主義や神秘主義に転落していくことになる。そうなれば自力を超えた直覚主義に返って自力の影が差し込んで、教権主義とまったく区別がつかなくなる。したがって、分別を超えた直覚主義を、誰にでも納得できる明晰な道理として明らかにすべきである、と批判するのである。

この論文の主たる批判点は以上のような点にあるが、注目すべき文章を引文してみたい。

智慧と云ひ力と云ひ慈悲と云ふが如きは已に同時に有限を預想せるものなり。故に信仰は決して無限にのみ対するものにあらずして、有限化せられたる無限即寧ろ一箇有限のものとするを正当とす。智慧を無限と観ずると、慈悲を無限と観ずるとは全く矛盾せざるも、無限の意義に於て全然同一なりと云ふべからず。有限は必しも信仰の対象となり得ざるにあらず。信仰は蓋然の上にも亦成立するを得べし。(『曽我選集』一、二六一頁)

曽我はここで、次のように言っているのではなかろうか。無限なるものが、智慧と力と慈悲として、有限の世界に働き出る。その仔細を、有限の概念の上にもわかるように明らかにできなければ、本当に生きた信仰とは言えない。要するに、真諦を明確な道理として俗諦に表現すべきである。その際に曽我が、真諦(無限)が俗諦(有限)に働き出る姿を、智慧、力、慈悲と表現していることに、私は感銘を覚える。もちろんこの指摘は、大乗仏教で菩薩の智慧・慈悲・方便として、仏の覚りの働きを表すことによっていることは明らかであろう。しかし私が言いたいのは単なる言葉上の問題ではなくて、曽我のこの批判を受けて、清沢は「我が信念」で無限の慈悲・無限の智慧・無限の能力と答えたのかという、思想的な呼応関係に対する深い感銘である。そして清沢の思索が『教行信証』によるものかどうかはわからないが、結果として親鸞の三一問答によっていることは、すでに尋ねた通りである。

さらに曽我が強調する直覚主義についてであるが、「我が信念」で清沢は、

私の信念には、私が一切のことに就て、私の自力の無功なることを信ずる、と云ふ点があります　此自力の無功なることを信ずるには、私の智慧や思案の有り丈を尽して其頭の挙げようのない様になる、と云ふことが必要である、此が甚だ骨の折れた仕事でありました、（『清沢満之全集』九、三三一～三三二頁）

と言って、自力無功の意味を明確にする。しかもこの点については、いくつかの方面から、その意味を明瞭にするためにくどいほど繰り返す。ここに分別を超えた直覚主義の意味を道理として明確にする、清沢の応答を読み取ることができよう。紙面の都合で割愛するが、曽我の「弥陀及び名号の観念」の批判をよく読み、清沢の「我が信念」をよく読めば、思想的な応答の見事さに驚く。「我が信念」は、曽我の「弥陀及び名号の観念」の批判に、清沢が命がけで答えたものであると思われる。

さてもう一つの曽我の批判は、明治三十五（一九〇二）年の『無尽灯』による精神主義批判である。その一月号では、「明治三十四年に感謝す」「精神主義」「精神主義と本能満足主義との酷似」「常識主義」「希望ある第卅五年」、二月号では「再び精神主義を論ず」、六月号では「三度精神主義を論ず」と、相当の枚数を割いて精神主義批判をするが、単なる批判に止まるものではなく、曽我自身の立っている仏道観がよく表れている論文である。自分の仏道の立場を明確にしながら批判を加えていく、責任ある本当の批判とはこういうものであるかと、よく教えられる論文である。紙面の都合でその批判の要を取って言えば、次の文章に象徴的に表れていよう。

要するに精神主義は其消極的態度を過去に専注し過去の失敗に即罪悪に対するアキラメ主義とする点に於て非常に有効なるも、此を将来の行為の指導者としては、其価値殆ど零なりと云はざるべからず。彼は将来に対して唯盲目的活動力を与ふるに過ぎざるなり。

（『曽我選集』一、二九三頁）

曽我が問題にしている点はすぐにわかるであろう。仏道は安心に止まるものではない。そこから立ち上がって、仏者としてどう生きていくのか。信仰者がこの世を生きていく時の実際的な倫理道徳の面、つまり伝統的な言葉では願生浄土の具体性、それを問うているのである。

この一連の論文の中で、曽我は、当時もてはやされていた境野黄洋を中心とする新仏教徒運動に対しては、人間の理想に根ざされた、ただの世間的な理性、分別による常識主義と断罪し、「倫理実行に対して何等の貢献するところなき也」と言う。さらに、「六条学報」「新仏教」「中央公論」で「精神主義と性情」という論文を批判した花田衆甫に対しては、「宗教上の第一義諦の発表に向かって、偏狭なる道義的批判を加ふべきにあらず」と言い放つ。そして、新仏教の理性主義を突破した直覚主義による倫理道徳とは何か、それは如来の慈悲に立つ倫理道徳であるが、その宗教的な道徳と花田のような単なる世間的な道徳とどう違うのか、曽我はそれを清沢に問うのである。そして次のように言う。

是れ精神主義が一面に信仰を獲得しつゝ、他面に倫理を全うし得る所以に非ずや。而も信仰と調和し安心と平行する倫理は自由無責任の道徳にして、世間普通の道徳と大に其趣を異にするものあり。吾人は寧ろ此を以て道徳の真面目となす。

（『曽我選集』一、三一〇頁）

曽我の素晴らしい見識ではなかろうか。この後の文脈によればまず第一に、如来の慈悲に立つ道徳は自由無責任の道徳であるが、その宗教的な道徳と世間一般の道徳とを明確にして、花田のような真面目な青年の疑問を晴らすべきである。第二に、宗教的な道徳の内実とは何か、曽我は次のように言う。

精神主義と雖ども、何ぞ罪悪の宜しくなすべきを断ぜんや。依然罪悪は慚づべき行為也、不完全なる行為也。吾人の日夜汲々として善に進まんことに努力すべきは、恐くは精神主義の根本立脚地と矛盾するものに非ず。否々若し是にしてなくんば、精神主義亦何の要かある、信仰亦遂に何の要かある

（同右）

宗教的な道徳は一口でいえば自由無責任な道徳といえようが、しかしそれは信仰生活の中での罪悪性との戦いの賜物である。その仔細を明確にして、新仏教などの理性主義的な宗教道徳との異質性を明らかにすべきであると言うのである。この曽我の文章の中に「宜しく」「努力すべし」という、清沢の指摘した『無量寿経』悲化段の言葉が出てくるのは、偶然であろうか。曽我の批判は、大筋以上のようである。この明治三十五年の批判に対して、清沢が最後の渾身の力を込めて答えたものが、「宗教的道徳（俗諦）と普通道徳との交渉」であると思われる。

そういうと「我が信念」といい「宗教的道徳」といい、曽我の名前などどこにも出てこないではないか、という批判が聞こえそうである。文献的にそうであっても、思想研究においてはそうではないと思う。曽我自身も信仰のぎりぎりのところに立って命がけで問うている問いに、師の清沢も命終わる前に全身全霊で応答した。その思想交渉と思想応答の緊迫感は、その内容に立ち入って考えれば一目瞭然ではないか。あたかも、法然と親鸞の師資相承の思想的な緊迫感を彷彿とするのは、私だけであろうか。

だから曽我は、この二つの論文を師の遺言として、生涯の課題としたのではなかろうか。「我が信念」の方は法蔵菩薩論に展開し、「宗教的道徳」の方は三願転入と第二十願の考察へと展開する。もちろんどちらも、親鸞の『教行信証』によって推究されていくのである。清沢は短命であったために、『無量寿経』と『教行信証』は充分な了解をする前に命終わった、というのが一般的であるが、曽我は「分水嶺の本願」の中で次のように言っている。

清沢先生は先程から考えておりますが、『大無量寿経』の「下巻」の本願成就文から始まり三毒段五悪段と続くあの「下巻」に眼を開いていたに違いない。今の真宗の学問は折角清沢先生が身を以て頂かせられた「下巻」を忘れている。先生は臨終が近づいてから、普通道徳と俗諦門との交渉を述べられているが、あれは突然出て来たのではない。『エピクテタスの教訓』を読まれ、一方『阿含経』を読まれ、「下巻」を繰り返し綿密に読まれて後のことである。（『曽我選集』一一、二五七頁）

ここに指摘されるように、清沢は『無量寿経』下巻をよく読み込み、自身の信仰の歴程を考えながら、「宗教的道徳（俗諦）と普通道徳との交渉」を書かれたのであろう。

清沢満之の信仰は、親鸞の仏教とは違って哲学的な思索であるとか、念仏の信心ではないという批判があった。曽我が「先生の最も有力な門弟の一人である多田鼎師が、先生の滅後に信仰問題に悩み、先生を捨てたという悲しいことがある」（『曽我選集』一一、二五四頁）と言うように、門弟の中でも、それが問題となっていた。だから曽我はその責任を担い、この二つの論文を生涯の課題として、『無量寿経』下巻に立った清沢満之の信仰は、実は親鸞の『教行信証』の核心である三一問答と三願転入に立っていたのだということを証明したかったのではないかと、拝察することである。

五　悲化段の課題

さて『無量寿経』悲化段に戻ろう。

然るに世人薄俗にして、共に不急の事を諍ふ。此の劇悪極苦の中於て、身の営務を勤めて、以て自ら給済す。

尊と無く卑と無く、貧と無く富と無く、少長・男女、共に銭財を憂ふ。有無同然にして、憂思適に等し。屏営として愁苦し、念を累ね慮を積みて、心の為に走使せられ、安き時有ること無し。　（『真聖全』一、三一頁）

と、富める者は富に苦しみ、貧しき者は貧しさに苦しむと貪欲の教説が始まる。さらにそれに続けて瞋恚・愚痴と、人間生活の微に入り細に入り説き至って、釈尊は弥勒と諸天人に、次のように教誡する。

我今汝に世間の事を語る。人是を用ての故に、坐して道を得ず。当に熟々思ひ計りて、衆悪を遠離し、其の善なる者を択び、勤めて之を行ずべし。愛欲栄華、常に保つ可からず、皆当に別離すべし。楽む可き者無し。仏の在世に曼ひて、当に勤精進すべし。其れ至心有りて、安楽国に生れんと願ずれば、智慧明かに達し、功徳殊勝を得可し。　（『真聖全』一、三三頁）

世の人はこのような三毒の煩悩に狂わされて、意に思うまじきことを思い、身にすまじきことをなし、口に言うまじきことを言って、仏道に進み入ることができない。良く思い計って悪を去り、善を選んで進め。世間の愛欲栄華は一瞬である。仏の在世に出遇った以上は、精進して仏道に立て。安楽国に願生して、無量の功徳を得よ。こう釈尊は弥勒に勧めるのである。

三毒段が終わると、懇切にも貪・瞋・痴の具体的な現実態を五悪として詳細に説き、その一つ一つの五悪に対して懇切にも五善を説いて、悪を捨て善に立って生活せよと勧める。さらにその最後に釈尊は次のように教誡する。

汝等是に於て広く徳本を植え、恩を布き恵を施して、道禁を犯すこと勿れ。忍辱・精進・一心・智慧もて、転相教化し、徳を為し善を立て、心を正しくし意を正しくして、斎戒清浄なること一日一夜すれば、無量寿国に在りて善を為すこと百歳するに勝れり。所以は何ん、彼の仏の国土は、無為自然にして皆衆の善を積み、毛髪の悪も無ければなり。此に於て善を修すること十日十夜すれば、他方の諸仏の国土に於て、善を為すこと千歳するに勝れり。所以は何ん、佗方の仏国は、善を為す者は多く、悪を為す者は少し、福徳自然にして、造悪無きの地なればなり。唯此の間は悪多く、自然なること有ること無し。勤苦し求欲し、転た相欺紿す。心労し形困み、苦を飲み毒を食ふ。是の如きの悤務、未だ嘗て寧息せず。

（『真聖全』一、四一頁）

この五濁悪世の地で身を正しくして五善を修め、衆生を教化すること一日一夜すれば、浄土で善を積むことの百年よりも勝れている。さらに十日十夜すれば他方の諸仏の国で千年するよりも勝れていると、この地で徳本を植えよと勧めるのである。

親鸞の浄土真宗は在家仏教である。したがって世俗の歴史社会のただ中にあって、しかもその世俗に埋没することなく、どこまでも釈尊の僧伽として世界人類の帰依所とならねばならない。阿弥陀如来の浄土は、「青色青光、黄色黄光、赤色赤光、白色白光」と比べることを超えて、それぞれの尊貴さに目覚める帰依所であり、そこに一切衆生の根源的志願が満たされる存在の根拠がある。またそこに「同一に念仏して四海の内みな兄弟とする」という同朋教団の命を賜って、彼岸の浄土の風光を此土で証明することこそ、この世における親鸞の仏道の最も積極的な意義であろう。「汝等《なんだち》、ここに広く徳本を植え」よとは、この五濁悪世で三毒五悪を超える釈尊の僧伽の責任と使命に立てと勧励していると、私は確信するのである。

しかしその上でさらに問題となることは、清沢満之が指摘する倫理道徳の破綻ではなかろうか。倫理を無視し善悪の因果を無視しては、人間生活は成り立たない。人間の社会的な現実は、どこまでも倫理道徳の実践を求めて止まない。しかしその実行は、満之が言うように容易にできることではない。倫理の破綻は、信心のない者でもある者でも同様に起こりうる。いまだ信心を得ていない者は、さらに道徳の実践に邁進し、責任地獄の中で教えに遇って、仏道に招き入れられる。その意味で倫理の破綻は、仏道への案内となる。しかし信心獲得後の者にとっては、倫理道徳の破綻は、却って存在の深みから突き上げてくる自力執心の罪障性を、改めて知らされるのである。釈尊が「汝等《なんだち》、ここに広く徳本を植え」よと、悲化段の最後に「植諸徳本」という第二十願の願意をもって勧励するのは、自力の無涯底を知らせその全体を丸ごと救い取らんとする釈尊の大悲摂化を成就するためであろう。その課題は、仏の仕事として次の智慧段に託されていく。しかしこの悲化段が「汝等《なんだち》おのおの善くこれを思いて転《うた》た相教誡す。仏の経法のごとくして犯すこと得ることなかれ」という教説で終わることから、われわれ衆生の方から言えば自力の執心がある以上絶対に救われないことを明確に知らせるのであろう。その意味で悲化段は、一言でいうと「唯除五逆誹謗正法」という唯除の意義を、衆生に明確に知らしめる一段と取れるのではなかろうか。

六　開顕智慧段

釈尊は「我、汝等《なんだち》諸天人民を哀愍すること父母の子を念うよりも甚だし」と、悲化段で説いた仏の大悲を果遂すべく、この智慧段を開顕する。先の三毒五悪段は、正依の『無量寿経』と旧訳の『大阿弥陀経』や『平等覚経』のみに説かれているが、この智慧段は旧訳の『大阿弥陀経』や『平等覚経』には見られない。文献学にはまったく詳しくないが、この智慧段が康僧鎧訳の『無量寿経』に加えられることによって、前の悲化段に新しい意味を回復するとともに、少なくとも親鸞にとってはこの教説が重要な意味を開くことになるのである。釈尊は悲化段において、三毒五悪の苦しみを挙げて、娑婆を厭い阿弥陀如来の国に生まれるために、心を正し身を慎むべきことが勧められた。しかしすでに清沢が指摘しているように、その教えから漏れる者の救いを果遂するために、智慧段が開顕されたものと拝察される。

この智慧段から対告衆が、弥勒と共にまた阿難が登場する。まず釈尊は阿難に、

汝起ちて更に衣服を整へ、合掌し恭敬して、無量寿仏を礼したてまつるべし。十方国土の諸仏如来は、常に共に彼の仏の無著無碍なるを称揚し讃歎したまふ。是に於て阿難、起ちて衣服を整へ、身を正しくし面を西にして、恭敬し合掌し、五体を地に投げて、無量寿仏を礼したてまつり、白して言さく。世尊、願はくは彼の仏の安楽国土及び諸の菩薩・声聞大衆を見たてまつらんと。是の語を説き已るに、即の時無量寿仏、大光明を放ちて、普く一切の諸仏の世界を照らしたまふ。

（『真聖全』一、四二頁）

と、改めて無量寿仏に五体投地した阿難に、一切諸仏の世界を照らし見せる。その阿難に釈尊は、次のように問う。

彼の国の人民、胎生の者有り、汝復見るや不や。対へて曰く。已に見たてまつる。其れ胎生の者は、処する所の宮殿、或は百由旬、或は五百由旬なり。各々其の中於して、諸の快楽を受くること忉利天上の如し。亦皆自然なり。

（『真聖全』一、四三頁）

阿弥陀仏の前に五体投地した阿難が、それでもなお消え去ることのない自力の執心によって、胎生の者を見たのであろう。その胎生の理由を弥勒菩薩が「世尊、何の因、何の縁なれば、かの国の人民、胎生化生なると」と尋ね、釈尊が次のように答える。

若し衆生有りて、疑惑心を以て、諸の功徳を修して、彼の国に生れんと願ぜん。仏智・不思議智・不可称智・大乗広智・無等無倫最上勝智を了らずして、此の諸智に於て、疑惑して信ぜず、然も猶罪福を信じて、善本を修習して、其の国に生れんと願ぜん。此の諸の衆生、彼の宮殿に生れて、寿五百歳、常に仏を見たてまつらず、経法を聞かず、菩薩・声聞・聖衆を見ず。是の故に彼の国土に於て、之を胎生と謂ふ。

（同右）

ここに、「疑惑の心をもってもろもろの功徳を修して、かの国に生ぜんと願ぜん」という第十九願の機と、「しかる

に猶し、罪福を信じ善本を修習してその国に生ぜんと願ぜん」という第二十願の機を包む仏智疑惑の問題が説き出されるのである。しかしこの智慧段は、悲化段からの説相の流れと、弥勒菩薩を対告衆として獲信後の人間の問題に焦点があることから、無量寿仏に五体投地してもなお消え去ることのない自力の執心に課題がある。であればここでは、第二十・植諸徳本の願に説法の中心があるのであろう。なぜなら親鸞は、上記の文を『浄土三経往生文類』で、第二十・植諸徳本の願成就文と読んでいるからである。

この第二十願の機の問題性を親鸞は、「化身土巻」の三願転入の前に次のように述べる。

凡そ大小聖人・一切善人・本願の嘉号を以て己か善根と為るか故に・信を生こと能はず仏智を了らず彼の因を建立せることを了知すること能はざる故に・報土に入こと無き也、（『定親全』一、三〇九頁）

ここでまず注目したいことは、「本願の嘉号をもって己が善根と」する者を「大小聖人・一切善人」と言って、悪人が呼ばれていないことである。第二十願の機は、どこまでも己が善根をたのむ自力作善の善人のことを言うのである。さらに「かの因を建立せることを了知することあたわざるがゆえに」という言葉は、親鸞が『無量寿如来会』の第十一願成就文から抜粋したものと考えられる。そこには、次のように説かれている。

彼の国の衆生、若し当に生れん者、皆悉く無上菩提を究竟し涅槃処に到らしめん。何を以ての故に、若し邪定聚及び不定聚は、彼の因を建立せることを了知すること能はざるが故なり。（『真聖全』一、二〇三頁）

この文によって親鸞は、第十九願・第二十願の自力の機を「邪定聚及び不定聚」の者と決定していることを知ることができる。

したがってたまたま本願の嘉号を聞くことができたとしても、如来の回向をたのまずに、称名念仏を自らの善根に変えなして、名号を善本徳本という功徳の本と執着する自力の問題性を指摘していることになる。その深い自力の執心は、本願を疑う罪に由来するのであって、仏智を了知することができない罪である。この第二十願の機の信心の正体は、結局は罪福を信じる自力以外にないことが知らされてくる。したがって無意識の自力の執心は、第十九願の諸行往生の機よりも、もっと深い課題であることを教えられる。しかし自力という問題性から言えば、第十九願をも包むものであることから、釈尊は第十九願と第二十願とを並べて説かれたのではなかろうか。

『無量寿経』下巻の初めに、第十九願から第十八願への帰入が説かれていた。それは「雑行を棄てて本願に帰す」という一つの転入である。しかし、そこからこの悲化段、智慧段が説かれていることから、念仏に帰すという体験を持ったとしても、いやむしろその凄烈な体験を持つがゆえに、それ以後の仏道の歩みの中で、人間の習い性としての観念化によって体験を私有化し、自分の手柄に取り為すのである。それは本願の嘉号の持つ善本徳本を、法の下から盗み、わが善根と固執して称名念仏の功績を積み重ねようとすることである。それは、如来の法に属するものを盗み奪ってみずからの善根にして、それを至心に回向して浄土往生を願うことになる。

そうであったとしても考えてみれば、「十方の衆生、我が名号を聞きて、念を我が国に係けて、もろもろの徳本を植えて、心を至し回向して我が国に生まれんと欲わん」という真面目さといい、「執持名号、若一日（中略）若七日、一心不乱」の真剣さといい、第二十願の機は人間の方から仏道を求めることにおいては、最高の真面目さと真剣さを表現しており、人間からの信心（求道心）の極限を表すものであろう。しかもその真面目さや真剣さは、無意識無涯底の自力の執心に由来する罪なのだから、人間の方からは絶対に超えることはできない。であればみずからの善根功徳を積み重ねるほかにはないが、その全体は本願の名号のいわれを聞くことと決定的に異質であり、絶対に仏道に成ることはない。その罪の深さを、智慧段の文は、宮中で五百歳の間、金鎖につながれた独りよがりの胎生の中に留まるほかはないと、教えているのであろう。

先の第二十願の因願を思う時、それと対応して第十八願の成就文が想起される。なぜならこの二つの教説には、「聞其（我）名号」と「至心回向」という浄土真宗の核心となる文が共通して説かれているからである。『無量寿経』上巻には、この「至心回向」の文字は植諸徳本の願にしか見ることができないし、下巻では至心信楽の願成就文にしか見ることはできない。その意味で第二十願と第十八願とは内面的に深い関係があると思われる。

至心信楽の願成就文の「至心回向」について、親鸞以外の仏者は、「乃至一念までも至心に回向して」と一連に読むために、信心の行者からの回向という意味になる。そう読むと、至心信楽の願成就文なのか、それとも植諸徳本の願成就文なのかという意味の区別がつかなくなる。端的に言えば本願の救いは、臨終の一念なのかそれとも今の信の一念なのかが不明確になる。親鸞はそれを明確にするために「乃至一念せん」と読み、そこで成就文を二分する。そして「至心回向」を「至心に回向せしめたまえり」と尊敬語を付して読むのである。この親鸞の独自の読みによって、前にある「信心歓喜　乃至一念」を如来の本願力回向によって賜った信心であるという意味に転じたのである。

如来の回向による信心なのだから、如来の浄土はその信心に即開かれて、信の一念に「即得往生　住不退転」が実現する。つまり、他力の信心によって現生に正定聚に住すると読んで、親鸞は平生業成の今の一念に救いを取り戻したのである。親鸞は第十八願成就文の前半を「本願信心の願成就の文」とし、後半を「本願の欲生心成就の文」として二分するが、衆生の信心と如来の欲生の願心とは、衆生と如来の位相の違いは明確でも別なものではない。このように親鸞は、「信巻」の三一問答等の思索に従って、「至心回向」を「至心に回向せしめたまえり」と訓じたのである。衆生とは絶対断絶した如来からの回向だから、そこには能力・資質・努力等の人間的なものは一切問われない。凡夫であることの全体を見抜かれて懺悔させられた「深広無涯底の如来の智慧海」をただ仰ぐほかはない。どこまでも凡夫の身であることを教え、第十八願成就の世界を手放しで仰ぐ者にする。そこに第二十願における果遂の誓いの大悲の方便を仰ぐことである。

この智慧段は、大悲によって一切衆生を果遂したいという如来の智慧が開顕されている。その仏の智慧が余すところなく照らして、先の第二十願の成就文では、疑惑心をもって諸の功徳を修して安楽国の辺地七宝の宮殿に生まれて五百歳の間仏を見ることができず、経法を聞くことができず、菩薩・声聞・聖衆を拝めないことを胎生と言うと、説かれる。ここにわれわれの自力の執心の底知れない深さが、如来の智慧に照破されて、白日の下に晒されている。衆生から言えば懺悔としか言いようがないが、白日の懺悔は闇夜の悲しみとは異質である。闇夜の悲しみは人間の悲しみの域を出ないが、白日の懺悔は真実信心に働く仏智の方からの照破であるから、悲しみのままで真実信心の仏天を手放しで仰ぎ、摂取の光明の中にある喜びでもある。

親鸞はこの胎生の経説によりながら、二十三首もの「仏智疑惑和讃」を詠うが、それをいくつか見てみよう。

（一）不了仏智のしるしには　如来の諸智を疑惑して
　罪福信じ善本を　たのめば辺地にとまるなり
（二）仏智の不思議をうたがひて　自力の称念このむゆへ
　辺地懈慢にとゞまりて　仏恩報ずるこゝろなし
（三）罪福信ずる行者は　仏智の不思議をうたがひて
　疑城胎宮にとゞまれば　三宝にはなれたてまつる
（四）仏智疑惑のつみにより　懈慢辺地にとまるなり
　疑惑のつみのふかきゆへ　年歳劫数をふるととく
（『定親全』二、和讃篇、一八八～一九〇頁）

この和讃の最後に親鸞は、「已上二十三首仏不思議の弥陀の御ちかひをうたがふつみとがをしらせんとあらはせるなり」（『定親全』二、和讃篇、二〇一頁）と記している。仏智疑惑の罪は、人間の方からの反省が届かないほど深い。その意味では第十九願の機には明確に自覚されていないような罪根である。三毒五悪の生活の中の具体的な出来事を通して、他力の信のうちに働く仏の智慧によって知らされるほかはない。

願力無窮にましませば　罪業深重もおもからず
仏智無辺にましませば　散乱放逸もすてられず
（『定親全』二、和讃篇、一七六頁）

と、親鸞が讃詠するように、この身はどこまでも本願に背き、本願を拒否する身である。その身の習い性にまでなっている自力の執心の深いことが、他力広大の信の仏智によって知らされるのである。したがってこの第二十願成就文の教説によって開示されている真門の方便は、人間の本性を見通した如来大悲の果遂の誓いとして、いかに感謝してもし尽すことのできない教えである。この第二十願の悲願によって、仏智を了知することができない本願疑惑の自力の迷執を離れて、初めて第十八願の如来選択の願海が仰がれるのである。広大無辺の願海を仰ぎ、他力摂取の光明海中にあることを信知して、「避悪就善の天意」を感じて、却って三毒五悪を超えたいという願いに蘇るのである。このような人間と隔絶したまったく逆の方向からの仏智を了知した感動を、親鸞は「疑惑和讃」に詠い、本願成就文では「至心に回向せしめたまえり」と訓じて、如来の本願力回向として開顕したのであろう。

智慧段では胎生の様相を詳細に説いた後、釈尊は次のように化生について説く。

若し衆生有りて、明かに仏智乃至勝智を信じ、諸の功徳を作し、信心回向すれば、此の諸の衆生、七宝華の中於、自然に化生し、跏趺して坐し、須臾の頃に、身相光明・智慧功徳、諸の菩薩の如く、具足し成就せん。
（『真聖全』一、四三頁）

ここに第十八願への転入が蓮華化生と説かれるが、胎生・化生と真実報土との違いが「明らかに仏智、乃至、勝智を信じ」よと、どこまでも仏智を信ずることだけで、応えられている。さらに、それに続けて釈尊は、

弥勒当に知るべし、其れ菩薩有りて、疑惑を生ぜば、大利を失すと為。是の故に当に明かに諸仏の無上智慧を信ず応し。（『真聖全』一、四四頁）

と、「疑惑を生ぜば、大利を失す」という言葉と対比して「明らかに諸仏無上の智慧を信ずべし」と、仏智を信ずること一つを勧めて、胎生と化生との決定的な違いを説き終わるのである。この後、智慧段が終わるまで菩薩の諸仏供養について説かれていく。仏智を了知してただ惚れ惚れと如来の願海を仰ぐ者は、まるで八地以上の菩薩のような諸仏の供養しかないことが説かれるのであろう。

このような釈尊の説法と親鸞の了解とを考えると、第二十願の課題は、他力の信においてますます明らかとなってくる自力の身の、仏の智慧の方からの果遂であろう。第二十願成就文として胎生の様相が詳しく説かれていることに、仏智の深さと仏の大悲が仰がれることである。煩悩の深さに泣くわれわれは、無涯底の煩悩を見抜かれればこそ、「如来の智慧海は、深広にして涯底なし。二乗の測るところにあらず。唯仏のみ独り明らかに了りたまえり」と、第十八願の願海を仰ぐほかにはない。清沢満之が言うように、習い性になっている自力の身は、浄土に還るまで消えない。この第二十願の身は死ぬまで消えないからこそ、今の信の一念に煩悩のままで願海を仰がなくては救われない。たとえ本願の嘉号を仰ぐ体験を持っても、それがいつの間にか観念に退転し、教条化して思い出の中に忘却されていく。そのようなわが身の習い性を照破して、今の煩悩の身に立ち返らせるところに、果遂の誓いの大きな意味がある。つねに人間の生死罪濁の苦悩の現実から目を背けさせないで、今の煩悩の身に限りなく立ち返らせる仏智の働きこそ、果遂の誓いではなかろうか。その意味で、果遂の誓いには二つの意義があると思われる。

一つは、他力の信心に働く如来深広無涯底の智慧によって、無自覚の自力の執心の深さを教え知らせること。もう一つは、つねに煩悩の身から浮足立たないように歴史の現実を背負うて、今の一念に願海を仰ぐ者に立ち返らせること。私はこの二つに果遂の誓いの眼目を仰ぐのである。

さて親鸞は三願転入に、次のように表白する。

然るに今特に方便の真門を出て、選択の願海に転入せり速かに難思往生の心を離れて難思議往生を遂けんと欲ふ果遂の誓良に由有る哉

（『定親全』一、三〇九頁）

「今特に」とは、特定の時を表すわけではなかろう。三毒五悪の生活の一念に果遂の誓いによって、仏智の深さを知らしめられ、願海に転入し広大な智慧海を仰いで「至心に回向せしめたまえり」と、謝念に満ちた読み方をせざるをえなかった「今」であろう。それは「雑行を棄てて本願に帰す」という法然との出遇いの今に、つねに立ち返ることでもある。さらに果遂の誓いの成就は、「難思議往生を遂げんと欲う」と「遂」「欲」という清浄意欲として、つねに歴史的な現実を背負うて「昇道無窮極」の往生の歩みを止めないところに、『無量寿経』の仏道の積極性がある。つまり、第二十願と第十八願とは合せ鏡になって人生を貫き、第二十願によって限りなく凡夫に立ち返らせ、だからこそ第十八願によって往生の歩みを止めさせない。その全体が第十八願の広大な願海に包まれて、願生浄土という大いなる意味を凡夫の身に賜るところに、『無量寿経』の仏道の面目があるのである。

七　『教行信証』の骨格

『無量寿経』下巻は、智慧段の教説が終わると流通分になり、弥勒菩薩に本願の名号を付属し、さらに経道滅尽

の後も、この『無量寿経』だけは百歳の間留めることが説かれる。最後に聞法の得益が説かれて、閉じられるのである。今まで尋ねてきたことを表にまとめると、次のようになる。

『教行信証』の構造（アラビア数字は『真宗聖典』〈東本願寺出版部〉の科文番号）

『無量寿経』上巻（「教巻」）

第十二・光明無量の願成就文（「真仏土巻」）	37〜39
第十三・寿命無量の願成就文（「真仏土巻」）	40

衆生往生の因果

『無量寿経』下巻（「教巻」）

果	第十一・必至滅度の願成就文（「証巻」）	66
因	第十七・諸仏称名の願成就文（「行巻」）	67
因	第十八・至心信楽の願成就文（「信巻」）	68
	第十九・至心発願の願成就文（「化身土巻」）	69〜72
	（三輩章）	
	東方偈	74
	第二十二・還相回向の願成就文（「証巻」）	75〜89

三毒段

- 三毒五悪段（対告衆が阿難から弥勒に代わる） 90
- 「宜しくおのおの勤めて精進して、努力自らこれを求むべし」 91 （清沢）
- 貪欲 92
- 瞋恚 93
- 「努力修善を勤めて精進して度世を願え」 （清沢）
- 愚痴 94

五悪段

- 101 ・ ・
- 「唯除五逆誹謗正法」 113

智慧段

- 114
- 第二十・至心回向の願成就文（「化身土巻」） 119
- 126

流通分

見ていただくとすぐにわかるように、『無量寿経』下巻には、第十二・光明無量の願と第十三・寿命無量の願の成就文を除いた、真化六願の成就文がすべて説かれている。と言うよりも、それ以外は説かれていないように思われる。その中で還相回向の願だけは「証巻」に組み込まれて標挙としないが、第十一・必至滅度の願は「証巻」、第十七・諸仏称名の願は「行巻」、第十八・至心信楽の願は「信巻」、第十九・至心発願の願と第二十・至心回向の願は「化身土巻」にそれぞれ標挙とされ、『教行信証』全体の骨格をなしている。

光寿二無量の願成就文については、『無量寿経』上巻に説かれる「無量寿仏の威神光明、最尊第一にして、諸仏の光明及ぶこと能わざるところなり」という勝報段の文を、親鸞は「真仏土巻」に長く引用している。したがってこの両願の成就文だけは上巻に説かれていて、親鸞が標挙とするほかの成就文のように下巻にあるのではない。上巻は「如来浄土の因果」と言われて、法の成就が説かれるのに対して、下巻は「衆生往生の因果」と言われて、その法が機に成就することが説かれる。このことから光寿二無量の願は、第十八願成就の他力の信を中心として衆生に直接仏道を成就する願ではなくて、本願の名号に託された真仏・真土の法の成就を意味するのである。したがって、教、行、信、証、化身土の衆生に実現する浄土真宗の全体を支え成り立たしめている根拠と了解すべきか、あるいは、その全体を開く本願の名号の内実と了解すべきであろう。なぜなら、光寿二無量の願は、大乗の仏道の究極的な覚りである大涅槃を表すのだから、浄土真宗の根拠と見てもいいし、大涅槃から二種回向によって浄土真宗が開かれると見ても大きな誤りはなかろう。いずれにしても、本願の名号を成就する願であるから、衆生に直接仏道を成就する下巻の成就文とは一線を画して了解する必要があると思われる。

このように親鸞の仏道は、本願の名号（光寿二無量）に帰すという法然との出遇いから始まるが、それが必至滅度の願成就文、諸仏称名の願成就文、至心信楽の願成就文の三願の成就で確かめられている。しかしそれは、自力から他力への転入であるから至心発願の願成就文が、第十八願成就文と隣り合わせに説かれていた。そしてその全体を成り立たせる如来の本願力が、還相回向の願成就文として挙げられているのである。ここまでで、衆生の仏道は一応完成したと見ることができよう。

したがって、その後に説かれる三毒五悪の悲化段の教説から、対告衆が阿難から弥勒菩薩に代わる。弥勒は一生補処の菩薩として必ず仏に成るのだから、本来なら説法する必要はない。それにも拘わらず『無量寿経』を説く大聖釈尊は、弥勒菩薩を対告衆として悲化段・智慧段を説くのである。悲化段は、三毒五悪の五濁悪世を超えて願生浄土の仏道に立てという、大悲の教誡であった。さらに智慧段は、それが叶わないことを通じて、その根源に自力の執心の根深さがあることに目覚めて、第十八の願力広大なる世界を仰ぐ者になれという、大悲大智の果遂の方便が説かれていた。そこから見れば三毒五悪の悲化段は、第十八願の最後の「唯除五逆誹謗正法」という、釈尊の抑止という意味を持つ教誡であろう。そうであればこの唯除の文は、第十九願から第十八願への転入だけではなく、第二十願から第十八願への転入に重要な意味を持っている教説ではなかろうか。曽我量深が、唯除の文を第二十願との関係で深く思索しているのは、このような『無量寿経』の聞思によるのであろう。

さらに注意しなければならないことは、『無量寿経』正宗分の教説が第二十願の成就文で閉じられることである。「不断煩悩得涅槃」を説く『無量寿経』は、群萌の救いを果遂する阿弥陀如来の本願の大悲の仏道である。そうであれば煩悩の身という歴史的な現実を荷負して、つねに今の信の一念に願海の一乗を仰ぐ者に果遂する、それが本願の大悲ではなかろうか。しかもそれは凡夫のままで如来摂取の光明海中にあるのだから、衆生の努力を必要とせずに丸ごと願生浄土の仏道に包まれる。そこに『無量寿経』の本願の仏道の眼目がある。第十八願成就の信心に不可思議の仏智を了知して、凡夫のままで浄土に包まれていく、そこに願生浄土の仏道が本願の方から果遂される。

しかもその歩みは、命ある限り「昇道無窮極」と続くことを教えるために、第二十願の成就文が『無量寿経』正宗分の最後に説かれるのではなかろうか。

親鸞の仏道は、このように『無量寿経』下巻の本願成就文に立って、上巻の因願を推究した、本願相応の大乗の論書である。成就に立って因願を推究するとは、日々新しく本願の仏智によって煩悩の身の愚かさを知らされることである。本願の智慧によりながら生涯にわたって、自己自身を明らかにしていく歩みである。その全体が広大無辺際の浄土に包まれて、願生浄土の仏道となるのである。その意味で親鸞の仏道は、人智の愚かさがどこまでも破られていく道であるから、『教行信証』は学的な書であっても、アカデミズムや世間の学とはまったく異質な、無我の書である。本願の名号の回向によって、凡夫のままに大涅槃の風光が輝き出ている。そこに『無量寿経』相応の論書である優婆提舎としての『教行信証』を仰ぐことである。

八　二種回向の開顕

親鸞はこのように『無量寿経』を真実教として、衆生に行・信・証を恵む願は、第十七・諸仏称名の願と第十八・至心信楽の願と第十一・必至滅度の願であることを尋ね当てた。われわれが浄土真宗の仏道に立つのは、本願の名号に帰した時、この行・信・証が恵まれることによるのである。この四法が恵まれることによって願生の仏道に立つことになるのだから、教・行・信・証はどこまでも衆生の分際である。それに対して衆生にそれを実現せしめる本願は、どこまでも如来の働きである。この働きを表す先の三つの本願を、如来の往相の回向と捉え、第二十二願を如来の還相回向と捉えて、「教巻」の冒頭に、

謹て浄土真宗を按するに二種の回向有り一には・往相・二には・還相なり往相の回向に就て真実の教行信証有り

（『定親全』一、九頁）

と、浄土真宗の大綱を述べて真実の巻が始まるのである。この親鸞の二回向四法の定義は、本願の名号に帰した回心懺悔の身を、確かに仏道に立たしめた本願成就文の教説から開かれてきた思索と、先に尋ねた三一問答の欲生心を回向心と捉えた思索の、両方から開かれた知見であると思われる。

欲生釈では、名号に帰した懺悔の身に「欲生我国」と喚びかけてやまない欲生心を、回向心と捉えたのであった。もちろん親鸞は、欲生する実体的な如来を措定して註釈しているのではない。至徳の尊号にまでなった無漏真実に、どこまでも背き続ける身が、背くエネルギーと同じ力で喚び返されていたと感得するのである。ちょうど名号を支点として、輪ゴムで引っ張れば引っ張るほど苦しいが、その苦しみの本が、背く身それ自身にあると知らされた時、背いてきたエネルギーと同じ力で「欲生我国」と喚び返されていたと、背く身が感得するのである。無漏真実の実態があるわけではないが、懺悔の身に真実の方から欲生してくると感得された願心は、真実を回向して如来の大悲心を成就するのだから、親鸞は欲生心を回向心と捉えたのであろう。あるのは至徳の尊号と、それに背き続ける身だけである。その身に欲生してやまない願心を、親鸞は回向心と尋ね当てるが、その欲生釈の後に、その根拠となった教釈として、『浄土論註』の回向の二相の文と浄入願心の文、『浄土論』の出第五門の文、さらに善導の金剛の信心を表す文を掲げている。

「本願力回向」という言葉が七祖の中で初めて出てくるのは、親鸞がここで引文するように、『浄土論』の出第五門の文である。

出第五門とは、大慈悲を以て一切苦悩の衆生を観察して、応化の身を示して、生死の園、煩悩の林の中に廻入して、神通に遊戯し教化地に至る。本願力の回向を以ての故に、是を出第五門と名く。

（『真聖全』一、二七七頁）

ここに「本願力回向」と出てくるが、『浄土論』では、出第五門の菩薩の本願力回向として説かれている。つまり、善男子善女人が五念門を修し、浄土の菩薩となって浄土から教化に出てくる菩薩の本願力回向である。このように『浄土論』において回向行は菩薩の実践行として説かれている。この文を曇鸞は、次のように註釈する。

「本願力」と言うは、大菩薩法身の中にして常に三昧に在まして種種の身・種種の神通・種種の説法を現ずることを示す。皆本願力を以て起こすなり。譬ば阿修羅の琴の鼓する者無と雖も音曲自然なるが如し。是を教化地の第五功徳相と名く。

（『真聖全』一、三四五頁）

曇鸞は、菩薩の「本願力回向」であったものを「本願力」にだけ註釈して、不虚作住持功徳に説かれる阿弥陀如来の本願力と了解している。なぜなら曇鸞は不虚作住持功徳釈で、阿弥陀如来を見て、阿弥陀の本願力によって八地以上の菩薩と等しい菩薩になると説くが、その菩薩について次のように言う。

此菩薩報生三昧を得て、三昧の神力以、能く一処にして、一念一時に十方世界に遍じて、種種に一切諸仏及諸仏の大会衆海を供養し、能く無量世界の仏・法・僧無まさぬ処に於て、種種に示現し種種に一切衆生を教化し度脱して常に仏事を作せども、初より往来の想・供養の想・度脱の想無し。是の故に此の身を名て平等法身と為す。

（『真聖全』一、三三二頁）

このように不虚作住持功徳で説かれる菩薩は、浄土で見仏して阿弥陀如来の本願力によって「報生三昧を得て、三昧の神力をもって、（中略）種種に示現し、種種に一切衆生を教化し度脱」する。それは出第五門の文で言えば、「常に三昧にましまして、種種の身・種種の神通・種種の説法を現ずることを示す」と同じことであるから、曇鸞にとって「本願力」とは阿弥陀如来の本願力であることは、当然である。

　さらにこの註釈でもう一つ大切なのは、その八地以上の菩薩を曇鸞は「大菩薩法身の中にして」と、「大」の字を冠して、みずからが五念門を修して菩薩に成ることではない、という意味を託すのである。そうではなくて、出第五門の還相の菩薩が遊ぶがごとくする自在な教化を受け、それを仰ぐ者として註釈していることには、充分な注意をする必要があろう。このような曇鸞の姿勢は、巻末の註釈に至ってますます明確になるように思われる。『浄土論』は、次の文で終わる。


　菩薩は是の如く五門の行を修して自利利他して、速に阿耨多羅三藐三菩提を成就したまへることを得たまへるが故に。

（『真聖全』一、二七七頁）


この文で「速やかに阿耨多羅三藐三菩提を成就したまえる」と言うが、それはなぜかを問うのが『浄土論註』の覈求其本釈である。そこで曇鸞はよく知られているように、

　『論』に言はく。五門の行を修して自利利他成就するを以ての故なり。然に覈に其の本を求むるに阿弥陀如来を増上縁と為す。

（『真聖全』一、三四七頁）


と言い、それに続けて他利利他の深義を述べる。この他利利他の深義については前に尋ねたのでここでは繰り返さない。要するに、『浄土論註』においてこれまで五念門行を修して衆生に自利利他が成就するかのように述べてきたが、自利利他は衆生にはなく、その本は阿弥陀如来の本願力である、と言うのである。したがって曇鸞は菩薩の五念門行の根源には、阿弥陀如来の本願力が働いていると言うのであろう。

　『浄土論』では大乗の仏道を菩薩道として表現するために、五念門の行は菩薩の実践行である。『浄土論註』はそれの註釈であるから、曇鸞は『浄土論』に従って一応菩薩の実践行として註釈する。したがって『浄土論註』の表

面的な意味では、菩薩の実践行である五念門の根源力として阿弥陀如来の本願力を尋ね当てたと言っていることになる。しかしその註釈から外れている箇所、つまり上巻の二道釈、八番問答、下巻の覈求其本釈以下は、はたしてそう読むべきであろうか。そうではなくて曇鸞は、大菩薩の五念門の教化を、凡夫としてただ仰ぐほかはないと言っているのではなかろうか。少なくとも親鸞は、曇鸞の深意をそのように読み取って、五念門行を衆生の実践行ではなくて、法蔵菩薩の行と読み取ったのであろう。親鸞は『入出二門偈』において、五念門行を『大経』勝行段に説かれる法蔵菩薩の不可思議兆載永劫の行と読んでいるし、『教行信証』では菩薩の五念門行にすべて敬語を付して、法蔵菩薩の行と読むことは周知のことである。

したがって曇鸞もここでは、五念門行は衆生を願生の仏道に立たせる如来の行である、と言いたいのではなかろうか。その阿弥陀如来の本願力の自利利他を、次の三願的証で、第十八願と第十一願を如来の自利の願とし、第二十二願を如来の利他の願とするのである。親鸞はこのような曇鸞の了解によりながら、善導の三心釈を踏まえて、如来の本願力回向と了解するのであろう。

親鸞は欲生の願心を回向心と捉えるから、基本的に浄土の真実から還相する働きを回向心というのである。ところがこの如来の回向に二相を見て、曇鸞は次のように説く。

廻向に二種の相有り。一は往相、二は還相なり。往相は、已れが功徳を以て一切衆生に廻施して、作願して共に彼の阿弥陀如来の安楽浄土に往生せしめむとなり。還相は、彼の土に生已て、奢摩他毘婆舎那方便力成就することを得て、生死の稠林に廻入して、一切衆生を教化して、共に仏道に向へしむるなり。若は往若は還、皆衆生を抜て生死海を渡が為なり。(『真聖全』一、三一六頁)

おそらく親鸞は、如来の回向に二つの相があるという曇鸞の指示によって、回向する願心に二つの契機があることを知らされたのであろう。往相に如来の自利の願である第十八・第十一願を当て、還相に如来の利他行を表す第二十二願を当てて、どちらも如来の回向として体系づけたのではなかろうか。

言うまでもなく親鸞の立脚地は、大行大信を表す第十七・第十八願成就文であるから、第十七・諸仏称名の願、第十八・至心信楽の願、第十一・必至滅度の願を、如来の往相回向とし、第二十二・還相回向の願を如来の還相回向という二種の回向に開いていくことになるのである。曇鸞の回向の二相から親鸞の二種回向への大跳躍に、善導の二尊教と三心釈の教えがあったと思われる。要するに、衆生の存在の深奥から南無阿弥陀仏と名告りを上げて浄土に往生させようとする如来の往相の回向と、外側から第二十二願に乗託してわれわれを護持養育し、浄土に往生させようとする還相の回向（師の教化）との、二種の回向に分けたのであろう。

親鸞の二種回向論については、寺川俊昭の優れた見解がすでに発表されている。回心懺悔の身に立って如来の回向を推究する寺川の方法論といい見識といい、それらに何一つ付け加えるものを、私は持ち合わせていない。親鸞の二種の回向は、挙げて如来の回向である。往相の回向によって、われわれは教・行・信・証という浄土真宗の仏道に立たされ、還相の回向に師の恩徳を仰ぐという見解は、『浄土論』『浄土論註』を見抜いた親鸞の択法眼によく適った見解であると思う。『教行信証』の構造を論じようとする本書で、私が親鸞の二種回向論にあまり立ち入らないのは、寺川の親鸞の二種回向論をただ感佩するばかりであり、それによって考えていただくことを望むからである。

註

（1）　この分け方は『浄土三部経講義』柏原祐義著、平楽寺書店に依った。

（2）　この分け方は『無量寿経優婆提舎願生偈註』神戸和麿著、東本願寺出版部に依った。

第五章　『教行信証』の核心

一　「正信偈」と二つの問答

これまで尋ねてきたように親鸞の立脚地は、第十八・至心信楽の願成就文である。そしてそれは第二十願・至心回向の願の成就文と合せ鏡になっていて、徹底した凡夫の懺悔に貫かれていた。したがって『教行信証』は、本願の名号に帰した懺悔で一貫されているが、その大行・大信にどうして「極速円満す、真如一実の功徳宝海」という涅槃の真実が自証されるのかを、本願の道理によって明らかにした書である。

なぜなら、大乗仏教の教理では、大涅槃は凡夫の信心に実現するようなものではない。明恵の『摧邪輪』での批判は、実にその点にある。聖道門では、『華厳経』「十地品」や『菩薩瓔珞経』の菩薩の五十二位を背景に修道体系が建てられ、菩提心が等覚の金剛心にまで到達して涅槃の覚りを得るのであって、法然の言うように称名念仏によって得るのではない。明恵のこの批判は、向上的な自力の理想主義に立つものであるから、現代のわれわれの常識にまで通じる発想であり、人類の永遠の疑問でもある。その批判に如来の本願の道理によって応えようとした書が、『教行信証』である。親鸞は明恵の批判に応えるということを通して、人類の課題を解こうとしたのである。

「行巻」の冒頭には、親鸞の立脚地である大行、大信が独自の能動性を湛えて、次のように記されている。

謹て往相の回向を按するに大行有り大信有り大行は則無碍光如来の名を称するなり斯の行は即是諸の善法を摂し諸の徳本を具せり極速円満す真如一実の功徳宝海なり

（『定親全』一、一七頁）

大行は、善法・徳本によって信じる身に「真如一実の功徳宝海」を極速に円満すると説く。それを『一念多念文意』では、

真実功徳とまふすは、名号なり、一実真如の妙理円満せるがゆへに、大宝海にたとえたまふなり。一実真如とまふすは、無上大涅槃なり、涅槃すなわち法性になり、法性すなわち如来なり。宝海とまふすは、よろづの衆生をきらはず、さわりなくへだてず、みちびきたまふを、大海のみづのへだてなきにたとへたまへるなり。

（『定親全』三、和文篇、一四五頁）

と、大行はそれを信じる身に、凡夫の煩悩をも嫌わずに真実功徳に包み「極速円満」する大涅槃の働きを実現するが、この驚くべき涅槃の現成を、親鸞は本願の道理に立って証明するのである。

その際、重要な教説が、『無量寿経』下巻の本願成就文である。そこでは衆生を正定聚に立たせ大涅槃を超証させたいと誓われた第十一・必至滅度の願成就文が、最初に説かれる。本願の信によって正定聚に立ち必ず涅槃を超証する、これが成就文の意味するところである。しかしそれは、聖道門のように自力によって覚りを開くのではなく、『無量寿経』の本願を説いた釈尊とそれを伝えた諸仏の念仏の伝統によって開かれる。それを説くのが、次の第十七・諸仏称名の願成就文である。最後は、凡夫の他力の信心に「即得往生　住不退転」が実現された感動が、第十八・至心信楽の願成就文として説かれる。親鸞はこの「即得往生　住不退転」を、和文の聖教で一つの例外もなく「正定聚」に読み替える。したがって、第十八・至心信楽の願成就文は、本願力回向の信に正定聚を実現して、必ず涅槃を超証すると説かれる。この因願に至心・信楽・欲生の三心が誓われるのは、その如来の大悲心を実現す

るためである。したがって、第十一・必至滅度の願成就文を中心にして、第十七願成就（大行）の方は、釈尊の「浄土三部経」への恩徳とそれを伝えた七祖の恩徳へと極まっていく。また、第十八願の成就（大信）の方は、至心、信楽、欲生と誓ってくださった阿弥陀如来の恩徳に極まっていく。どちらも、凡夫の信心になぜ涅槃道が実現するのか、その恩徳の推究である。

親鸞はこの第十一・必至滅度の願成就文について、次のように言う。

たとひわれ仏をえたらむに、くにのうちの人天、定聚も住して、かならず滅度にいたらずば、仏にならじとちかひたまへること、ろなり。（中略）かくのごとく、法蔵菩薩ちかひたまへるを、釈迦如来五濁のわれらがためにときたまへる文のこゝろは、それ衆生あて、かのくににむまれむとするものは、みなこと〴〵く正定の聚に住す。（中略）この二尊の御のりをみたてまつるに、すなわち往生すとのたまへるは、正定聚のくらゐにさだまるを不退転に住すとはのたまへるなり。このくらゐにさだまりぬれば、かならず無上大涅槃にいたるべき身となる

（『定親全』三、和文篇、一二八頁）

法蔵菩薩の因願も成就文も、その文面から正定聚は浄土に生まれてからの位である。しかし、釈尊は成就文で、正定聚は五濁の凡夫の信心に得ると教えている。親鸞は今、他力の信心によって凡夫のままで無上大涅槃に至るべき身となったという感動を述べているのである。明恵のいう聖道門とは違って、親鸞がこの成就文で立った涅槃道は、ひとえに二尊の恩徳によることがよくわかるであろう。

『教行信証』には、「正信偈」と、三一問答と三経一異の問答という二つの問答がある。大乗の論書においては、偈頌と問答が重要な意味を持つことは言うまでもない。「正信偈」は、伝承（教・行）と己証（信・証・真仏土・化身土）の巻の間に置かれていて、凡夫のままで本願成就の涅槃道に立てたことに対する、親鸞の讃歌である。その

偈前の文には、『浄土論註』の「世尊」の註釈の後半の部分が引文されている。

夫れ菩薩は仏に帰す。孝子の父母に帰し、忠臣の君后に帰して、動静己に非ず、出没必由あるが如し。恩を知て徳を報す、理宜しく先つ啓すべし。又所願軽からず、若し・如来、威神を加したまはすは将に何を以てか達せむとする。神力を乞加す、所以に仰て告く、と。（『定親全』一、八四〜八五頁）

この文から、「正信偈」は阿弥陀如来の本願の讃歌であり、そこにはまったく親鸞の私心がないことを告げている。ところがこの文の前に、親鸞は、

是を以て知恩報徳の為に宗師の釈を披きたるに言わく、（『定親全』一、八四頁）

と、曇鸞の『浄土論註』の文にも拘わらず「言わく」という語を冠しているのである。よく知られているように『教行信証』の引文は、経典は「言」、論は「曰」、釈は「云」という字で区別しながら、経、論、釈の引文がなされている。ただし一つだけ例外があって、曇鸞の『浄土論註』は釈にも拘わらず、『註論』といい、「曰」の語を用いて親鸞はそれを論扱いとしている。

ところがここでは、「言わく」を冠して『浄土論註』の文であっても、釈尊の教説として仰いでいることがわかる。親鸞は知恩報徳のために「正信偈」を詠うが、天親の『願生偈』のように、『無量寿経』の本願力に相応して詠うのである。知恩報徳こそが、『無量寿経』の教説に相応した真仏弟子の眼目である。そのことを教える『浄土論註』の文を釈尊の仏説として仰いでいると見ることができよう。

はたして、この偈前の文の後に、

爾者大聖の真言に帰し、大祖の解釈に閲して、仏恩の深遠なるを信知して、『正信念仏偈』を作て曰く、（『定親全』一、八五頁）

と、「曰」の字で、みずからの「正信偈」をあたかも天親の「願生偈」のごとくに論として掲げるのである。このような親鸞の深意からして、「願生偈」が解義分を持つのと同じように、「正信偈」も己証の巻という解義分を持つのであろう。その意味では、「正信偈」の方が主と考えるべきなのではなかろうか。大聖釈尊の『無量寿経』の信心の偈（依経分・至心信楽の願成就）と七祖の伝統の偈（依釈分・諸仏称名の願成就）、すなわち「称名信楽の悲願成就の文」の歌、それが「正信念仏偈」であり、それこそが『教行信証』の核心であると思われる。

三一問答は、すでに第二章で言及したから、詳しく述べる必要もなかろう。衆生の信心（一心）と如来の願心（至心・信楽・欲生）は、衆生と如来という位相の違いはあっても、その信心は回向成就の信として同質である。ここに本願力回向という、聖道門の疑難に応えようとした親鸞教学の眼目がある。この三一問答を一貫している第十八願の成就文を、親鸞は以下のように読む。

諸有衆生、其の名号を聞て、信心歓喜せむこと乃至一念せむ。至心に回向せしめたまへり、彼の国に生と願せば、即ち往生を得て不退転に住せむ。唯五逆と誹謗正法とおは除くと。（『定親全』一、九七〜九八頁）

特に、従来「至心に回向して」と読んでいた「至心回向」を、「至心に回向せしめたまえり」と読んで、第二十の「至心回向」と区別する。そして、本願力回向の信心だからこそ、「涅槃の真因はただ信心をもってす」ということを証明したものが三一問答である。したがってその思索の全体は、『如来表現の範疇としての三心観』という曽我量深の書名にあるように、阿弥陀如来が第十八願で至心・信楽・欲生の三心を誓うのは、如来が涅槃の覚りを衆生に表現しようとしてくださるからであるという、阿弥陀如来への深い恩徳に満ち溢れている。このように三一問答は、第十八・至心信楽の願成就文に立って、信心のうちに阿弥陀如来の大悲の願心を尋ね当てた思索である。

この三一問答は、本願成就の信の内景を如来の願心にまで尋ね当てた、本願の信それ自身が持つ深化作用である。

だからそれは、法蔵菩薩が立ち上がった如来の智慧海に触れた感動でもある。それを親鸞は、至心釈・信楽釈の結びに、次の句で示す。

　又言経始に如是と称ることは信を彰て能入と為す

（『定親全』一、一二七頁）

そして、龍樹→曇鸞→法然→親鸞と継承された重要な文が掲げられる。

　この文は、「化身土巻」の三経一異の問答の結釈にも掲げられている。

　三経の大綱、顕彰隠密の義有と雖も、信心を彰して能入と為す。故に経の始めに如是と称す。如是の義は則善く信する相也

（『定親全』一、二九四頁）

このことからわかるように三一問答と三経一異の問答とは、本願成就の信心の内景を探る同質の思索である。「信巻」と「化身土巻」とは離れているが、清沢満之が最後の手紙で指摘していたように、「我が信念」としての三一問答は真諦の思索であり、「宗教的道徳（俗諦）と普通道徳との交渉」としての三経一異の問答（三願転入）は俗諦の思索として、紙の裏表のような関係にある。要するに曽我量深が指摘したように、「信巻」以降「化身土巻」までを包んで、親鸞の本願の信の己証である。つまり真仏弟子の生きた信心は、世間（俗諦）の中にあって、出世間の如来の世界（真諦）を生きようとする意欲である。そうであれば信心の己証は、必ず真諦と俗諦の二面を持つ。三一問答が真諦の阿弥陀如来の恩徳に対する思索であり、三経一異の問答は俗諦の中で、浄土の三部経を説いてくださった大聖釈尊の大悲に対する讃嘆である。そのどちらもが、なぜ本願成就の信心が凡夫に起こったかを探る思索である。『無量寿経』の回向成就の一心によって、涅槃への大道に立った感動を「信心を彰して能入とす」という言葉が教えているのであろう。三一問答はすでに尋ねたので、ここでは三経一異の問答の概要を尋ねておきたい。

　それは、次のように始まる。

問『大本』の三心と、『観経』の三心と、一異云何そや。答・釈家之意に依て、『無量寿仏観経』を按は、顕彰隠密の義有。顕と言は、即ち定散諸善を顕し、三輩三心を開く。然に二善・三福は報土の真因に非す、諸機の三心は自利各別にして利他の一心に非す。如来の異の方便、欣慕浄土の善根なり。是は此の経の意なり。即・是・顕の義也、彰と言は、如来の弘願を彰し、利他通入の一心を演暢す。達多闍世の悪逆に縁て、釈迦微咲の素懐を彰す。韋提別選の正意に因て、弥陀大悲の本願を開闡す。斯れ乃ち此の経の隠彰の義也。（中略）良に知ぬ、此れ乃し此の『経』に顕彰隠密の義有ることを。二経の三心、将に一異を談ぜんとす。善く思量す応き也。『大経』『観経』、顕の義に依れは異なり、彰の義に依れは一也、知る可し。

（『定親全』一、二七六～二七八頁）

「化身土巻」のここまでは、第十九願・至心発願の願意の推究である。ここからはその願意を表す『観無量寿経』の三心と、『無量寿経』の三心との一異を問うて、なぜ『観無量寿経』の三心が説かれなければならなかったのかを問うのである。『観無量寿経』が顕の義で、至誠心・深心・回向発願心の自利各別の心を説くのは、釈迦如来の異の方便として欣慕浄土の善根を説くのであって、彰隠密の義から言えば、他力の一心を彰すためである。そこに自力の悪逆を生きるしかない人間に、『観無量寿経』を説かなければならなかった釈尊の大悲の方便がある。その意味で『無量寿経』と『観無量寿経』とは、表向きには異なった教説のように見える。しかし、釈迦如来の真意から言えば、他力の一心を説くことにあると尋ね当てるのである。

第十九願と第十八願の成就文は、『無量寿経』下巻に隣り合わせに説かれていた。その関係を明らかにするために、ここでは『観無量寿経』の三心と『無量寿経』の三心の一異を問うているのである。それは善導が教えるように、『観無量寿経』の要門を通して弘願に目覚めていくことにほかならない。『無量寿経』の法の真実と『観無量寿経』の機の課題とは、善導の二種深信がその大跳躍点となって、その一点に極まっていくのである。その意味で、悪人の往生こそ、浄土教の特質である。達多・闍世の悪逆と韋提別選の正意によって、大聖釈尊は、弥陀大悲の本願を開闡してくださった。ここは、その釈迦如来の大悲の方便への限りない謝念を表している箇所であろう。

この思索はさらに、第二十願・至心回向の願意を表す『阿弥陀経』の一心一異の問答へと展開する。

又問。『大本』と『観経』の三心と、『小本』の一心と、一異云何そや。答。今方便真門の誓願に就て、行有り信有り、亦真実有り方便有り。願は、即植諸徳本の願是也、行は、此に二種有り。一には善本、二には徳本也。信は、即ち至心回向欲生の心是也、機に就て定有り散有り。往生は、此れ難思往生是也、仏は、即・化身なり。土は、即ち疑城胎宮是也、『観経』に准知するに、此経に亦顕彰隠密の義有る応し。顕と言は、経家は一切諸行の少善を嫌貶して、善本徳本の真門を開示し、自利の一心を励まして、難思の往生を勧む。是を以て『経』には多善根多功徳多福徳因縁と説き、『釈』には九品倶に回て不退と云へり。或は無過念仏往西方三念五念仏来迎と云へり。此れは是れ此の経の顕の義を示す也、此れ乃ち真門の中の方便也。彰と言は、真実難信の法を彰す。斯れ乃ち不可思議の願海を光闡して、無碍の大信心海に帰せ令めむと欲す。良に勧め既に恒沙の勧めなれは、信も亦恒沙の信なり、故に甚難と言へる也。『釈』に、直ちに弥陀の弘誓重れるに為て、凡夫念れは即生と使むることを致す云へり。斯れは是れ・隠彰の義を開く也。

（『定親全』一、二九二～二九三頁）

ここでは『無量寿経』『観無量寿経』の三心と、『阿弥陀経』の一心の一異が問われる。この経は、方便真門の第二十・植諸徳本の願意を説く教えで、本来、顕彰隠密はない。しかし今『観無量寿経』になぞらえて顕彰を考えることができる。顕の義では、念仏一つを自力で励む難思往生が勧められる、それは真門の中の方便の教えである。しかしそこに秘められている彰の義は、衆生には信じ難い不可思議の願海を明らかにして、一切の衆生を帰せしめなければ仏に成らないという果遂の誓いこそが、この教えの真意である。のちに尋ねるが『法事讃』では、第二十・果遂の誓いはただちに第十八の弘誓と重なると説かれているから、願力の不思議によって必ず「難思議往生を遂げんと欲う」という意欲を恵むのである。このような思索を踏まえて、親鸞は次のように結論する。

三経の大綱、顕彰隠密の義有と雖も、信心を彰して能入と為す。故に経の始めに如是と称す。如是の義は則善く信する相也、今三経を按するに、皆・以て・金剛の真心を最要と為り。（中略）大信心海は甚た以て入り叵し、仏力従り発起するか故に。真実の楽邦甚た以て往易し、願力に籍て即生するか故なり。今将に一心一異の義を談せむとす。当に此の意なるへしと也、三経一心の義、答へ竟ぬ。

（『定親全』一、二九四頁）

『観無量寿経』『阿弥陀経』に顕彰隠密の義があるのは、ひとえに凡夫を『無量寿経』の他力の一心に導くためである。阿弥陀如来の方から開かれてくる大信心海は、衆生には実に入り叵い。しかし果遂の誓いの願力に籍《よ》るからこそ、真実の報土は往き易いのである。それは大衆の中にして浄土の三部経を説き、ひとえに『観無量寿経』『阿弥陀経』に顕彰隠密の義を明らかに説いてくださった大聖釈尊の深い大悲の方便によるのである。親鸞は、第十八願の「難思議往生を遂げんと欲う」という願生心に立って、自力を生きるほかはない凡夫を他力の一心に導くために釈尊は三経を説いてくださったと、その釈尊の説く『無量寿経』には第十八願の願意を教えられ、『観無量寿経』には第十九願の願意を教えられ、『阿弥陀経』には第二十願の願意を教えられて、自力を離れることができない凡夫のままで、真実報土の中に在るという他力の一心へ導かれていき、そこに釈迦如来の大悲を仰いでいるのである。

言うまでもないが、この三経一異の問答を踏まえて、三願の往生の道筋を主体的に表明し直したものが、いわゆる三願転入である。その文はすでに引文しているからここでは省略するが、第十九・双樹林下往生から、第二十・難思往生への回入が説かれ、さらにそこから難思議往生への転入が説かれて、「難思議往生を遂げんと欲う。果遂の誓い、良に由あるかな」と結ばれていく。文の当面から言えば、第十九・双樹林下往生→（回入）第二十・難思往生→（転入）第十八・難思議往生と平面的で一続きに読めるが、この三願転入は本願の成就に立った信心の内景を探っている思索なのだから、曽我量深が言うように、第十九願から第十八願への回心（「雑行を棄てて本願に帰す」）と、回心後の念仏生活の問題として第十八願と第二十願とが合せ鏡になっている、という信心の立体的な構造を読み取るべきだと思われる。なぜなら第四章で尋ねたように、『無量寿経』下巻の本願成就文の教説の配置から、第十八願成就文と第十九願成就文が隣り合わせに説かれ、第二十願の成就文は『無量寿経』正宗分の最後に説かれる真仏弟子の問題だからである。それは念仏生活の中で起こってくる三毒五悪の衆生の問題を、如来の方から果遂せんとする如来の課題であり、第十八願が第十九願と第二十願の両方に関わって、立体的に説かれているのである。よって、「信巻」の三一問答が弥陀の大悲の推究であるならば、「化身土巻」の三経一異の問答とそれを踏まえた三願転入は、釈尊の大悲の究明であると見ることができよう。

この章の始めに、「称名信楽の悲願成就の文」の歌が「正信偈」であると述べたが、言葉や分別を超えた涅槃に触れた感動は、詩としてしか表現できないのではなかろうか。仏道の救いとその感動は、本来「正信偈」だけで充分なのであろう。しかし、親鸞が「証巻」に示しているように、

同一に念仏して別の道無きか故に遠く通するに、夫れ四海の内皆兄弟と為る也。眷属無量なり。焉くんそ思議す可きや。（『定親全』一、一九八頁）

という感動は、

若し人・一たひ安楽浄土に生すれは、後の時に意三界に生て衆生を教化せむと願して、浄土の命を捨てて願に随て生を得て、三界雑生の火の中に生と雖、無上菩提の種子畢竟して朽ちす。何を以の故に。正覚阿弥陀の善

く住持を径るを以の故にと。

（『定親全』一、一九七〜一九八頁）

と、本願の信は苦悩の衆生と共に生きる地獄一定の生活の中で、必ず教化の志願に展開する。願生心が必然的に持つ教化の志願に立たされる時、詩の持つ意味を本願の道理として伝えなければならない。その志願が必然的に展開したものが、解義分としての『教行信証』であろう。

その意味からすれば、「正信偈」の中の依釈分、つまり『無量寿経』を説いた釈尊と七祖の伝統が、第十七・諸仏称名の願成就文に立って詠われた内容である。その釈迦諸仏の大悲を解義分として推究した思索が、「化身土巻」の三経一異の問答であろう。それに対して「正信偈」の依経分は、「本願名号正定業　至心信楽願為因　成等覚証大涅槃　必至滅度願成就」が中心となる。言うまでもなく第十八・至心信楽の願成就文に立って詠われた内容である。凡夫に大涅槃を恵むために至心・信楽・欲生の三心を開いてくれた、その阿弥陀如来の大悲を解義分として推究した思索が「信巻」の三一問答である。このように「正信偈」はもちろんのこと『教行信証』の全体は、

釈迦弥陀は慈悲の父母　種種に善巧方便して
われらが無上の信心を　発起せしめたまひけり

（『定親全』二、和讃篇、一一四頁）

と詠われるように、畢竟、釈迦弥陀の二尊の恩徳に極まっていくのである。

このように考えることができれば、『教行信証』は「正信偈」の偈頌を中心にして、「信巻」の三一問答と「化身土巻」の三経一異の問答の解義に展開していると見ることができよう。したがって「正信偈」と、その解義分としての三一問答と三経一異の問答、これが『教行信証』の己証の核心であると思われる。

二　『浄土文類聚鈔』

『教行信証』の縮小版であると思われる『浄土文類聚鈔』を見ると、往相回向と還相回向による教・行・信・証の仏道が説き終わると、「念仏正信偈」が詠われて何の説明もなく三一問答と三経一異の問答が説かれて、全体が閉じられる。ここに親鸞の己証の核心があると思われるので、それを考えたいが、その前に簡単に『浄土文類聚鈔』を概観してみよう。

『浄土文類聚鈔』は、親鸞の真筆が残されていないために、成立年時から問題になる。『教行信証』の撰述前に著されてその原型になったという説と、撰述後にその真意を伝えるための略書であるという二説がある。先学によって議論がなされているが、いまだに決着を見ていない。ただ残されている写本の奥書から、親鸞八十歳説（専修寺に伝わる真智写本の奥書）、八十三歳説（東本願寺蔵・旧浄興寺本、福伝寺本の奥書）、八十五歳説（大谷大学蔵・室町末期の写本）の三つに分かれるが、これらの奥書から一般的には、親鸞晩年の著作とされている。

『教行信証』は『顕浄土真実教行証文類』と標題されるように、「浄土三部経」を中心にほかの経論釈にまで及んで、六十四部三百文以上の引文によって成り立っている。それを真仮六巻に開き、『法華経』を中心とする既存の大乗仏教に対して、『無量寿経』の仏教史観による仏道を体系化し直した学的な書である。したがって各巻には因願を立て、真仮と真偽を視野に入れながら、二双四重の教判、真化の二土、真実と方便の四法等を説いて、『無量寿経』の回向による仏道の真理性を開顕している。

それに対して『浄土文類聚鈔』の方は簡潔で、『大経』と『無量寿如来会』『称讃浄土経』という経、龍樹・天親の論、曇鸞・善導の釈の二十九の引文で成っており、『教行信証』から見れば圧倒的に小部な論述である。親鸞の他力の信の己証が、贅肉を取り払った骸骨として著されたものだと思われる。

冒頭の序は、次の文から始まる。

夫れ、無碍難思の光耀は苦を滅し楽を証す。万行円備の嘉号は障を消し疑いを除く。末代の教行、専ら此れを修す応し。濁世の目足、必ず斯を勤む可し。（『定親全』二、漢文篇、一三一頁）

『往生要集』を連想させるこの文から、『浄土文類聚鈔』は、法然から賜った真実教と選択本願の行を「濁世の目足」とすることに主眼があると思われる。はたして行を明らかにする箇所では、

行と言ふは、則ち利他円満の大行也。即ち是れ諸仏咨嗟の願より出たり。復た諸仏称名の願と名く、亦往相正業の願と名く可し。然るに本願力の回向に二種の相有り、一には往相、二には還相なり。往相に就いて大行有り、亦浄信有り。（『定親全』二、漢文篇、一三二頁）

と、『教行信証』のように大信を立てずに、浄信として大行の中に摂めている。この直後に第十七・第十八願成就文である「称名信楽の悲願成就の文」を引用して、信心を回向の法である大行に摂めることから、それがより明確になる。さらにその後に説かれる証もまた行に摂めて説いていることから、選択本願の念仏一つを旗印にした法然への回帰が顕著な著作ではなかろうか。

さらに注意を引く点は、二回向四法の因願で構成される『教行信証』の教義体系に対して、『浄土文類聚鈔』は本願成就文によって構成されている。当然、「称名信楽の悲願成就の文」を中心に据えた、本願の信の直截な表現になっている。したがって『教行信証』のような学的な体系書というよりも、内容からして、わが信念の吐露という表現の方が適切ではなかろうか。また方便に関するものをすべて削ぎ落としていることから、親鸞の本願の信に

自証されている絶対真実の感動を簡潔に表して、法然の選択本願の教えに応えたものであると思われる。

したがって往還二種回向の表現も、『教行信証』とは少し違っている。『教行信証』は「往相の回向について、真実の教行信証あり」と始まるが、『浄土文類聚鈔』の方は、称名信楽悲願成就の大行から往相の回向が開かれて、行・信・証を包む形になっている。要するに教は、往相の回向には含まれていない。先の大行の文にあったように「しかるに本願力の回向に二種の相あり、一つには往相、二つには還相なり。往相につきて大行あり、また浄信あり」と述べられる。そして『教行信証』では「行巻」の七祖の引文に相当する、龍樹・天親の引文の後に、

聖言論説、特に用て知ぬ。凡夫回向の行に非ず、是大悲回向の行なるが故に、不回向と名く。誠に是れ選択摂取の本願、無上超世の弘誓、一乗真妙の正法、万善円修の勝行也。（『定親全』二、漢文篇、一三四頁）

と、「行巻」のように「不回向の行」と言うだけでなく、ここでは「大悲回向の行」と如来の回向を決定している。そして第一に「選択摂取の本願」と法然に由来する言葉を挙げて、法然から継承した念仏は、如来の選択本願の行であると顕揚している。したがってこの大行・浄信については、如来回向の行という了解に則って、次のように自釈している。

しかれば、若しは行若しは信一事として阿弥陀如来の清浄願心の回向成就したまふ所に非ざること有こと無し。因無他因の有るには非也。知る応し。（『定親全』二、漢文篇、一三五頁）

このように親鸞は、法然の教えに帰した称名信楽悲願成就の大行・浄信が、阿弥陀如来の清浄願心の回向成就であることを明確にするのである。

この如来回向の大行・浄信だからこそ、そこには「一乗真妙の正法」の真実証が実現するが、その証が「清浄真実・至極畢竟の無生」として、次のように述べられる。

証言は、則ち利他円満の妙果也。即ち是れ必至滅度の願より出たり。亦証大涅槃の願と名く。亦往相証果の願と名く可し。即ち是れ清浄真実至極畢竟無生なり。

（『定親全』二、漢文篇、一三五頁）

このように証が、往生ではなく「無生の生」と述べられる。『浄土文類聚鈔』では、行信の成就文が引用されて、大行には「往相正業の願」、浄信には「往相信心の願」、証には「往相証果の願」と、行と証は『教行信証』に見られない願名を挙げて、行・信・証が如来の往相回向によって実現され、ことに回向の法である大行にすべてを収めて説かれている。それが証の結びに至って、

真如即ち是一如也。しかれば、若因若しは果一事として阿弥陀如来の清浄願心の回向成就したまふ所に非ざること有こと無し。因浄なるが故に、果亦浄也。知る応し。

（『定親全』二、漢文篇、一三七頁）

と述べて、大行・浄信の因に果である証の大涅槃が実現するのは、阿弥陀如来の清浄願心の回向成就であることが確認されて、教・行・信・証の四法が閉じられる。このように『浄土文類聚鈔』では、『無量寿経』が実現する仏道を難思議往生と捉えるのではなく、もっと端的に清浄願心の回向成就として、行信の因に果の無上涅槃が実現すると言うのである。

この書は、法然から継承した選択本願の教行を明らかにしているので、無論念仏往生の歩みが背景にあることは間違いなかろう。しかしここで親鸞が述べる『無量寿経』の仏道は、念仏往生を落として大般涅槃道として表現されている。大行・浄信によって正定聚に住し、「清浄真実・至極畢竟の無生」を獲得せしめるもの、それが『無量寿経』の二種回向の仏道である。したがって、証の自釈が次のように述べられる。

聖言明かに知りぬ。煩悩成就の凡夫、生死罪濁の群萌、往相の心行を獲れば、即ち大乗正定の聚に住せしむ。正定聚に住すれば、必ず滅度に至る。

（『定親全』二、漢文篇、一三六頁）

このご自釈は『教行信証』とまったく同じ了解であるが、『教行信証』の方は法然から相承した念仏往生と涅槃道とが重層的に説かれていて、その二つの仏道観をどう整理して了解すべきかは、これからの研究課題であろう。しかし『浄土文類聚鈔』の方は、念仏往生を背景にしてはいても、表現上は涅槃道で一貫されている。

これは、親鸞が八十三歳の時に執筆した『浄土三経往生文類』や、八十四歳の時に書いた『如来二種回向文』と共通するものである。もちろん『浄土三経往生文類』は、大経往生、観経往生、阿弥陀経往生の質の違いを明らかにすることに主題があるけれども、親鸞が立った大経往生には、次のように記されている。

大経往生といふは、如来選択の本願、不可思議の願海、これを他力とまふす。これすなわち念仏往生の願因によりて、必至滅度の願果をうるなり。現生に正定聚のくらゐに住して、かならず真実報土にいたる。これは阿弥陀如来の往相回向の真因なるがゆへに、無上涅槃のさとりをひらく、これを『大経』の宗とす。このゆへに大経往生とまふす。また難思議往生とまふすなり。（『定親全』三、和文篇、三頁）

ここには「現生正定聚」という重要な言葉が掲げられて、無上涅槃の覚りを開くことこそ『無量寿経』の宗致であると言う。このように『無量寿経』の仏道が完全に涅槃への道として説かれるのである。これは『如来二種回向文』でも共通している仏道観である。『如来二種回向文』では、『無量寿経』と『無量寿如来会』の必至滅度の願が掲げられた後に、次のように述べられている。

この悲願は、すなわち真実信楽をえたる人は決定して等正覚にならしめむとちかひたまへりとなり。等正覚はすなわち正定聚のくらゐなり。等正覚とまふすは、補処の弥勒菩薩とおなじからしめむとちかひたまへるなり。これらの選択本願は、法蔵菩薩の不思議の弘誓なり。しかれば真実信心の念仏者は、『大経』には「次如弥勒」とのたまへり。これらの大誓願を、往相の回向とまふすとみえたり。弥勒菩薩とおなじといへりと『龍舒浄土文』にはあらわせり。

（『定親全』三、和文篇、二一九頁）

ここでは真実信心が等正覚と説かれて、金剛心成就の弥勒と等同であると言う。つまり真実信心を獲得したものは、必ず仏に成るべき身であると述べる。『浄土文類聚鈔』が成就文に立つのに対して、この『如来二種回向文』も先の『浄土三経往生文類』も因願に返って行・信・証が建てられるという違いはあるが、その仏道観はどちらも大般涅槃道を明らかにしていることは一目瞭然である。

さて『浄土文類聚鈔』では、衆生に行・信・証を実現する如来の往相回向が説き終わると、それに対して如来の還相の回向が開かれる。『教行信証』では「証巻」の中に還相回向が開かれるのに対して、『浄土文類聚鈔』では教・行・証とは別に還相回向が建てられるのである。それが、次のように述べられる。

二に還相回向と言ふは、則ち利他教化地の益也。即ち是れ必至補処の願より出たり。亦一生補処の願と名く。亦還相の回向の願と名く可し。（中略）聖言、明に知ぬ。大慈大悲の弘誓広大難思の利益なり。乃し煩悩稠林に入りぬ諸有を開導す、則ち普賢之徳に遵ふて群生を悲弘す。しかれば若しは往若しは還一事として如来清浄の願心の回向成就したまふ所に非ざること有ること無き也。知る応し。

（『定親全』二、漢文篇、一三七頁）

ここに説かれる「煩悩の稠林に入って諸有を開導す、すなわち普賢の徳に遵うて群生を悲引」するという、五濁の世で教化し悲引するとは、如来の大悲以外にありえない。曇鸞の他利利他の深義を感佩した親鸞にとっては、当然、第二十二願に乗託して教化する大聖釈尊と諸仏の教化を表すものであろう。

このような親鸞の回向の考え方は、『浄土文類聚鈔』『浄土三経往生文類』『如来二種回向文』に共通する了解である。『浄土三経往生文類』では、称名信楽悲願成就の文に立って、「この如来の往相回向につきて、真実の行業あり」「また真実信心あり」「また真実証果あり」と、教には言及せずに、往相回向が行・信・証について述べられる。

その後に『教行信証』の「証巻」と同じように、荘厳妙声功徳成就、荘厳眷属功徳成就、荘厳清浄功徳成就が述べられて、往相回向が次の文で閉じられる。(1)

　この阿弥陀如来の往相回向の選択本願をみたてまつるなり。これを難思議往生とまふす、これをこゝろえて他力には義なきを義とすとしるべし。

（『定親全』三、和文篇、二六～二七頁）

と、他力の仏道を手放しで仰げという意味で法然の「他力には義なきを義とす」という言葉でもって往相回向が締めくくられる。そしてこの往相回向に対して、「二に、還相回向といふは」と還相回向が建てられて、「大慈大悲の願」として第二十二願文が引文されている。したがって、『浄土三経往生文類』は、往相回向が行・信・証を開き、『教行信証』のように証の中に還相回向を開くのではなくて、証とは別建てで還相回向が説かれている。この点は『如来二種回向文』でも、同じように考えられる。また、『浄土三経往生文類』と『如来二種回向文』共に、往相の回向について教が省かれていることも一つの特徴である。『如来二種回向文』を見てみよう。

　この本願力の回向をもて如来の回向に二種あり。一には往相の回向、二には還相の回向なり。往相の回向につきて、真実の行業あり、真実の信心あり、真実の証果あり。

（『定親全』三、和文篇、二一七頁）

この後『如来二種回向文』では行、信、証の因願が掲げられた後に、往相回向が先に引文した「次如弥勒」の文で締めくくられる。そしてそれに対して『浄土三経往生文類』と同じように、「二つに、還相回向といふは」と、第二十二願文を中心にして還相回向が建てられて、次のような文で閉じられていく。

　これは如来の還相回向の御ちかひなり。これは他力の還相の回向なれば、自利・利他ともに行者の願楽にあらず、法蔵菩薩の誓願なり。他力には義なきをもて義とすと大師聖人はおほせごとありき。よくよくこの選択悲願をこゝろえたまふべし。

（『定親全』三、和文篇、二二〇頁）

この文でわかるように、還相回向は行者の願行ではなくて、完全に如から還相する応化の如来である。それはこの文の前に、『浄土論』の「出第五門」の文を引文していることから明らかである。しかも「他力には義なきをもって義とす」という教えを掲げて、「大師聖人はおおせごとあり」という法然の教えに返るのである。親鸞は「ただ念仏して、弥陀にたすけられまいらすべし」という師の教えの前に跪《ひざまず》き、そこに感得されている意味を「他力には義なきをもって義とす」と、人間が手放しで如来の世界を仰ぐ者となれた感動を述べるのである。法然の教えは、親鸞に涅槃を開く教えであったのである。この五濁悪世に涅槃を開く教えは、『無量寿経』の第二十二願に乗託して、如から来生した還相の教え以外にありえない。自力無効とは、人の世に真実教など絶対にないという決定である。親鸞は法然の真実教との出遇いの根源に、本願に乗託して如から還相した如来の教えをただ感佩したのであろう。その意味で、寺川俊昭が指摘するように、還相回向は五濁の凡夫に真実教を開く如来の働きであるという教示を、私はそのまま仰ぐものである。

これまで尋ねたように『浄土文類聚鈔』と『浄土三経往生文類』『如来二種回向文』とは、如来の二種回向についての考え方が共通している。往相回向に開かれるもの、それが衆生の称名信楽悲願成就に与えられる行・信・証である。それを開いてくる真実教こそ、第二十二願に乗託して、如から応化した釈迦諸仏の教えである。この往相回向、還相回向の二種の回向によって、凡夫のままで大般涅槃道に立たされるのである。『教行信証』撰述以降の晩年の親鸞は、このような如来の二種回向を、信心に感じられるまま直截に吐露しておられるのではなかろうか。

『浄土文類聚鈔』は、「西方不可思議尊」という「文類偈」の言葉遣いや、法然の「ただ念仏して、弥陀にたすけられまいらすべし」という教えに、本願の成就に立って直接答える内容になっていることから、『教行信証』撰述以前ではないかと思われる点がある。しかし、晩年、親鸞は法然の教えに回帰していったことや、往還の二回向が

『教行信証』よりも直截な表現になっている点、さらに「文類偈」や「正信偈」もそうなっているが仏道観が完全に大般涅槃道として表されている点、しかもそれが『浄土三経往生文類』や『如来二種回向文』の晩年の著作と符合することから、『浄土文類聚鈔』は奥書に随って『教行信証』撰述以降に書かれたものと見るべきではなかろうか。

さて、『浄土文類聚鈔』では教・行・信・証の論述が終わると、称名信楽悲願成就の歌である「念仏正信偈」が詠われる。この歌を中心として、それ以前に述べた教・行・信・証の根拠を、己証として明らかにするのであろう。教・行・信・証の根拠とは阿弥陀如来の本願力に決まっている。しかしその本願力は、親鸞の己証なのであって、それを抜きに客観としてあるわけではない。親鸞の己証として本願力を推究したものが、三一問答と三経一異の問答である。「念仏正信偈」の後、何の説明もなく二つの問答が開かれるのは、偈と問答とがまったく一つであることを意味するのであろう。しかもこの問答で『浄土文類聚鈔』が終わるのも、ここに教・行・信・証の根拠が示されているからではなかろうか。

三一問答の方はすでに述べたように、偈の依経分に中心があり、弥陀の大悲を尋ね当てた思索である。第十八・至心信楽の願成就文に立って、凡夫に大涅槃を恵もうとする弥陀の願意を尋ね当てたものであって、偈以前の論述のすべての根拠を示すものである。これによって、如来回向の教・行・信・証のすべてが大涅槃に根拠を持ち、だからこそ衆生の行信は必ず大涅槃を超証せしめられるという、大乗の仏道の真理性が解明されるのである。この思索によって、親鸞が信じる如来が絶対の真理という意味を開くのである。そして、その証拠が身に実験された懺悔である。

三経一異の問答の方は、偈の依釈分に中心があり、釈迦諸仏の大悲を尋ね当てた思索である。『浄土文類聚鈔』

で大行を明らかにする箇所には、龍樹・天親の二師のみの引文であるが、偈では七祖が丁寧に讃仰されている。そのことからも「念仏正信偈」が、親鸞の信心の主であり、そのほかの論述は解義としてその歌に重なるものであることが窺える。資格のない凡夫がなぜ仏道に立ちうるのか、それは釈迦諸仏の護持養育以外にはありえない。しかもその護持養育が、大涅槃に根拠していなければ、世間の良くできた教えと変わらない。どんなに崇高であっても世間の教えは、人間の本当の救いにはならない。そこに第二十二願に乗託して涅槃の浄土から還相してきた、釈迦諸仏の教えでなければ、真実教たりえない理由がある。自力でしか生きることができない一切衆生に、『観無量寿経』『阿弥陀経』で自力を尽させ、それを丸ごと包み生かしている涅槃界へ目覚めさせる教え、そこに『無量寿経』の回向の法である念仏がある。その一心へ導く釈迦諸仏の大悲を讃仰するものが、三経一異の問答である。

この三一問答と三経一異の問答の二つの問答が、二尊の教勅によって凡夫が仏道に立たされることを完成させるのである。要するに「念仏正信偈」が親鸞の立った浄土真宗の仏道の中心になる偈文であるが、それ以前の二回向四法を完成させる根拠が、この二つの問答であると考えられる。

三　三不三信の誨

『浄土文類聚鈔』が、『教行信証』の核心を簡潔に表したダイジェスト版であることは、誰も異論のないところであろう。したがって『教行信証』もまた、「正信偈」と三一問答と三経一異の問答がその核心である。それを簡潔に表明した『浄土文類聚鈔』の表紙裏に、興味深い親鸞の書付が残されている。それは、道綽の「三不三信の誨」である。もっとも親鸞の真筆本は今のところ見つかっていないし、私が注目する書付は『定本親鸞聖人全集』の底本となっている光延寺本のみでほかの写本には見られないので、これだけを根拠にして論じることはできない。しかし私は『教行信証』を精読するうちに、親鸞の信心の要になっている教えは、道綽の「三不三信の誨」ではないかと思うようになった。そのことについて少しく述べてみたい。

親鸞の書付は、以下のようなものである。

三不三信誨慇懃

三不トハ雑ノ義也三信トハ専修也

口不心実　不淳　不決定也

（『定親全』二、漢文篇、一三〇頁）

ここに見られる「三不とは雑の義也。三信とは専修也」という記述は、おそらく法然門下の時に、師に教えられたのではなかろうか。すでに七祖の伝統を尋ねる所で述べたが、法然は講義の中で何度も、源信の『往生要集』を褒めていた。それは源信が、道綽・善導の師資相承を見抜いているからである。善導が、道綽の三不心を雑行、三信を専修として相承したと、源信が見抜いている、と法然は言うのである。この師の教えを、ここに書き付けたのではないかと思われる。

曇鸞は『浄土論註』下巻の讃嘆門釈で三不信を説くが、これは、七祖の中で初めて、名号に帰した信心が自力無効であることを、明確に記したものである。親鸞はこの讃嘆門釈から、上三祖を決定し、下四祖を決定した。その際に、道綽の「三不三信の誨」が、『無量寿経』による上三祖と『観無量寿経』による祖師たちをつなぐものとして重要な位置にあったのである。善導が道綽の教えを専修と雑修として継承したと源信は教えるが、曇鸞、道綽の三不信は、もともと信心の表明である。それを善導が念仏一つとして凝集的に継承したところに、信から行へという展開があり、それを法然は全面的に踏襲する。しかし、明恵の『摧邪輪』は、その信の問題を行として展開していくことを偏執とみて、『選択集』に反駁したのではなかろうか。

さて、曇鸞は『浄土論註』の下巻で、次のように説いている。

「如彼名義欲如実修行相応」は、彼の無碍光如来の名号は、能く衆生の一切の無明を破し、能く衆生の一切の志願を満てたまふ。然に、名を称し憶念こと有れども、無明なほ存して所願を満ざるば、何となれば、如実修行せざると、名義と相応せざるに由るが故なり。云何、如実修行せざると名義と相応せざるとならば、謂く、如来は是れ実相の身なり、是れ物の為の身なりと、知らざるなり。又三種の不相応有。一には、信心淳ず、存るが若し、亡るが若きの故に。二者、信心一ならず決定無きが故に。三者、信心相続せず、余念間つるが故なり。此の三句展転して相ひ成ず、信心淳からざるを以ての故に決定無し、決定無きが故に念相続せず、亦念相続ざるが故に決定の信を得ず、決定の信を得ざるが故に心淳ざる可し。此れと相違せるを如実修行相応と名く。是の故に論主建めに「我一心」と言へり。（『真聖全』一、三一四頁）

ここに、称無碍光如来名の自覚が破闇満願と説かれ、闇が破られるとは、不淳・不一・不相続の宿業の身が照らし出されることである。したがって天親の「我一心」は、この身と相違した超越的な心であると説かれる。ここで曇鸞が言うのは、不淳・不一・不相続という自身の目覚めのみで、「我一心」の超越的な法の面については、何も言及していない。しかし「我一心」が本願成就の信であることは当然であるから、至心・信楽・欲生の本願の三心に照らされて、不淳・不一・不相続の目覚めが説かれていると推察できよう。

はたして道綽は曇鸞の三不信を受けて、次のように表明する。

然るに衆生有りて、名を称し憶念すれとも無明猶在りて、所願を満てざるは何の意ぞ。（中略）謂く、如来は是実相身、是為物身なりと知らざればなり。復三種の不相応有り、一には信心淳からず、存せるが若し、亡ぜるが若きの故に。二には信心一ならず、謂く、決定無きが故に。三には信心相続せず、謂く、余念間つるが故に。迭相に収摂す。若し能く相続すれば、則ち是一心なり。但能く一心なれば、即是淳心なり。此の三心を具して、若し生まれずといはば、是処有ること無けん。

（『真聖全』一、四〇五頁）

曇鸞は機の目覚めである三不信のみを記していたが、道綽はそれに淳心・一心・相続心の三信を加えている。この三信を加えたところに道綽の卓越した信心の了解の発揮があるが、曇鸞との違いはただそれだけである。それにしても道綽は、なぜ三信を加えたのであろうか。まずそこから考えてみよう。

この文は、『安楽集』第二大門にある十番の問答のうちの、最後に位置する問答である。その十番の問答の最初は、三界に繋属された衆生が、なぜ念仏によって往生し三界を超えるのかを、『大智度論』に問うて始まる。第五の問答では、第十八願文を挙げて「乃至十念」の、念仏の絶対性を主張していく。この十番の問答は、最初の問いからもわかるように、念仏者の往生の必然性と念仏の絶対性を明らかにする問答である。その文脈の中で、最後に次のように問う。

又問て曰く。若し人但弥陀の名号を称念すれば、能く十方の衆生の無明の黒闇を除きて往生を得といはば、然るに、衆生有りて名を称し憶念すれとも、無明猶在りて所願を満てざるは、何の意ぞ。

（同右）

煩悩具足の凡夫であっても弥陀の名号を称念すれば往生を得ることができるはずなのに、なぜ、称名憶念しても無明があって往生が叶わないのかを問うている。その問いの答えの中に、道綽の三不三信の文がある。その意味は言うまでもなく、本願の名号に帰して、地獄一定のままでどこにも往く必要がない明白な自己に目覚め、無明存在のままで本願力に包まれ、阿弥陀の本願力を増上縁として往生が決定する、ということである。その法の働きこそを明確にする必要がある文脈なので、道綽はここで、三不信だけではなく、本願の名号の三信を説く必要があったのであろう。

さて、この三不三信の文に少し立ち入って考えてみよう。道綽は、三信を挙げる理由として「具此三心」と「若不生者」の二つの語を用いて、「此の三心を具して、若し生まれずといわば、この処りあること無けん」と説いている。

「若不生者」は言うまでもなく、『無量寿経』の本願文に誓われる語である。道綽は第三大門に、次のように『無量寿経』の意を取っている。

「十方の人天、我国に生ぜんと欲はん者は、皆阿弥陀如来の大願業力を増上縁と為さざるはなし」と若し是の如くならずば四十八願便ち是徒設ならん。（『真聖全』一、四〇六頁）

このように道綽は、『浄土論註』の覈求其本釈と三願的証からの転句によって、衆生の往生は本願力を増上縁とすると述べる。つまり、『無量寿経』はその本願力を眼目とする教えであると、言うのである。したがってこの「若不生者」は、第十八願文の言葉であると了解すべきである。

それに対して、「具三心者」は、『観無量寿経』の散善の教説の最初に説かれる文の中にある。

若し衆生有りて、彼の国に生れんと願ぜん者は、三種の心を発して即便ち往生す。何等をか三と為す。一には至誠心、二には深心、三つには廻向発願心なり。三心を具するは、必ず彼の国に生ず。（『真聖全』一、六〇頁）

この釈尊の教説の中にある「具三心者」である。この散善の教説は、自力無効に導いて他力の一心に目覚めさせることに眼目がある。自力無効が明確にならなければ、本願に目覚めることなどありえない。その意味で、道綽は『観経』の三心を、『大経』の三心と通底する「淳心・一心・相続心」とともに、「不淳・不一・不相続」の三不信の両面であると見たのではないだろうか。

この『無量寿経』の「若不生者」と『観無量寿経』の「具三心者」の二つの語によりながら「若し三心を具して往生が叶わなかったならば、阿弥陀如来の本願の道理（処）が虚しく終わる」と、道綽は説くのである。それはすなわち、自力無効の衆生（三不信）を正機とし、第十八願成就の信心（三信）で往生が決定するということを示すためである。そこには、第十八願の念仏往生の大願業力として、至心・信楽・欲生の三心が臨まれていることが窺える。

したがって道綽は、不淳・不一・不相続の三不信を、『観無量寿経』の至誠心・深心・回向発願心という自力の三心と見て、淳心・一心・相続心の三信を『無量寿経』の至心・信楽・欲生という本願の三心と見ていることになる。要するに道綽は、不淳・不一・不相続の宿業の身の自覚と、それを照らし出す超越的な至心・信楽・欲生の本願の三心とを、三不三信の誨で初めて明確に説いたのである。

この道綽の教えに導かれた善導は、周知のように「散善義」の「深心釈」で、本願の信を機法二種深信として表す。そしてその三心釈を終えるに当たって、次のように記す。

三心既に具すれば、行として成ぜざる無し。願行既に成じて、若し生まれずば、是の処有ること無しと也。又此の三心は、亦定善の義を通摂すと。知る応し。（『真聖全』一、五四一頁）

この中の「三心既具」と「若不生者、無有是処」は、道綽の三不三信でキーワードとなっていた「具此三心」と「若不生者、無有是処」であることは、説明する必要もなく明瞭である。この重要な語によって善導は、本願を開いた二種深信の自覚は道綽の三不三信を継承している、と表明しているのである。

善導はこの二種深信の目覚めにより、専修と雑修とを明確に区別して、本願の念仏一つに立つのである。それを『往生礼讃』では、次のように述べている。

二には深心、即ち是真実の信心なり。自身は是煩悩を具足せる凡夫、善根薄少にして三界に流転して、火宅を出でずと信知す。今弥陀の本弘誓願は、名号を称すること、下至十声・一声等に及ぶまで、定んで往生を得しむと信知して、乃し一念に至るまで疑心有ること無し、故に深心と名く。（中略）此の三心を具して必ず生を得る也。若し一心少けぬれば即ち生を得ず。

（『真聖全』一、六四九頁）

このように、称名念仏に立った善導の信心は、自力無効の明確な深心に裏打ちされていることがよくわかる。この深心を表明する箇所にも「具此三心、必得生也。若少一心、即不得生」と記して、道綽の三不三信を受けていることを示唆している。この善導の言葉遣いに注目しながら、すでに指摘したように、源信が、道綽の三不三信を善導が専修念仏として師資相承したと、述べるのであろう。

このように、本願の名号に帰した信心が曇鸞の三不信から始まって、上には天親・龍樹と遡り、下には道綽の三不三信に受け継がれていった。それがさらに、善導の二種深信（専修念仏）へと展開するのである。善導の二種深信を法然は「涅槃之城、以信為能入」と継承し、親鸞は「正信偈」において、「速入寂浄無為楽、必以信心為能入」と、その深意を捉え直し、さらにその根拠を本願の信の中に推究して三一問答を開顕したのである。この七祖を貫く本願の信心の明確な表現が、道綽の三不三信であるが、それは天親・曇鸞の言う「我一心」の自覚的な内景であるから、今まで尋ねたことをまとめて図示すると、以下のようになるであろう。

我一心
- 不淳・不一・不相続（『観無量寿経』―至誠心・深心・回向発願心）（機の深信）
- 淳心・一心・相続心（『無量寿経』――至心・信楽・欲生）（法の深信）

これを一瞥すればすぐわかるように、衆生の一心と淳心・一心・相続心との関係、つまり『無量寿経』による他力の一心と本願の三心との関係を推究したものが三一問答である。また、衆生に『無量寿経』による他力の一心を得させるためには、不淳・不一・不相続の宿業の身の目覚めが必要であった。この『観無量寿経』の要門から『無量寿経』の弘願への関係を中心に、『阿弥陀経』の真門を見出した思索が三経一異の問答である。親鸞がどこから真門を見開いたかはのちに尋ねるとして、この道綽の「三不三信の誨」から二つの問答が開かれていることは、この図をよく見てその内容を考えれば、それほど説明する必要もないのではなかろうか。

　それを補足するために、親鸞が「信巻」で三一問答を開くまでの祖師の引文の道筋を尋ねてみたい。なぜなら、そこに道綽の三不三信の誨が背景にあると思われるからである。親鸞は「信巻」の初めに、まず第十八・至心信楽の願文とその成就文を掲げる。それはこの巻で、至心・信楽・欲生の本願の三心を問題にするのだから当然であろう。その後に、『浄土論註』の讃嘆門釈の三不信の文を挙げて、三一問答への助走が始まる。そして、善導の二種深信を中心とする三心釈が長く丁寧に引文されて、先に引文した「三心既に具すれば、行として成ぜざるなし。願行既に成じて、若し生まれずば、是の処あること無しとなり」という言葉でその引文が終わる。この『浄土論註』の三不信の文と『観経疏』三心釈を繋ぐものが、道綽の三不三信である。もちろんこの「散善義」の文の前に、『讃阿弥陀仏偈』と「定善義」「序分義」の文、この後には『般舟讃』『往生礼讃』[2]『往生要集』の文があるけれども、『往生要集』を除けば曇鸞と善導の引文で埋められている。いずれにしても、曇鸞の三不信と善導の三心釈が主軸になって三一問答まで展開することに異論はなかろう。このような引文の流れは、三一問答が道綽の「三不三信の誨」によっていることを示すものではなかろうか。このように親鸞の三一問答は、構造的にも、引文の流れから言っても、道綽の「三不三信の誨」に導かれたものであると思われる。

四　要門、真門、弘願

道綽の「三不三信の誨」を閉目開目してその深意を尋ねると、自力無効を教える『観無量寿経』の三心とそれを照らし出す超越的な『無量寿経』の本願の三心とが、「我一心」の内景として同時に説かれていた。つまり『無量寿経』の一心に立って徹底的に自力が痛まれている、そこに『無量寿経』と『観無量寿経』の関係がある。したがってその自覚は、「我一心」の二側面であるから、紙の裏表のように別のことではない。しかし求道の道筋として言えば、『観無量寿経』の要門から、『無量寿経』の弘願への道程が、慇懃にも教えられていることを思う。

善導はそれを『観経疏』で、次のように記している。

然るに娑婆の化主其の請に因るが故に、即ち広く浄土の要門を開く、安楽の能人は別意の弘願を顕彰す。其の要門とは、即ち此の『観経』の定散二門是也。定は即ち慮を息めて以て心を凝らす、散は即ち悪を廃して以て善を修す。斯の二行を回らして往生を求願せよと也。弘願と言ふは、『大経』の説の如し。一切善悪の凡夫生を得る者は、皆阿弥陀仏の大願業力に乗じて増上縁と為ざることなし也。（『真聖全』一、四四三頁）

この善導の教えによって、『観無量寿経』の自力の要門から『無量寿経』の弘願の往生へ導く、釈尊の大悲はよくわかる。しかし親鸞は、第十九願の自力の要門からさらに第二十願の真門を開いていく。この第二十願の課題を見抜いたのは親鸞の独自性であり、それが『無量寿経』の眼目でもあることから、『無量寿経』に立った親鸞からすれば、必然的に開かれねばならなかった課題であろう。しかし、それはどこから開かれたのであろうか。しばらく考えてみたい。

善導の著作の中に、「真門」という語が散見される。そのいくつかを挙げると、『観経疏』では「序分義」二箇所（『真聖全』一、四六七頁）、また『法事讃』の三箇所（『真聖全』一、五七一頁）（同、五七七頁）（同、五八八頁）、さらに『般舟讃』の二箇所（『真聖全』一、六八八頁）（同、六八九頁）などに、見出すことができる。しかしこれらは概して、真如の門とか浄土の真実の門という意味に使われていて、親鸞が読み取った第二十願の意を読み取ることは難しい。たとえば「序分義」では、次のように述べられている。

仏に就て解すとは、此の諸の外道邪風久しく扇ぐ、是の一生のみに非ず。真門に入ると雖も気習なほ在り。故に如来知覚して外化せ令めざら使む。（『真聖全』一、四六七頁）

仏の智慧で見れば衆生の外道的な自力の執心は一生で終わらない。真門に入ったとしても、その習気はなお無くならない。だから釈迦如来は、外道化しないように、仏の教えに随わせる。こういう意味であるから、ここでの真門は、善導の意図からすれば仏道の真実の門という意味であろう。しかし、自力の執心の深さが説かれているのだから、あえて親鸞の視点から読もうとすれば、第二十願の意味が読み取れないわけではない。ほかにもこのような箇所がないわけではないが、善導の文脈の中だけで真門に第二十願意を読み取ることは極めて難しい。

また往生については、『法事讃』に「難思議往生楽　双樹林下往生楽　難思往生楽」という言葉が繰り返し出てくるが、これも前後の文脈から善導が三つの往生をどう区別しているのか、その意味は明らかではない。『無量寿経』の第十一願成就文では、正定聚、邪定聚、不定聚という語が挙げられるが、第十一願の因願では、ほかの二つに選んで正定聚のみが誓われる。親鸞はそれを、次のように区別する。

『経』に、「無諸邪聚及不定聚」といふは、「無」はなしといふ、「諸」はよろづのこと、いふことばなり。「邪聚」といふは、雑行雑修万善諸行のひと、報土にはなければなりといふなり。「及」はおよぶといふ、「不定聚」は自力の念仏、疑惑の念仏の人は、報土になしといふなり。正定聚の人のみ真実報土にむまるればなり。

（『定親全』三、和文篇、一三八頁）

このように、邪定聚、不定聚と正定聚とは明確に区別されて、真実報土の往生は、正定聚の人のみであると言う。この真実報土の往生が『浄土三経往生文類』では、大経往生・難思議往生と説かれ、その機が現生正定聚と定義される。観経往生・双樹林下往生の機が内容からして邪定聚、阿弥陀経往生・難思往生の機が不定聚と区別され、親鸞の場合にはそれぞれが明確にされている。しかし、善導の著作の中で三往生と、この三定聚との関係を推測することはできても、それを明確にしている箇所はどこにもない。したがって、いわゆる「三願、三機、三往生」という親鸞の了解は、言葉遣いは善導の著作からの転釈であっても、その自覚内容は善導から継承されているとは思えない。

さて、善導の文脈からは真門の意味を直接読み取ることができないので、少し別の方面から考えてみたい。法然は、『三部経大意』や東大寺での講義を中心とするいくつかの『阿弥陀経釈』、さらには『浄土宗略要文』や『逆修説法』等に、善導の『法事讃』下巻の文を引用している。これは親鸞が大きな影響を受けた文であると思われるので、ここで引文してみたい。『浄土宗略要文』で、法然は次のように言う。

二に善導和尚意、釈尊出世本意、唯念仏往生を説云之文

法事讃云。如来五濁に出現して、随宜の方便を以て群萠化。或多聞にして得度すと説、或小解三明証すと説、或福恵双て障除と教、或禅念して坐して思量せよと教ふ。種々法門皆解脱すれとも、念仏して西方に往くに過たること無。上一形を尽し十念三念五念に至まで、仏来迎したまふ。直に弥陀弘誓の重が為、凡夫をして念ればば即ち生ぜ使ことを致す。

（『昭法全』三九八頁）

この『法事讃』の文を法然は、善導が釈尊の出世本懐を表す文と見定めている。『阿弥陀経釈』等では、経の最後の「聞仏所説　歓喜信受　作礼而去」の註釈に、法然はこの文を持ってきて、『阿弥陀経』が釈尊の出世本懐経であるという。

その仔細が『三部経大意』には次のように記されている。

我世ニ出ル事ハ、本意唯タ弥陀ノ名号ヲ衆生ニ聞カシムルタメナリトテ、阿難尊者ニムカヒテ、汝好ク此事ヲ持テ遐代ニ流通セヨト、ネムコロニ約束シヲキテ後、跋提河ノホトリ、沙羅林下ニシテ、八十ノ春ノ天、二月十五ノ夜半ニ、頭北面西ニシテ涅槃ニ入リ給ニキ。（中略）阿弥陀如来、善導和尚トナノリテ唐土ニ出テ云ハク

（『昭法全』四二～四三頁）

と述べて、この後に先の善導の『法事讃』の文を引用している。そしてそれを締めくくって、

釈尊出世ノ本懐、唯此事ニ有ト云ヘシ。自身教人信、難中転更難、大悲伝普化、真成報仏恩ト云ヘリ。釈尊ノ恩ヲ報ス、是誰カ為ソヤ、偏ニ我等カタメニアラスヤ。今度空シクシテ過ナハ、出離何ノ時ヲカ期セムトスル。速ニ信心ヲ発シテ生死ヲ過度スヘシ。

（『昭法全』四三頁）

と、法然は『阿弥陀経』が釈尊の出世本懐を説く教えであると述べる。これらをよく読んで思われることは、法然は『観無量寿経』『阿弥陀経』という機の方に焦点を当てた経典に立った仏者ということである。「汝好くこの語を持て。この語を持てというは、すなわちこれ無量寿仏の名を持てとなり」という『観無量寿経』流通分の教説を受けて、一切の諸行に選んでひたすら念仏一つを説き、だからこそそれを十方の諸仏が証誠すると説くのが『阿弥陀経』である。したがってこの『阿弥陀経』こそ、釈尊の出世本懐経であると言うのである。

法然は『阿弥陀経釈』で、「聞仏所説、歓喜信受、作礼而去」の註釈に『法事讃』の文を持ってくるが、『三部経

大意』では、『観無量寿経』の深心釈の最後にこの文を持ってくる。そのことから『阿弥陀経』の「歓喜信受」は、当然、善導の二種深信を意味していることがわかる。徹底した自力無効の目覚めを踏まえて、『無量寿経』の本願力を増上縁として往生が決定する、と言うのである。したがって機の目覚めの方に立って、定散二善に選んで念仏一つを勧める『阿弥陀経』を、法然は出世本懐経と決定するのである。

法然は、若いころから何度もこの『法事讃』の文について言及していることから、親鸞は師が説く意味をよく了解していたであろう。『教行信証』ではこの文を、化身土の方便の巻に引用している。すでに尋ねたように、親鸞は『無量寿経』を出世本懐経とするから、法然の『阿弥陀経』を出世本懐とする教えをそのままただちに採用するわけではない。衆生を救う法からいえば、当然『無量寿経』が出世本懐経であり親鸞はそこに立つが、機の面からいえば法然が教えるように『阿弥陀経』も出世本懐経ということができよう。第十八願の法と第二十願の機が合せ鏡の関係にあるように、親鸞は『無量寿経』と『阿弥陀経』とが釈尊の出世本懐という意味でも重なっていると考えていたのではなかろうか。少しくそのことについて尋ねてみたい。

親鸞は『法事讃』の文を二つに分けて、「化身土巻」に引用する。まず前半の文は、

又云、如来五濁に出現して、宜しきに随て方便して群萌を化したまふ。或は多聞にして得度すと説き、或は少しき解りて三明を証すと説く、或は福恵双べて障を除くと教え、或は禅念して座して思量せよと教ふ。種種の法門皆解脱す、と。（『定親全』一、二八五頁）

と、「化身土巻」の『無量寿経』の三心と『観無量寿経』の三心の一異を論じて、『観無量寿経』の意味を改めて明確にするところに引用される。したがって親鸞は、この文を修諸功徳の自力の修行を表す文と見ていたことがわかる。

後半の文は、

又云・種々の法門皆解脱すれとも、念仏して西方に往に過たるは無し。上一形を尽し、十念三念五念に至まて、仏来迎したまふ。直ちに弥陀の弘誓重なれるをもて、凡夫念ずれば即生せ使ることを致す、と。

（『定親全』一、三〇〇頁）

と、三経一異の問答が終わって、真門釈の第二十願の意味が説かれる箇所に引用される。したがって親鸞は、後半の文を植諸徳本の自力の念仏の意味を説く文と見ていたことになる。この引文で注意すべきは、もともとの『法事讃』の文で「直為弥陀弘誓重」が「直ちに弥陀の弘誓の重きが為に」と読まれていたものを、親鸞は「直ちに弥陀の弘誓重なれるをもって」と、読み替えていることである。つまり、植諸徳本の願意と第十八願意とが重なっていると読んでいることになる。

それは、「重なれる」と読み替えた文をキーワードにして、『阿弥陀経』の顕彰隠密の義を明らかにする箇所に親鸞が引用していることで、私が言う意味が、より明確になると思われる。その引文は三心一異の問答が結釈された直後のご自釈にあるが、次のように述べられている。

『観経』に准知するに、此経に亦顕彰隠密の義有る応し。顕と言は経家は一切諸行の少善を嫌貶して、善本徳本の真門を開示し、自利の一心を励まして、難思の往生を勧む。（中略）或は無過念仏往西方三念五念仏来迎と云へり。此れは是れ此の経の顕の義を示す也、此れ乃ち真門の中の方便也。彰と言は、真実難信の法を彰す。斯れ乃ち不可思議の願海を光闡して、無碍の大信心海に帰せ令めむと欲す。良に勧め既に恒沙の勧めなれは、信も亦恒沙の信なり、故に甚難と言へる也。『釈』に、直ちに弥陀の弘誓重れるに為て、凡夫念れは即生と使むることを致す云へり。斯れは是れ、隠彰の義を開く也。

（『定親全』一、二九三頁）

ここに言われるように、『阿弥陀経』には隠顕はないが『観無量寿経』に倣って考えると、顕とは一切諸行を棄てて念仏一つを選び取り、自力の念仏によって西方浄土に往生することを勧めることである。親鸞は、この顕の意味を表す釈が『法事讃』の「無過念仏往西方　三念五念仏来迎」という文であると言っている。さらに「直為弥陀弘誓重　致使凡夫念即生」という文が、弥陀弘誓の第十八願と重なって、彰隠密の義を開いていると言うのである。

したがって親鸞は、法然から教えられた『法事讃』の文の前半は、第十九願の願意である修諸功徳を表すが、後半は第二十願・植諸徳本の意味を表して、第十八願と重なっているから、彰隠密の意味があると見ていることになる。ここに親鸞は、『阿弥陀経』の真門の意味を明確に示して、『無量寿経』と『阿弥陀経』とが機と法として重なりながら、どちらも出世本懐を表す経であると決定していることになる。

『一念多念文意』では、『阿弥陀経』の出世本懐を述べる文を解説し、次のように述べている。

『阿弥陀経』に、一日乃至七日名号をとなふべしと、釈迦如来ときおきたまへる御のりなり。この『経』は無問自説経とまふす、この『経』をときたまひしに、如来にとひたてまつる人もなし。これすなわち、釈尊出世の本懐をあらわさむとおぼしめすゆへに、無問自説とまふすなり。引陀選択の本願、十方諸仏の証誠、諸仏出世の素懐恒沙如来の護念は、諸仏咨嗟の御ちかひをあらはさむとなり。（『定親全』三、和文篇、一三九～一四〇頁）

ここではまず、『阿弥陀経』が出世本懐の教えであるという理由を、親鸞は「無問自説」として確かめている。第二十願が課題にしている衆生の自力の執心は無涯底に深く、如来の智慧海のみが問題にできると、親鸞は言いたいのではなかろうか。つまり人間が向かうことができないほど深い人間の問題を、問われずして仏の方から説いた経典である『阿弥陀経』、そこに『無量寿経』と重なって、仏の出世本懐が説かれていると見ているのである。無問自説のゆえに出世本懐経であるという理由は、『無量寿経』の本願成就に立った親鸞の独壇場であり、親鸞独自の己証であろう。

さて、『一念多念文意』のこの文の後には『法事讃』の後半の文を解説して、『無量寿経』の出世本懐を表す文を続けている。それを見てみよう。

「直為弥陀弘誓重」といふは、直は、たゞしきなり、如来の直説といふなり。諸仏のよにいでたまふ本意とまふすを、直説といふなり。為はなすといふ、もちゐるといふ、さだまるといふ、かれといふ、これといふ、あふといふ、あふといふはかたちといふこゝろなり。重はかさなるといふ、おもしといふ、あつしといふ。誓願の名号、これをもちゐさだめなしたまふことかさなれりとおもふべきことをしらせむとなり。しかれば、『大経』には、「如来所以、興出於世、欲拯群萌、恵以真実之利」とのたまへり。（中略）しかれば諸仏のよにいでたまふゆへは、弥陀の願力をときて、よろづの衆生をめぐみすくはむとおぼしめすを、本懐とせむとしたまふがゆへに、真実之利とはまふすなり。しかればこれを諸仏出世の直説とまふすなり。

（『定親全』三、和文篇、一四三〜一四四頁）

ここに説かれるように親鸞においては、『阿弥陀経』と『無量寿経』の出世本懐が重なって見られていることがよくわかる。『法事讃』の文から『阿弥陀経』を出世本懐とする法然の教えを経て、親鸞はそれに重なる『無量寿経』を出世本懐の真実教とするのである。

このように法然の了解に大きな影響を受けたとしても、そこに真門の意味を開いたのは、あくまでも親鸞の『無量寿経』の本願の聞思によることであって、本願の信が尋ね当てた親鸞独自の了解である。道を求めていく中で、第十八願の如来の智慧に照らされて、人間の自力に対する懺悔とともに、本願に住持された存在であった、という大きな翻りがある。しかしその念仏生活の中で、第十九願が教える修諸功徳の自力性は意識にのぼっても、如来のお仕事である念仏までも自力に引き戻すという無涯底の自力の執心は意識にはのぼらない。念仏生活の中で三毒五悪として顔を出す無涯底の執心を、第二十願・植諸徳本の願に教えられるところに、『無量寿経』の本願を聞思する親鸞の独自性がある。この第二十願の課題性は、衆生には無意識・無涯底であることから、優れた仏弟子である舎利弗でも問うことができない。如来の本願の智慧にのみ見抜かれる衆生の問題性だから、いかに優れた仏弟子であっても人間の方からは問うことができないのである。であるから親鸞は、問う者もなく如来の方から説き出される「無問自説」を、出世本懐の理由としたのであろう。それこそ『無量寿経』の本願の教説に立った親鸞の独自性である。

このように尋ねてみると、親鸞は、道綽の三不三信の誨と善導の要門と弘願の教えを経て、法然の大切にした『法事讃』の文の了解から、真門を開いたのであろう。しかし、そこには本願の成就に立って、因願を聞思するという親鸞の生涯を貫く聞思の歴程がある。この聞思道の核心は、何と言っても親鸞の本願の信であるが、それを聞思の学として初めて明確に表現したものこそ、道綽の三不三信であろう。

『教行信証』は各巻にそれぞれ本願文が挙げられて、真実の四法（真諦）と方便の二願（俗諦）が真仏土を根拠にして開かれる。真実の巻の三一問答と方便の三経一異の問答とは、本願の信の真諦と俗諦として、紙の裏表の関係にあった。その核心にあるものが道綽の三不三信の誨である。だから親鸞は、その文を『浄土文類聚鈔』の表紙裏に、全体に関わる文として書き付けたのであろう。『教行信証』には道綽の三不三信の誨はどこにも引用されていないが、三一問答に至る助走の引文、三経一異の問答が開かれてくる『観無量寿経』と『無量寿経』の要門と弘願の教えから、親鸞の己証の核心に三不三信の誨があることを思う。親鸞はその謝念を「正信偈」に「三不三信誨慇懃　像末法滅同悲引」と讃えたのであると、私は確信する。

註

（1）　ここでは『教行信証』とは違って荘厳主功徳成就が省かれている。
（2）　ここでは、『集諸経礼懺儀』所収の『往生礼讃』が引用されている。

あとがき

本書は、二〇一三年度真宗大谷派の安居講本『教行信証の構造』（東本願寺出版部）に加筆したものである。特に第三章の『選択集』と『摧邪輪』の思想交渉と『教行信証』への影響、さらに第四章の清沢満之と曽我量深の思想交渉と『教行信証』との関係については、新しく書き加えたものである。

私は『摧邪輪』を読み、『教行信証』を読む上で広い視野を培われた。江戸の講録のような、鎮西派と西山派に対して当派というような宗派的な関心は、『教行信証』には皆無ではなかろうか。そうではなくて、釈尊一代の大乗経典の中で、『無量寿経』こそが出世本懐経であり、その仏道の真理性を公開しているのが『教行信証』である。その意味では聖道・浄土を包む大乗の土俵に立って、大涅槃という大乗の覚りの見地から浄土教が見直されているのである。文献学では明恵や『摧邪輪』の名が『教行信証』に出ていないことから、両書の思想的な交渉に重きを置かない傾向がある。しかし『摧邪輪』を視野に入れなければ、『教行信証』がどうしてこんな展開になるのかが、理解できない箇所が何箇所もある。その主たるものについては、第三章に書いたつもりである。ご批判をいただければ幸いである。

また清沢先生は『歎異抄』を「余が三部経」の一つとして挙げるために、『歎異抄』との思想交渉についてはしばしば述べられるが、『教行信証』との関係に言及したものはほとんどない。しかし、先生は『無量寿経』の下巻をよく読まれて、「我が信念」は三一問答を、「宗教的道徳（俗諦）と普通道徳との交渉」は三願転入を、それぞれ踏まえて書かれたものであると思われる。曽我先生の精神主義批判に対する応答と推測されるが、清沢先生が天才であるためなのか、『教行信証』を読まれたからなのかは定かではないが、いずれにしても先生の信心が『教行信証』の核心に立っておられたことだけは確かであろう。これについても、ご教示いただければ幸いである。

さて、本書は一読してわかるとおり、親鸞の仏道の方法と思想的な課題、さらに『教行信証』の核心についての論考であり、『教行信証』全体の大きな見取り図である。それが明確にならなければ、自分の研究が煩瑣な解釈学に転落して、各巻の了解が親鸞の意趣に収斂しなくなるのではないかと、考えたからである。つまり、各巻が思想的な意味でお互いに照らし合いながら、『教行信証』全体の主題を明確にしていると思われるからである。簡単に言えば、一冊の書物の主題や方法やその核心が明らかにならなければ、その書物を読んだことにはならないであろう。したがって、この構造論によりながら『教行信証』を読み込んでいくことに本来の主眼がある。本書はその準備段階であって、これから私は各巻の文章の解読に、生涯を尽くせたらと願っていることである。

この書の出版にあたって、大谷大学助教の佐々木秀英氏には、各章の内容に目を通していただき、文章や文字校正等に至るまで全面的なご協力をいただいた。さらに引文の整理から校正等の煩瑣な仕事は、大谷大学大学院博士課程の橋本彰吾、安西廉、村上良顕、上島秀堂の諸氏にご尽力いただいた。心からお礼を申し上げることである。

また、法藏館の満田みすずさんには内容の助言から校正に至るまでご尽力をいただいた、さらに安城由紀子さんには出版に関してさまざまなご助言をいただいた、お二人にも心から感謝を申し上げることである。最後になったが法藏館社長の西村明高氏には、出版業界の厳しい中、この出版を快くお引き受けくださったことに対して、深々の謝意を表することである。

二〇一三年五月一日

延塚知道　記す

延塚知道（のぶつか　ともみち）

1948年、福岡県生まれ。

1972年、大谷大学文学部卒。

1978年、大谷大学大学院文学研究科博士課程単位取得。

現在、大谷大学教授。専門は真宗学。

著書は、『教行信証の構造』、『『浄土論註』講讃――宗祖聖人に導かれて』（東本願寺出版部）、『「他力」を生きる――清沢満之の求道と福沢諭吉の実学精神』（筑摩書房）、『求道とはなにか』『『浄土論註』の思想究明――親鸞の視点から』『講讃浄土論註』第一巻（文栄堂書店）ほか。

教行信証――その構造と核心――

二〇一三年八月三〇日　初版第一刷発行
二〇一四年二月一〇日　初版第二刷発行

著　者　延塚知道
発行者　西村明高
発行所　株式会社　法藏館
京都市下京区正面通烏丸東入
郵便番号　六〇〇-八一五三
電話　〇七五-三四三-〇〇三〇（編集）
〇七五-三四三-五六五六（営業）

印刷・製本　中村印刷株式会社

ISBN 978-4-8318-8720-7 C3015

定本教行信証	親鸞聖人全集刊行会編 細川行信新訂	五、五〇〇円
教行信證講義 全三巻	赤沼智善・山邊習學著	二一、六〇〇円
教行信証の宗教構造	梯 實圓著	七、二〇〇円
教行信証の哲学〈新装版〉	武内義範著	二、四〇〇円
教行信証成立史考	宮井義雄著	四、八〇〇円
最終稿本 教行信証の復元研究	鳥越正道著	九、五〇〇円